Visuelles Wörterbuch

KROATISCH – DEUTSCH

TOP-FLITE
XL
Titleist

Visuelles Wörterbuch

KROATISCH – DEUTSCH

coventgarden

coventgarden

Lektorat Angela Wilkes
Bildredaktion Lee Griffiths, Katie Ekes
Herstellung Luca Frassinetti, Linda Dare
Cheflektorat Stephanie Farrow

Design für Dorling Kindersley
WaltonCreative.com
Bildredaktion Colin Walton, Tracy Musson
Gestaltung Peter Radcliffe, Earl Neish, Ann Cannings
Bildrecherche Marissa Keating

Produziert für Dorling Kindersley von
g-and-w PUBLISHING
Leitung Jane Wightwick

Übersetzung © Znanje d.o.o., Zagreb

Für die deutsche Ausgabe:
Programmleitung Monika Schlitzer
Projektbetreuung Florian Bucher
Herstellungsleitung Dorothee Whittaker
Herstellung Mareike Hutsky

Bibliografische Information Der Deutschen Bibliothek
Die Deutsche Bibliothek verzeichnet diese Publikation in der Deutschen Nationalbibliografie;
detaillierte bibliografische Daten sind im Internet über http://dnb.ddb.de abrufbar.

Redaktion Dr. Boris Neusius

ISBN 978-3-8310-9102-7

Colour reproduction by Colourscan, Singapore
Printed and bound at TBB, Slovakia

Besuchen Sie uns im Internet
www.dorlingkindersley.de

sadržaj
Inhalt

42
zdravlje
die Gesundheit

146
jesti izvan kuće
auswärts essen

252
slobodno vrijeme
die Freizeit

8 **o rječniku**
über das Wörterbuch

9 **uporaba ove knjige**
die Benutzung des Buchs

10 **ljudi**
die Menschen

28 **izgled**
die äußere Erscheinung

56 **kuća**
das Haus

92 **uslužne djelatnosti**
die Dienstleistungen

102 **kupnja**
der Einkauf

116 **namirnice**
die Nahrungsmittel

160 **učenje**
das Lernen

170 **rad**
die Arbeit

192 **promet**
der Verkehr

218 **sport**
der Sport

278 **okoliš**
die Umwelt

302 **opći podaci**
die Information

324 **kazalo**
Register

360 **zahvala**
Dank

ljudi • die Menschen

tijelo | der Körper 12
lice | das Gesicht 14
ruka | die Hand 15
stopalo | der Fuß 15
mišići | die Muskeln 16
kostur | das Skelett 17
unutarnji organi die inneren Organe 18
spolni organi die Fortpflanzungsorgane 20
obitelj | die Familie 22
odnosi | die Beziehungen 24
osjećaji | die Gefühle 25
događaji u životu die Ereignisse des Lebens 26

izgled • die äußere Erscheinung

dječja odjeća die Kinderkleidung 30
muška odjeća die Herrenkleidung 32
ženska odjeća die Damenkleidung 34
modni dodaci | die Accessoires 36
kosa | das Haar 38
ljepota | die Schönheit 40

zdravlje • die Gesundheit

bolest | die Krankheit 44
liječnik | der Arzt 45
ozljeda | die Verletzung 46
prva pomoć | die Erste Hilfe 47
bolnica | das Krankenhaus 48
zubar | der Zahnarzt 50
optičar | der Augenoptiker 51
trudnoća | die Schwangerschaft 52
rođenje djeteta | die Geburt 53
alternativne terapije die Alternativtherapien 54

kuća • das Haus

kuća | das Haus 58
kućne instalacije die Hausanschlüsse 60
dnevna soba | das Wohnzimmer 62
blagovaonica | das Esszimmer 64
kuhinja | die Küche 66
kuhinjski pribor die Küchengeräte 68
spavaća soba | das Schlafzimmer 70
kupaonica das Badezimmer 72
dječja soba das Kinderzimmer 74
pomoćna prostorija der Haushaltsraum 76
radionica | die Heimwerkstatt 78
kutija za alat der Werkzeugkasten 80
renovirati renovieren 82
vrt | der Garten 84
vrtne biljke die Gartenpflanzen 86
vrtni alat die Gartengeräte 88
vrtlarstvo die Gartenarbeit 90

uslužne djelatnosti • die Dienstleistungen

hitne službe die Notdienste 94
banka | die Bank 96
komunikacija die Kommunikation 98
hotel | das Hotel 100

kupnja • der Einkauf

trgovački centar das Einkaufszentrum 104
robna kuća das Kaufhaus 105
samoposluživanje der Supermarkt 106
ljekarna | die Apotheke 108
cvjećarnica das Blumengeschäft 110
prodavač novina der Zeitungshändler 112
ljekarna | der Konditor 113
druge trgovine andere Geschäfte 114

namirnice • die Nahrungsmittel

meso | das Fleisch 118
riba | der Fisch 120
povrće | das Gemüse 122
voće | das Obst 126
žitarice i mahunarke die Getreidearten und die Hülsenfrüchte 130
začinske i aromatične biljke die Kräuter und die Gewürze 132
namirnice u bocama i staklenkama die Nahrungsmittel in Flaschen und in Gläsern 134
mliječni proizvodi die Milchprodukte 136
kruh i brašno das Brot und das Mehl 138
kolači i deserti Kuchen und Nachspeisen 140
delikatese | die Feinkost 142
pića | die Getränke 144

jesti izvan kuće • auswärts essen

kafić | das Café 148

bar | die Bar 150

restoran | das Restaurant 152

zalogajnica der Schnellimbiss 154

doručak | das Frühstück 156

ručak | das Mittagessen 158

učenje • das Lernen

škola | die Schule 162

matematika | die Mathematik 164

prirodne znanosti die Naturwissenschaften 166

fakultet die Hochschule 168

rad • die Arbeit

ured | das Büro 172

računalo | der Computer 176

mediji | die Medien 178

pravo | das Recht 180

seosko gospodarstvo der Bauernhof 182

gradnja | der Bau 186

zanimanja | die Berufe 188

promet • der Verkehr

ceste | die Straßen 194

autobus | der Bus 196

automobil | das Auto 198

motocikl | das Motorrad 204

bicikl | das Fahrrad 206

vlak | der Zug 208

zrakoplov | das Flugzeug 210

zračna luka | der Flughafen 212

brod | das Schiff 214

luka | der Hafen 216

sport • der Sport

američki nogomet der Football 220

ragbi | das Rugby 221

nogomet | der Fußball 222

hokej | das Hockey 224

kriket | das Kricket 225

košarka | der Basketball 226

bejzbol | der Baseball 228

tenis | das Tennis 230

golf | das Golf 232

atletika die Leichtathletik 234

borilački sportovi der Kampfsport 236

plivanje | der Schwimmsport 238

jedrenje | der Segelsport 240

jahanje | der Reitsport 242

ribolov | der Angelsport 244

skijanje | der Skisport 246

ostali sportovi die anderen Sportarten 248

fitnes die Fitness 250

slobodno vrijeme • die Freizeit

kazalište | das Theater 254

orkestar | das Orchester 256

koncert | das Konzert 258

turistički obilazak die Besichtigungstour 260

aktivnosti na otvorenom die Aktivitäten im Freien 262

plaža | der Strand 264

kampiranje | das Camping 266

zabavna elektronika die Unterhaltungselektronik 268

fotografija die Fotografie 270

igre | die Spiele 272

umjetnost i vještine das Kunsthandwerk 274

okoliš • die Umwelt

svemir der Weltraum 280

Zemlja | die Erde 282

krajolik | die Landschaft 284

vremenske prilike | das Wetter 286

stijene | das Gestein 288

minerali | die Mineralien 289

životinje | die Tiere 290

biljke | die Pflanzen 296

grad | die Stadt 298

arhitektura | die Architektur 300

opći podaci • die Information

vrijeme | die Uhrzeit 304

kalendar | der Kalender 306

brojevi | die Zahlen 308

mjere i utezi die Maße und Gewichte 310

zemljovid svijeta | die Weltkarte 312

riječce i antonimi Partikeln und Antonyme 320

praktične fraze praktische Redewendungen 322

o rječniku

Dokazano je da uporaba slika pomaže razumijevanju i pamćenju informacija. Rabeći to načelo, ovaj bogato ilustrirani višejezični rječnik nudi širok raspon korisnih najčešćih riječi dvaju europska jezika.

Rječnik je tematski podijeljen i podrobno obuhvaća većinu vidova današnjeg svijeta, od restorana do vježbaonice, od kuće do radnog mjesta, od svemira do životinjskog carstva. Pronaći ćete i dodatne riječi i izraze za razgovornu uporabu te za proširivanje svog vokabulara.

Riječ je o nezaobilaznom priručniku za svakoga kojeg zanimaju jezici – praktičan je, poticajan i jednostavan za uporabu.

Nekoliko napomena

Dva jezika uvijek su navedena u istom redoslijedu – hrvatski pa njemački.

Pridjevi, koje se katkad nastojalo izbjeći, u hrvatskom su jeziku većinom navedeni u muškom rodu:

sretan
glücklich

Brojne imenice na hrvatskome imaju muški i ženski oblik (primjerice nazivi zanimanja). U tekstu su uglavnom navedeni u rodu koji odgovara ilustraciji:

učiteljica
die Lehrerin

Na kraju se knjige nalazi rječnik obaju jezika. Tu ćete naći riječ na jednom od jezika i vidjeti na kojoj se stranici ili stranicama nalazi. Rod je označen sljedećim kraticama u njemačkom rječniku:

m = Maskulinum
f = Femininum
n = Neutrum

a u hrvatskom sa:

m = muški (maskulinum)
ž = ženski (femininum)
s = srednji (neutrum)

über das Wörterbuch

Bilder helfen erwiesenermaßen, Informationen zu verstehen und zu behalten. Dieses zweisprachige Wörterbuch enthält eine Fülle von Illustrationen und präsentiert gleichzeitig ein umfangreiches aktuelles Vokabular in zwei Sprachen.

Das Wörterbuch ist thematisch gegliedert und behandelt eingehend die meisten Bereiche des heutigen Alltags, vom Restaurant und Fitnesscenter, Heim und Arbeitsplatz bis zum Tierreich und Weltraum. Es enthält außerdem Wörter und Redewendungen, die für die Unterhaltung nützlich sind und das Vokabular erweitern.

Dies ist ein wichtiges Nachschlagewerk für jeden, der sich für Sprachen interessiert – es ist praktisch, anregend und leicht zu benutzen.

Einige Anmerkungen

Die zwei Sprachen werden immer in der gleichen Weise aufgeführt – Kroatisch und Deutsch.

Kroatische Adjektive sind weitgehend in der maskulinen Form angegeben, z. B.:

sretan
glücklich

Viele Substantive haben im Kroatischen eine maskuline und eine feminine Form (z. B. Berufsbezeichnungen). Sie werden meist in der Form angegeben, die zur Abbildung passt:

učiteljica
die Lehrerin

Am Ende des Buchs befinden sich Register für jede Sprache. Sie können dort ein Wort in einer der zwei Sprachen und die jeweilige Seitenzahl nachsehen. Die Geschlechtsangabe erfolgt mit folgenden Abkürzungen:

m = Maskulinum
f / ž = Femininum
n / s = Neutrum

uporaba ove knjige

Bilo da učite novi jezik zbog posla ili zadovoljstva, bilo da se pripremate na putovanje u inozemstvo ili želite proširiti vokabular u otprije poznatom jeziku, ovaj je rječnik vrijedno pomagalo za učenje koje možete rabiti na mnogo različitih načina.

Kad učite novi jezik, promotrite srodnike (riječi koje su slične u različitim jezicima) i lažne prijatelje (slične riječi ali s bitno drukčijim značenjem).Također ćete ustanoviti kako su jezici utjecali jedan na drugi.

Praktične vježbe

• Kako se krećete po kući, radnom mjestu ili fakultetu, pogledajte stranice koje se tiču tih mjesta. Zatvorite knjigu, pogledajte oko sebe i ustanovite koliko predmeta i značajki možete imenovati.
• Kao izazov napišite priču, pismo ili dijalog rabeći što više pojmova s jedne stranice.To će vam pomoći da zapamtite vokabular, a pritom ćete se morati poslužiti i pravopisom. Započnite s rečenicama od dvije-tri riječi, a zatim postupno pišite sve složenije tekstove.
• Ako vam je vizualna memorija jača strana, pokušajte nacrtati ili prekopirati slike iz knjige na list papira i zatim zatvoriti knjigu i upisati riječi ispod slika.
• Kad steknete dovoljno samopouzdanja, izaberite riječi iz kazala stranog jezika i otkrijte znate li njihovo značenje prije negoli okrenete traženu stranicu kako biste provjerili imate li pravo.

die Benutzung des Buchs

Ganz gleich, ob Sie eine Sprache aus Geschäftsgründen, zum Vergnügen oder als Vorbereitung für einen Auslandsurlaub lernen, oder Ihr Vokabular in einer Ihnen bereits vertrauten Sprache erweitern möchten, dieses Wörterbuch ist ein wertvolles Lernmittel, das Sie auf vielfältige Art und Weise benutzen können.

Wenn Sie eine neue Sprache lernen, achten Sie auf Wörter, die in verschiedenen Sprachen ähnlich sind sowie auf falsche Freunde (Wörter, die ähnlich aussehen aber wesentlich andere Bedeutungen haben). Sie können ebenfalls feststellen, wie die Sprachen einander beeinflusst haben.

Praktische Übungen

• Versuchen Sie sich zu Hause, am Arbeits- oder Studienplatz den Inhalt der Seiten einzuprägen, die Ihre Umgebung behandeln. Schließen Sie dann das Buch und prüfen Sie, wie viele Gegenstände Sie in der anderen Sprache sagen können.
• Schreiben Sie eine Geschichte, einen Brief oder Dialog und benutzen Sie dabei möglichst viele Ausdrücke von einer bestimmten Seite des Wörterbuchs. Dies ist eine gute Methode, sich das Vokabular und die Schreibweise einzuprägen. Sie können mit kurzen Sätzen von zwei bis drei Worten anfangen und dann nach und nach längere Texte schreiben.
• Wenn Sie ein visuelles Gedächtnis haben, können Sie Gegenstände aus dem Buch abzeichnen oder abpausen. Schließen Sie dann das Buch und schreiben Sie die passenden Wörter unter die Bilder.
• Wenn Sie mehr Sicherheit haben, können Sie Wörter aus dem Fremdsprachenregister aussuchen und deren Bedeutung aufschreiben, bevor Sie auf der entsprechenden Seite nachsehen.

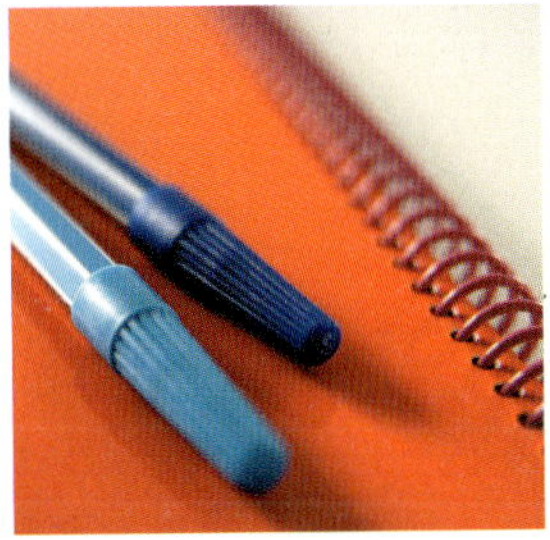

Aussprache des Kroatischen

Buchstabe	Aussprache
c	z wie in Katze
č	stimmloses tsch wie in tschüs
ć	stimmloses, weiches tsch
dž	stimmhaftes dsch wie in engl. *George*
đ	sehr weiches dsch wie in ital. *Giovanni*
h	ch
lj	in einem Laut wie *gli* in ital. *figlio*
nj	in einem Laut wie *gn* in ital. *Bologna*
r	gerolltes Zungenspitzen-r
s	s wie in Stress
š	sch wie in Schule
v	w wie in wild
z	s wie in Rose
ž	sch wie in frz. *journal*

Alle anderen Vokale und Konsonanten werden wie im Deutschen ausgesprochen.

ljudi
die Menschen

tijelo • der Körper

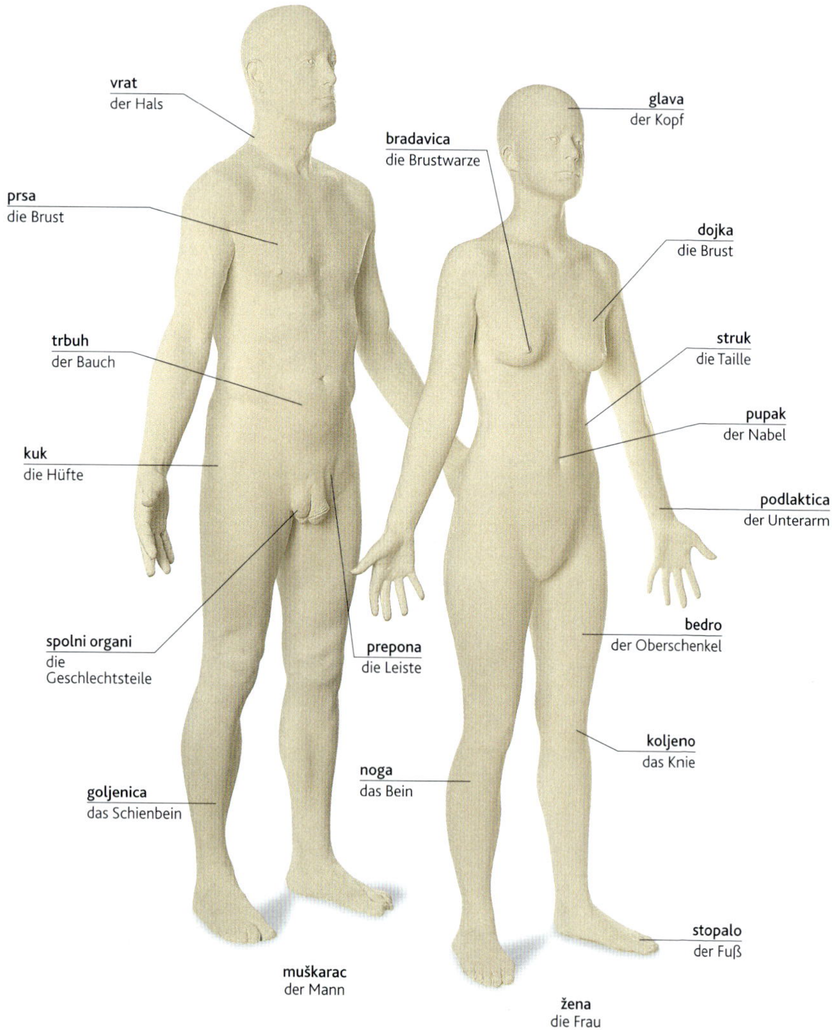
vrat
der Hals
glava
der Kopf
bradavica
die Brustwarze
prsa
die Brust
dojka
die Brust
trbuh
der Bauch
struk
die Taille
pupak
der Nabel
kuk
die Hüfte
podlaktica
der Unterarm
spolni organi
die Geschlechtsteile
prepona
die Leiste
bedro
der Oberschenkel
koljeno
das Knie
noga
das Bein
goljenica
das Schienbein
stopalo
der Fuß
muškarac
der Mann
žena
die Frau

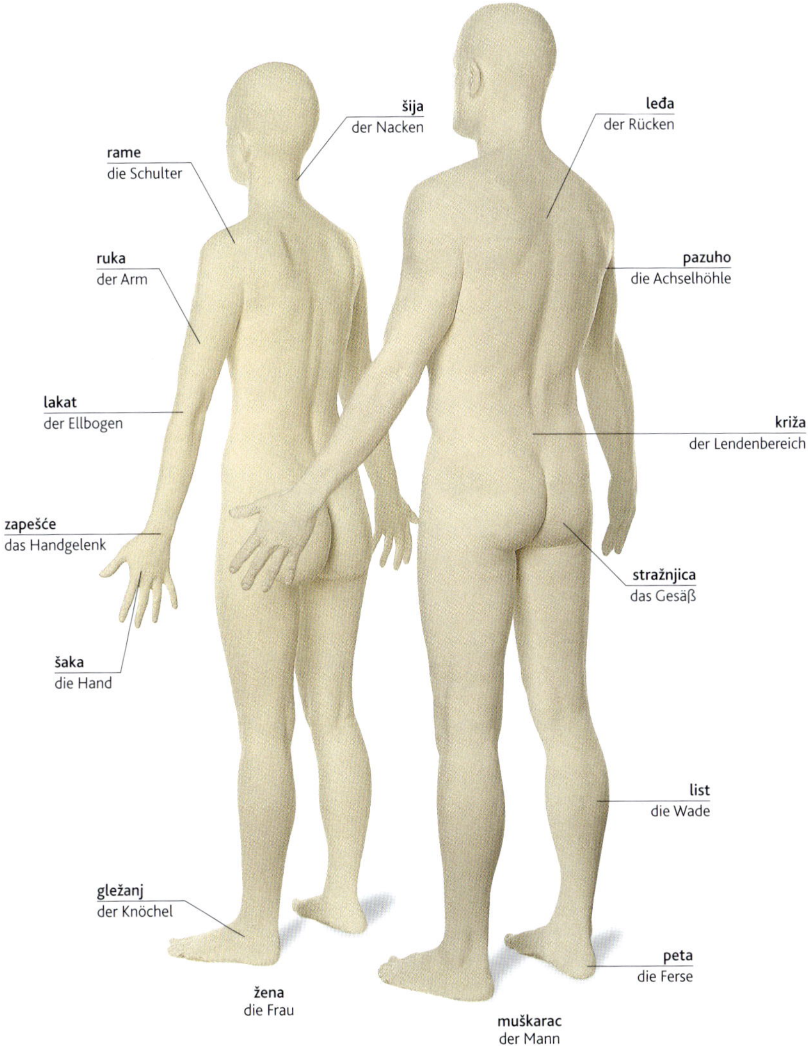

šija
der Nacken
leđa
der Rücken
rame
die Schulter
ruka
der Arm
pazuho
die Achselhöhle
lakat
der Ellbogen
križa
der Lendenbereich
zapešće
das Handgelenk
stražnjica
das Gesäß
šaka
die Hand
list
die Wade
gležanj
der Knöchel
peta
die Ferse
žena
die Frau
muškarac
der Mann

lice • das Gesicht

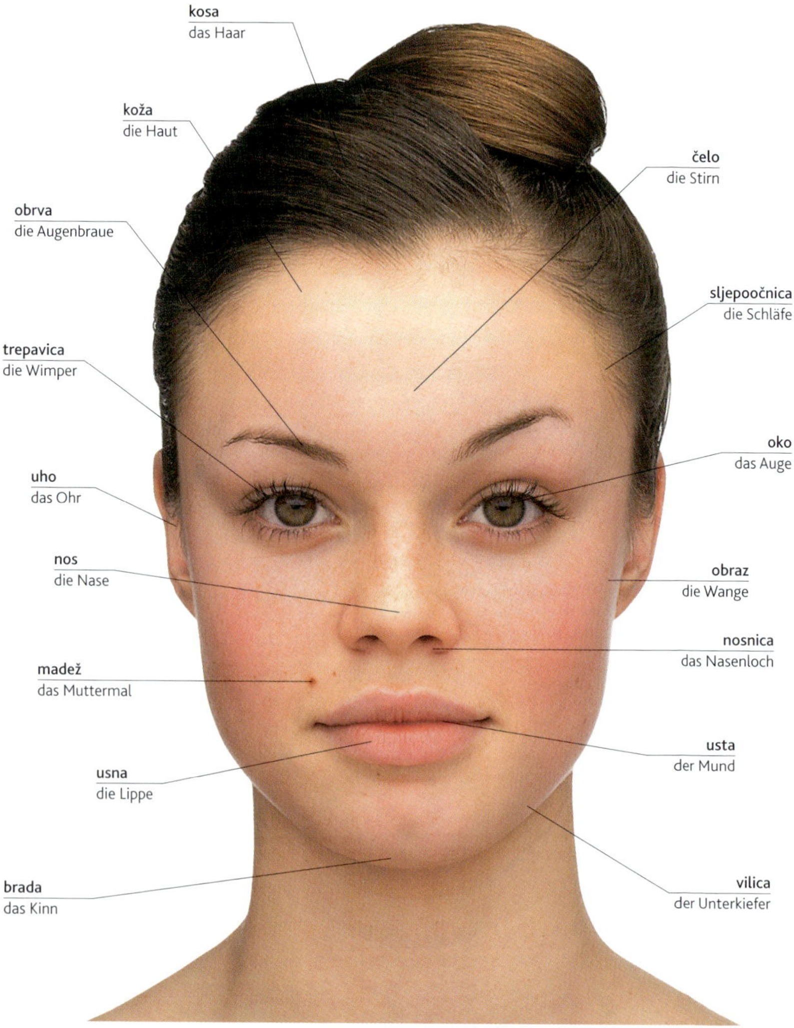
kosa
das Haar
koža
die Haut
čelo
die Stirn
obrva
die Augenbraue
sljepoočnica
die Schläfe
trepavica
die Wimper
oko
das Auge
uho
das Ohr
nos
die Nase
obraz
die Wange
nosnica
das Nasenloch
madež
das Muttermal
usta
der Mund
usna
die Lippe
brada
das Kinn
vilica
der Unterkiefer

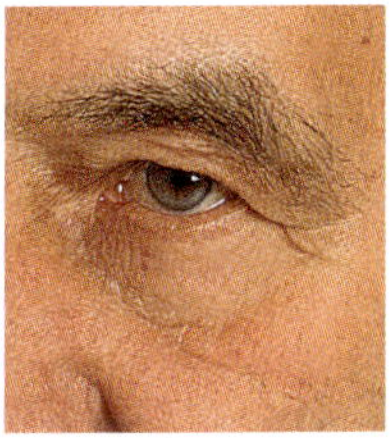

bora
die Falte

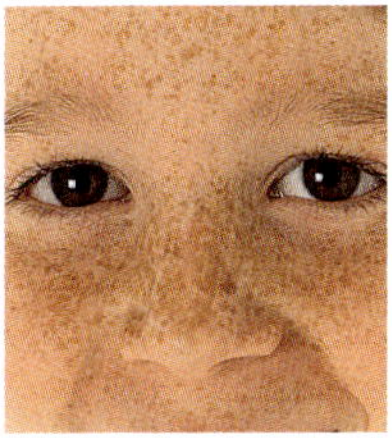

pjega
die Sommersprosse

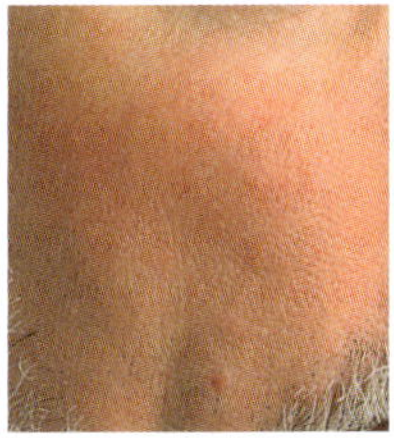

pora
die Pore

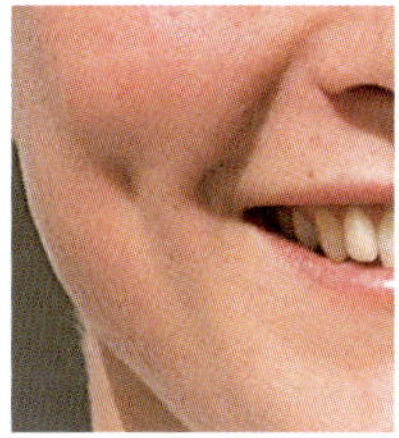

jamica
das Grübchen

ruka (šaka) • die Hand

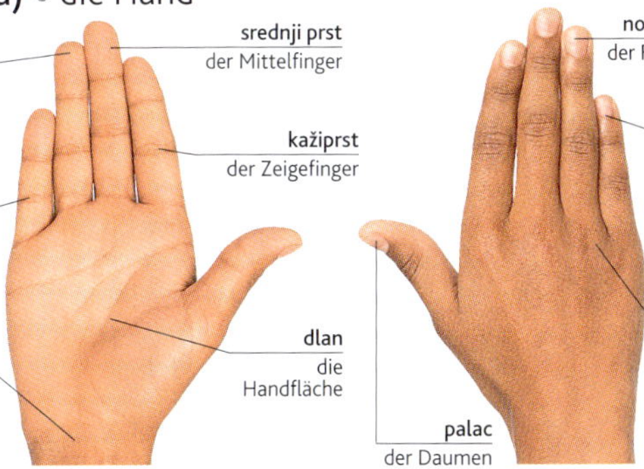

šaka
die Faust

stopalo • der Fuß

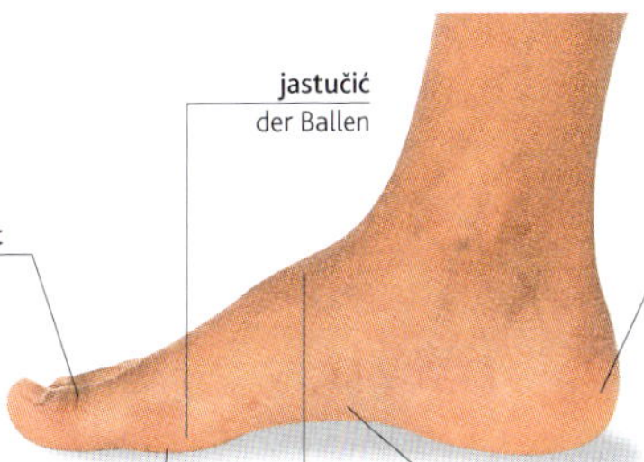

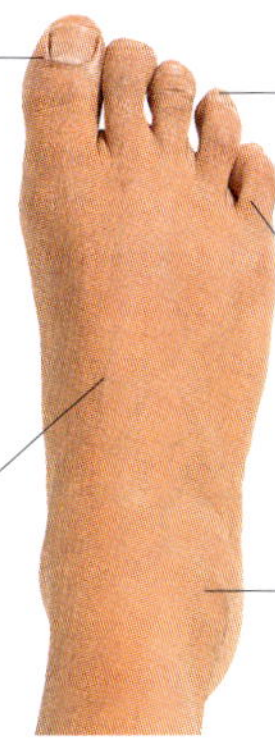

mišići • die Muskeln

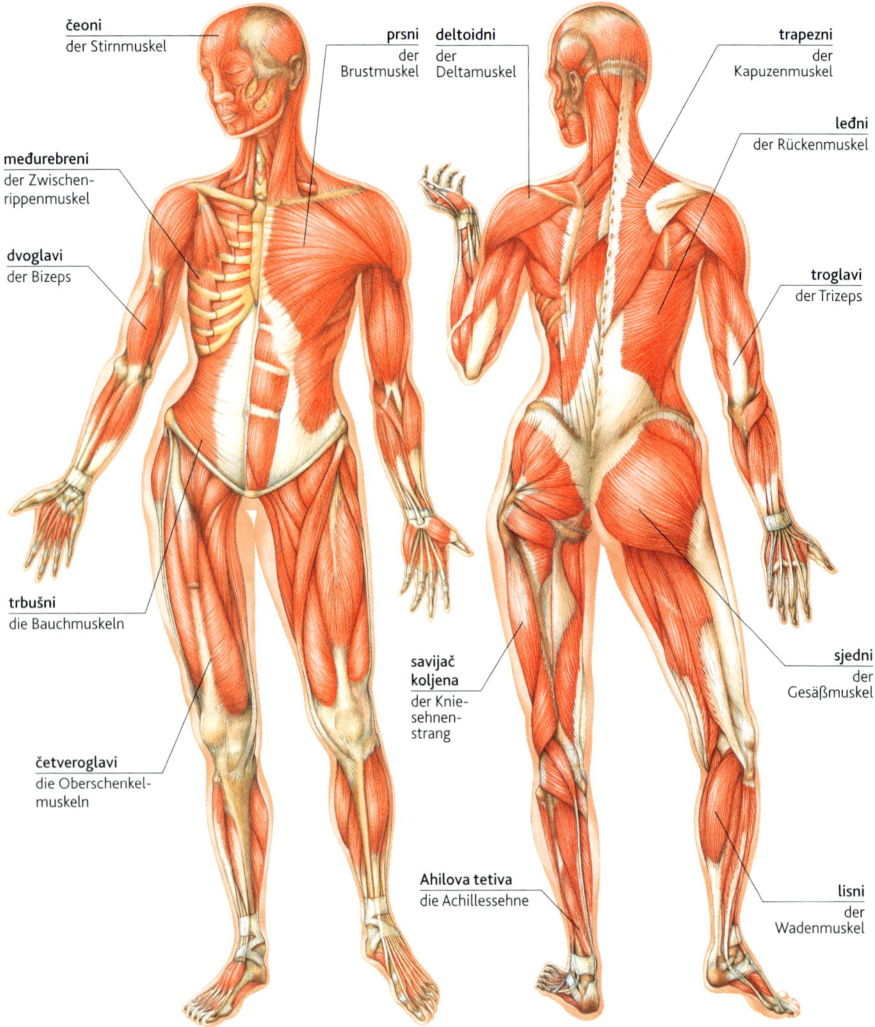
čeoni
der Stirnmuskel
prsni
der Brustmuskel
deltoidni
der Deltamuskel
trapezni
der Kapuzenmuskel
leđni
der Rückenmuskel
međurebreni
der Zwischenrippenmuskel
dvoglavi
der Bizeps
troglavi
der Trizeps
trbušni
die Bauchmuskeln
savijač koljena
der Kniesehnenstrang
sjedni
der Gesäßmuskel
četveroglavi
die Oberschenkelmuskeln
Ahilova tetiva
die Achillessehne
lisni
der Wadenmuskel

kostur • das Skelett

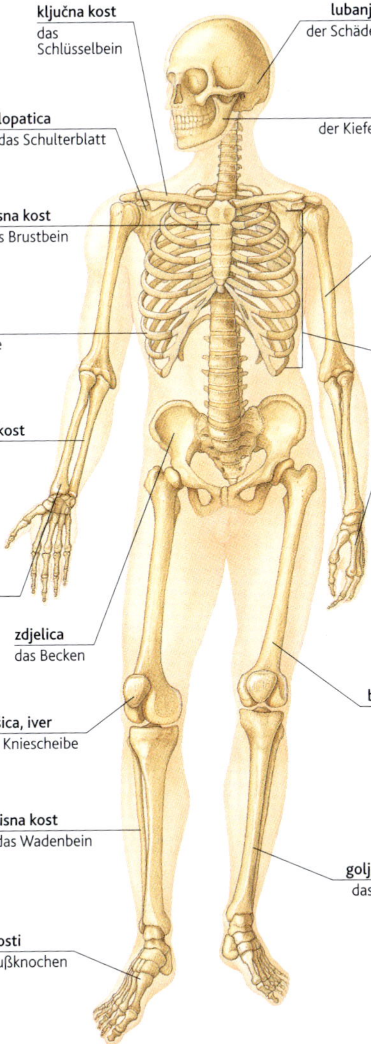

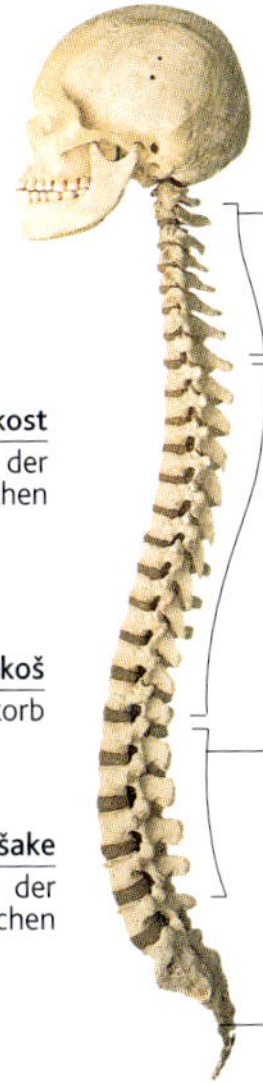

kralješnica
die Wirbelsäule

zglob • das Gelenk

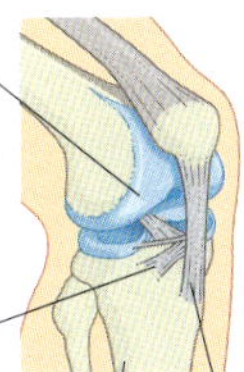

unutarnji organi • die inneren Organe

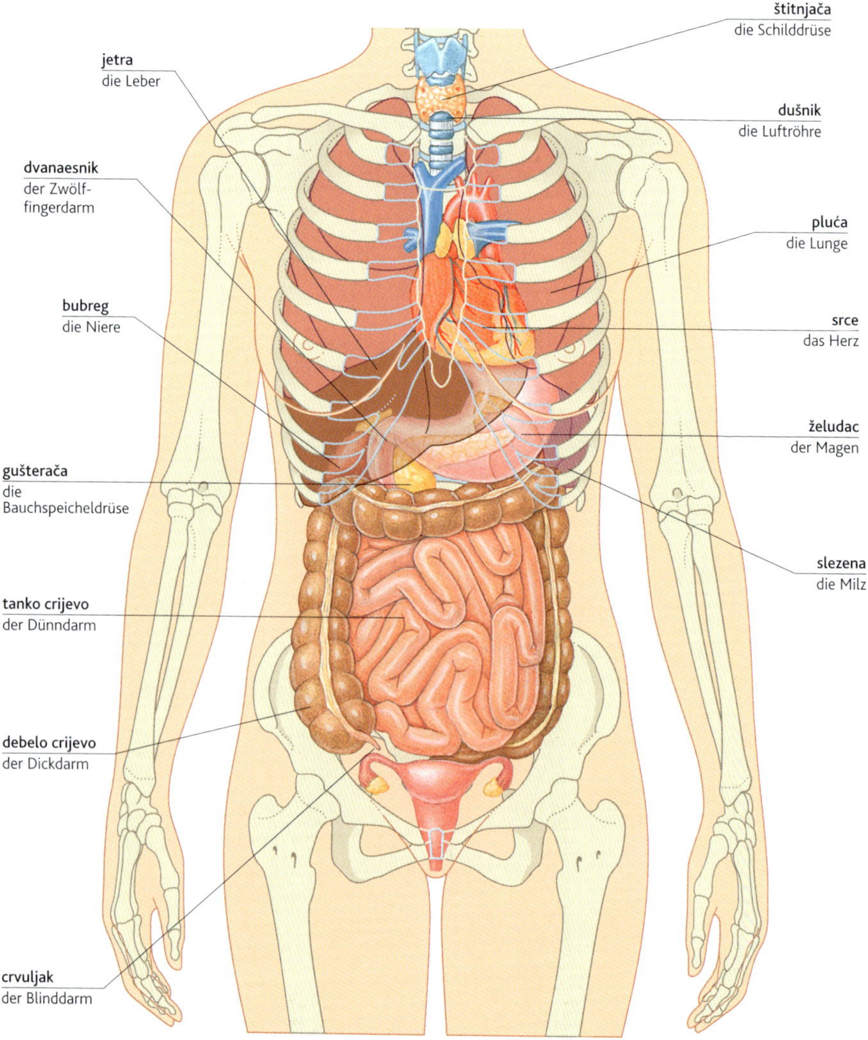

štitnjača
die Schilddrüse
jetra
die Leber
dušnik
die Luftröhre
dvanaesnik
der Zwölffingerdarm
pluća
die Lunge
bubreg
die Niere
srce
das Herz
želudac
der Magen
gušterača
die Bauchspeicheldrüse
slezena
die Milz
tanko crijevo
der Dünndarm
debelo crijevo
der Dickdarm
crvuljak
der Blinddarm

glava • der Kopf

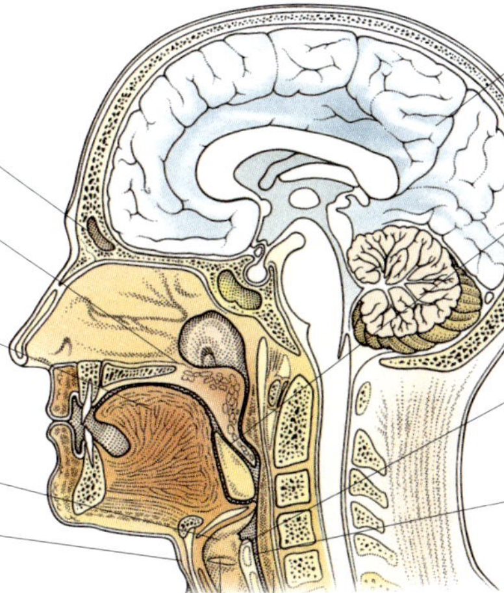

tjelesni sustavi • die Körpersysteme

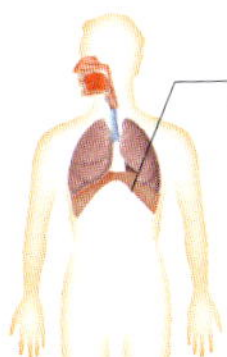

dišni
das Atmungssystem

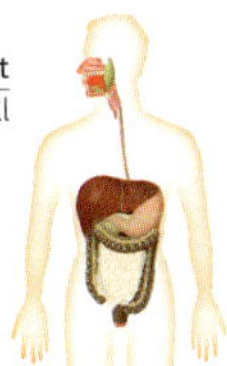

probavni
das Verdauungssystem

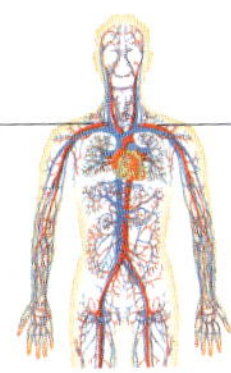

krvožilni
das Herz- und Gefäßsystem

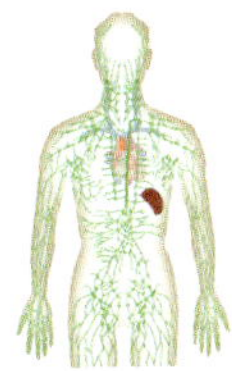

limfni
das lymphatische System

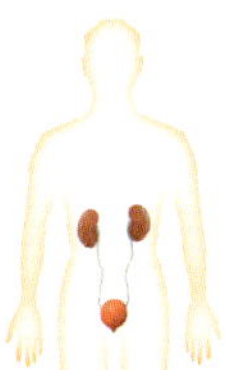

mokraćni
das Harnsystem

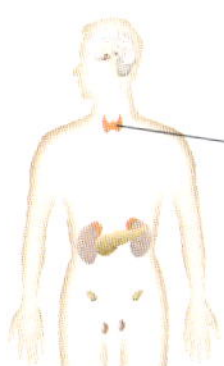

endokrini
das endokrine System

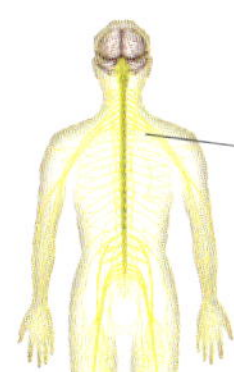

živčani
das Nervensystem

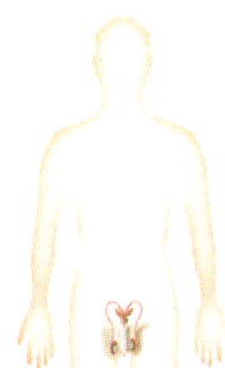

spolni
das Fortpflanzungssystem

spolni organi • die Fortpflanzungsorgane

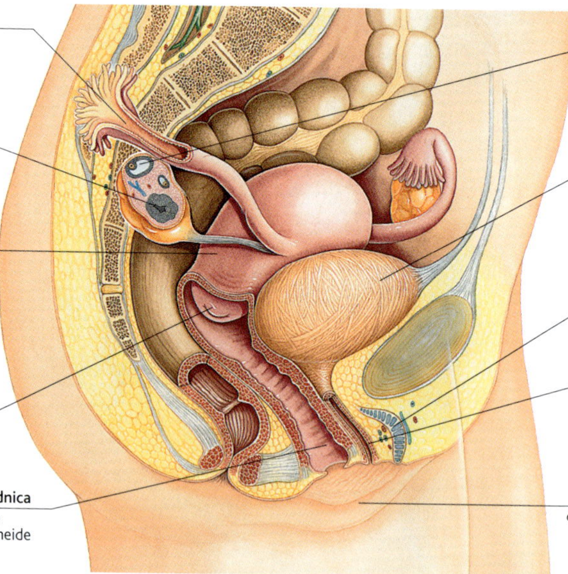

ženski | weiblich

razmnažanje • die Fortpflanzung

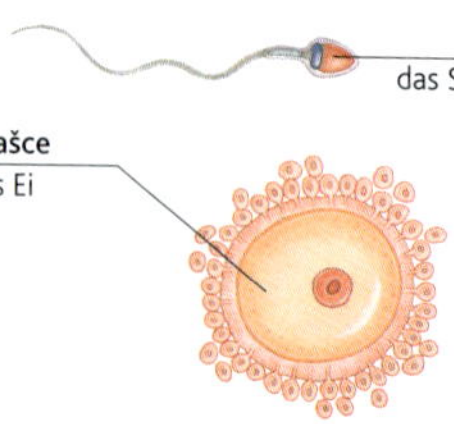

oplodnja | die Befruchtung

pojmovnik • Vokabular

hormon
das Hormon

ovulacija
der Eisprung

neplodan
steril

impotentan
impotent

plodan
fruchtbar

začeti
empfangen

mjesečnica, menstruacija
die Menstruation

snošaj
der Geschlechtsverkehr

spolne bolesti
die Geschlechtskrankheit

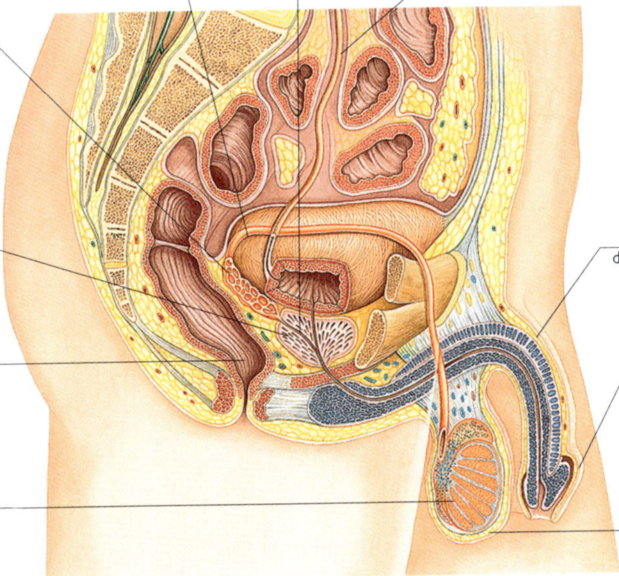

muški | männlich

kontracepcija • die Empfängnisverhütung

gumeni prsten, pesar
das Pessar

dijafragma
das Diaphragma

prezervativ
das Kondom

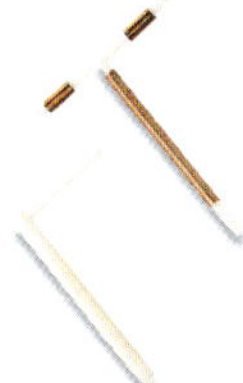

spirala
die Spirale

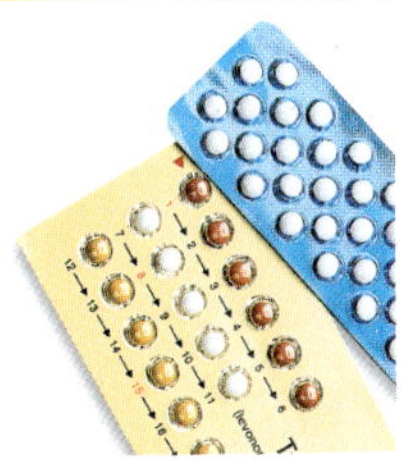

pilula
die Pille

obitelj • die Familie

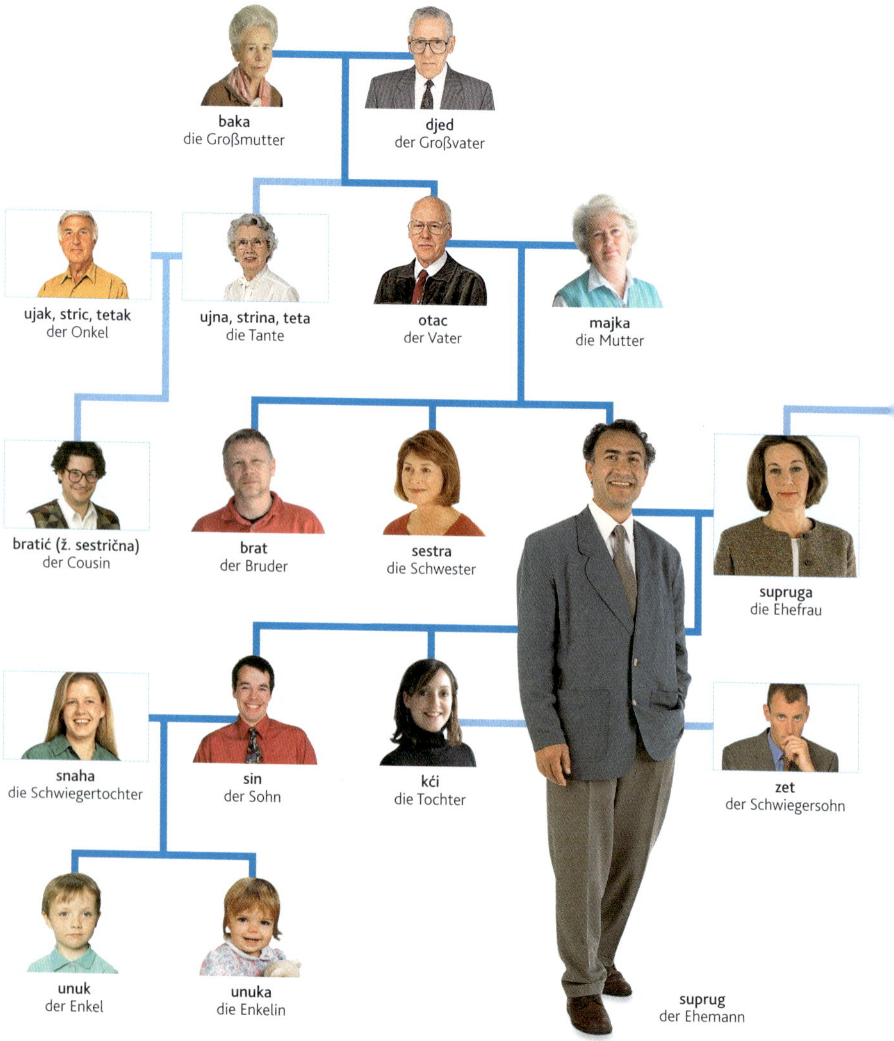
baka
die Großmutter
djed
der Großvater
ujak, stric, tetak
der Onkel
ujna, strina, teta
die Tante
otac
der Vater
majka
die Mutter
bratić (ž. sestrična)
der Cousin
brat
der Bruder
sestra
die Schwester
supruga
die Ehefrau
snaha
die Schwiegertochter
sin
der Sohn
kći
die Tochter
zet
der Schwiegersohn
unuk
der Enkel
unuka
die Enkelin
suprug
der Ehemann

pojmovnik • Vokabular

rođaci
die Verwandten

bake i djedovi
die Großeltern

roditelji
die Eltern

djeca
die Kinder

unučad
die Enkelkinder

očuh
der Stiefvater

maćeha
die Stiefmutter

pokćerka
die Stieftochter

posinak
der Stiefsohn

partner
der Partner/
die Partnerin

naraštaj
die Generation

blizanci
die Zwillinge

punica, svekrva
die Schwiegermutter

tast, svekar
der Schwiegervater

šurjak
der Schwager

šurjakinja
die Schwägerin

nećakinja
die Nichte

nećak
der Neffe

oslovljavanje • die Anreden

gospođa
Frau

gospodin
Herr

gospođica
Fräulein

dob • die Stadien

dojenče
das Baby

dijete
das Kind

dječak
der Junge

djevojčica
das Mädchen

tinejdžer, tinejdžerica
der/die Jugendliche

odrasla osoba
der Erwachsene

muškarac
der Mann

žena
die Frau

odnosi • die Beziehungen

upravitelj, menadžer
der Chef

asistentica, pomoćnica
die Assistentin

poslovna partnerica
die Geschäftspartnerin

poslodavka
die Arbeitgeberin

radnik, zaposlenik
der Arbeitnehmer

kolega
der Kollege

ured | das Büro

susjed
der Nachbar

prijatelj
der Freund

znanac
der Bekannte

dopisni prijatelj
der Brieffreund

dečko
der Freund

djevojka
die Freundin

par | das Paar

zaručnik
der Verlobte

zaručnica
die Verlobte

zaručnici | die Verlobten

osjećaji • die Gefühle

sretna
glücklich

tužan
traurig

uzbuđen
begeistert

dosađivati se
sich langweilen

iznenađena
überrascht

uplašen
erschrocken

ljutita, srdita
verärgert

zbunjen
verwirrt

zabrinuta
besorgt

nervozan
nervös

ponosni
stolz

samouvjeren
selbstsicher

smetena
verlegen

sramežljiva
schüchtern

pojmovnik • Vokabular

uzrujan
aufgebracht

smijati se
lachen

uzdisati
seufzen

vikati
schreien

užasnut
schockiert

plakati
weinen

onesvijestiti se
in Ohnmacht fallen

zijevati
gähnen

događaji u životu • die Ereignisse des Lebens

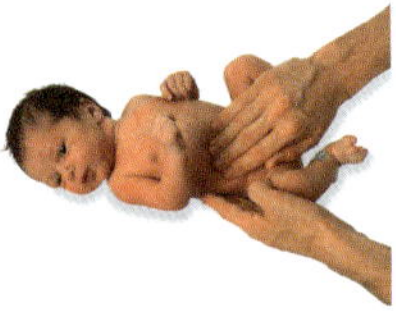

roditi se
geboren werden

krenuti u školu
zur Schule kommen

sprijateljiti se
sich anfreunden

diplomirati
graduieren

zaposliti se
eine Stelle bekommen

zaljubiti se
sich verlieben

vjenčati se, udati se, oženiti
heiraten

dobiti dijete
ein Baby bekommen

vjenčanje | die Hochzeit

razvod
die Scheidung

pogreb
das Begräbnis

pojmovnik • Vokabular

krštenje
die Taufe

bar micva
die Bar-Mizwa

godišnjica, obljetnica
der Jahrestag

iseliti
emigrieren

umiroviti
in den Ruhestand treten

umrijeti
sterben

načiniti oporuku
sein Testament machen

rodni list
die Geburtsurkunde

proslava vjenčanja, svadba
die Hochzeitsfeier

medeni mjesec
die Flitterwochen

proslave • die Feste

rođendanska zabava
die Geburtstagsfeier

rođendan
der Geburtstag

čestitka
die Karte

dar
das Geschenk

Božić
das Weihnachten

Nova godina
das Neujahr

karneval
der Karneval

povorka
der Umzug

Dan zahvalnosti
das Erntedankfest

vrpca
das Band

Uskrs
das Ostern

Noć vještica
Halloween/Allerheiligen

svečanosti • die Feste

Pasha
das Passah

Ramazan
der Ramadan

Divali
das Diwali

izgled
die äußere Erscheinung

dječja odjeća • die Kinderkleidung

dojenče • das Baby

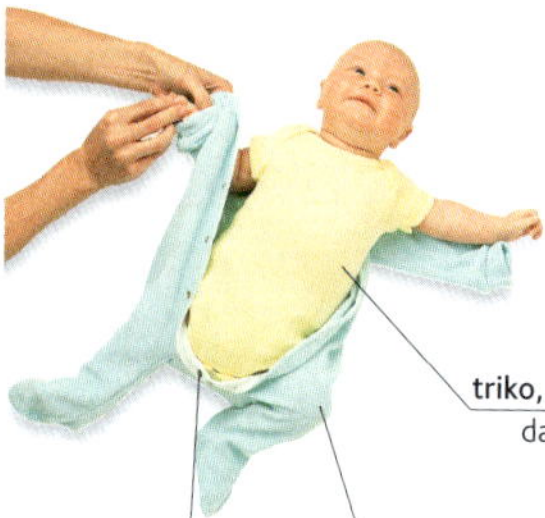

triko, potkošuljica
das Hemdchen

utisna kopča, "druker"
der Druckknopf

odijelce
der Strampelanzug

pidžama
der Schlafanzug

odijelce za snijeg
der Schneeanzug

odijelce s kratkim rukavima
der Body

podbradnik
das Lätzchen

rukavice
die Babyhandschuhe

papučice
die Babyschuhe

frotirska pelena
die Stoffwindel

jednokratna pelena
die Wegwerfwindel

plastične gaće
das Gummihöschen

malo dijete • das Kleinkind

šeširić
der Sonnenhut

pregača
die Schürze

kratke hlače
die Shorts

hlače s naramenicama
die Latzhose

majica kratkih rukava
das T-Shirt

suknja
der Rock

dijete • das Kind

haljina
das Kleid

sandale
die Sandalen

ljeto
der Sommer

kapuljača
die Kapuze

kabanica
der Regenmantel

traperice
die Jeans

naprtnjača
der Rucksack

jesen
der Herbst

gumb
der Knebelknopf

vuneni kaputić
der Dufflecoat

šal
der Schal

vjetrovka s kapuljačom
der Anorak

gumene čizme
die Gummistiefel

zima
der Winter

kućni ogrtač
der Morgenmantel

spavaćica
das Nachthemd

papuče
die Hausschuhe

odjeća za spavanje
die Nachtwäsche

logotip
das Logo

tenisice
die Sportschuhe

nogometni dres
der Fußballdress

trenirka
der Trainingsanzug

rastezljive hlače,"tajice"
die Leggings

pojmovnik • Vokabular

prirodno vlakno
die Naturfaser

sintetika
synthetisch

Može li se prati u perilici?
Ist es waschmaschinenfest?

Hoće li odgovarati dvogodišnjem djetetu?
Passt das einem Zweijährigen?

muška odjeća • die Herrenkleidung

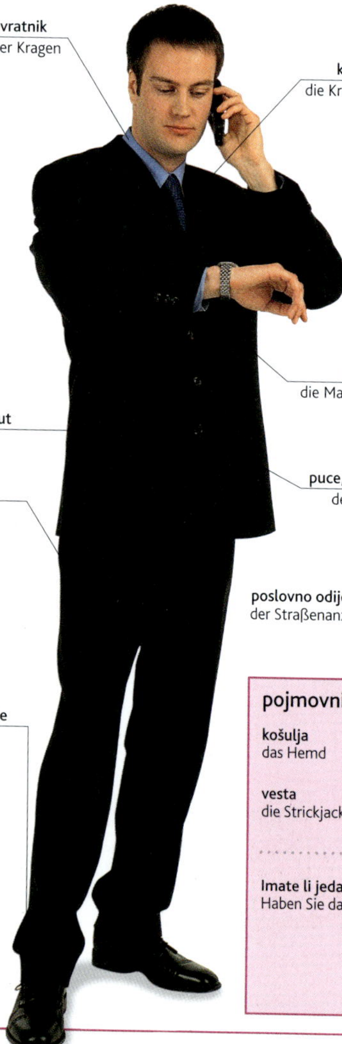

poslovno odijelo
der Straßenanzug

kaput
der Mantel

pojmovnik • Vokabular

košulja das Hemd	**kućni ogrtač** der Morgenmantel	**trenirka** der Trainingsanzug	**dugo** lang
vesta die Strickjacke	**donje rublje** die Unterwäsche	**kabanica** der Regenmantel	**kratko** kurz

Imate li jedan broj veće/manje?
Haben Sie das eine Nummer größer/kleiner?

Mogu li isprobati ovo?
Kann ich das anprobieren?

blejzer
der Blazer

sportski kratki kaput
das Sportjackett

prsluk
die Weste

v-izrez
der V-Ausschnitt

okrugli izrez
der runde Ausschnitt

majica kratkih rukava
das T-Shirt

hlače trenirke
die Trainingshose

sportska odjeća
die Freizeitkleidung

vjetrovka s kapuljačom
der Anorak

bluza trenirke
das Sweatshirt

vjetrovka
die Windjacke

džemper
der Pullover

pidžama
der Schlafanzug

potkošulja
das Unterhemd

kratke hlače
die Shorts

gaće
der Slip

bokserice
die Boxershorts

čarape
die Socken

ženska odjeća • die Damenkleidung

večernja haljina
das Abendkleid

haljina
das Kleid

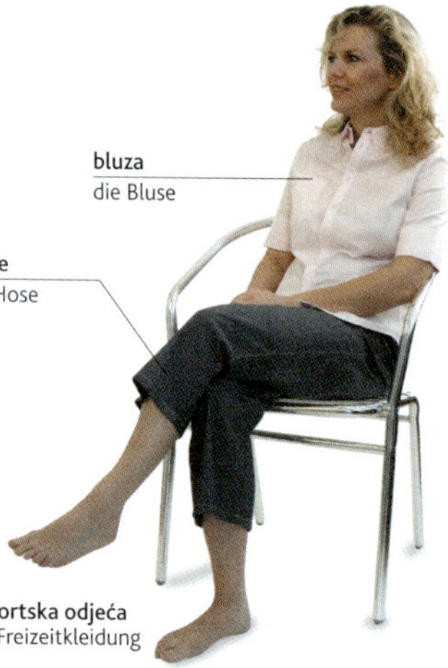

sportska odjeća
die Freizeitkleidung

donje rublje • die Unterwäsche

kućna haljina
das Negligé

kombine
der Unterrock

steznik
das Mieder

korzet s halterima
das Bustier

čarape
die Strümpfe

hulahupke
die Strumpfhose

grudnjak
der Büstenhalter

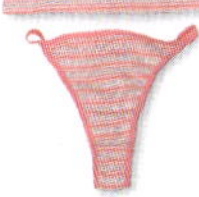

gaćice
der Slip

spavaćica
das Nachthemd

vjenčanje • die Hochzeit

vjenčanica
das Hochzeitskleid

pojmovnik • Vokabular

korzet
das Korsett

podvezica
das Strumpfband

jastučić (na ramenu)
das Schulterpolster

pojas
der Rockbund

po mjeri
gut geschnitten

slobodnih leđa
rückenfrei

učvršćen žicom
mit Formbügeln

sportski grudnjak
der Sport-BH

modni dodaci • die Accessoires

kapa
die Mütze

šešir
der Hut

marama
das Halstuch

remen
der Gürtel

kišobran
der Regenschirm

rupčić
das Taschentuch

leptir-mašna
die Fliege

igla za kravatu
die Krawattennadel

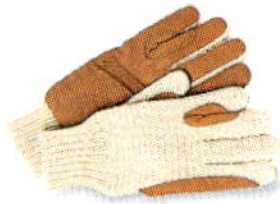

rukavice
die Handschuhe

nakit • der Schmuck

privjesak
der Anhänger

broš
die Brosche

puce za orukvicu
der Manschettenknopf

narukvica
das Armband

lančić
die Kette

kutija za nakit | der Schmuckkasten

torbe • die Taschen

novčanik
die Brieftasche

torbica
das Portmonee

kopča
der Verschluss

torba na rame
die Umhängetasche

naramenica
der Schulterriemen

naprtnjača
der Rucksack

putna torba
die Reisetasche

aktovka
die Aktentasche

ručke
die Griffe

ručna torba
die Handtasche

cipele • die Schuhe

očica
die Öse

vezica
Schnürsenkel

jezik
die Zunge

potplat
die Sohle

peta
der Absatz

cipela na vezivanje
der Schnürschuh

planinarska cipela
der Wanderschuh

tenisica
der Sportschuh

kožnata cipela
der Lederschuh

japanka
die Strandsandale

cipela s visokom petom
der Pumps

cipela s visokim potplatom
der Plateauschuh

sandala
die Sandale

mokasinka
der Slipper

muška cipela
der Herrenhalbschuh

kosa • das Haar

češljati
kämmen

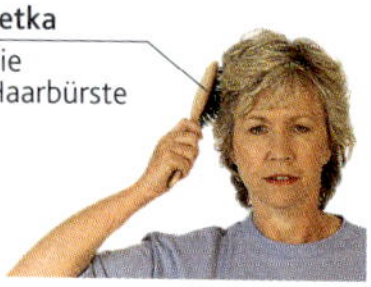

četkati | bürsten

prati | waschen

ispirati
ausspülen

šišati
schneiden

sušiti
föhnen

oblikovati
legen

pribor • die Frisierartikel

sušilo za kosu, fen
der Föhn

šampon
das Shampoo

regenerator
die Haarspülung

gel za kosu
das Haargel

lak za kosu
das Haarspray

kovrčalo, "figaro"
der Lockenstab

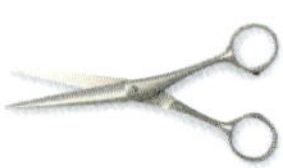

škare
die Schere

obruč za kosu
der Haarreif

uvijač
der Lockenwickler

ukosnica
die Haarklammer

frizure • die Frisuren

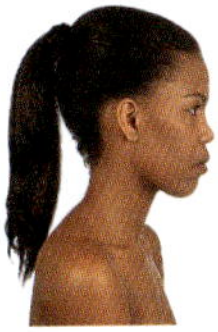

konjski rep
der Pferdeschwanz

vrpca
das Band

pletenica
der geflochtene Zopf

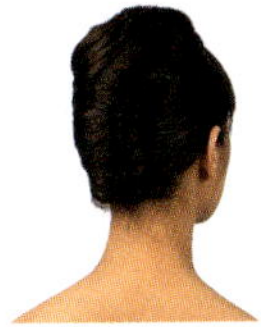

banana punđa
die Hochsteckfrisur

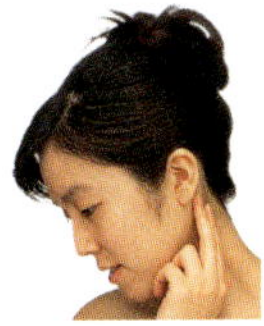

punđa
der Haarknoten

kečke
die Zöpfe

paževska frizura
der Pagenkopf

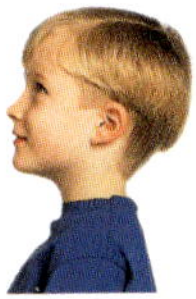

kratka kosa
der Kurzhaarschnitt

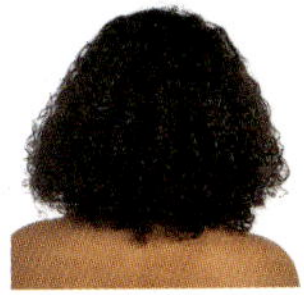

trajna
die Dauerwelle

kovrčava kosa
lockig

ravna kosa
glatt

korijeni
die Wurzeln

pramenovi
die Strähnchen

ćelav
kahl

perika
die Perücke

pojmovnik • Vokabular

podrezati nachschneiden	**masna** fettig
izravnati glätten	**suha** trocken
brijač der Herrenfriseur	**normalna** normal
perut die Schuppen	**koža na glavi** die Kopfhaut
ispucani vrhovi der Haarspliss	**gumica za kosu** das Haarband

boje kose • die Haarfarben

blond, plava
blond

smeđa
brünett

kestenjastocrvena
rotbraun

riđa, crvena
rot

crna
schwarz

sijeda
grau

bijela
weiß

obojena
gefärbt

ljepota • die Schönheit

boja za kosu
das Haarfärbemittel

sjenilo za oči
der Lidschatten

maskara
die Wimperntusche

tuš za oči
der Eyeliner

rumenilo
das Rouge

podloga
die Grundierung

ruž
der Lippenstift

šminka • das Make-up

olovka za obrve
der Augenbrauenstift

četkica za obrve
das Brauenbürstchen

pinceta
die Pinzette

sjajilo za usne
das Lipgloss

kist za usne
der Lippenpinsel

olovka za usne
der Lippenkonturenstift

kist za puder
der Puderpinsel

korektor
der Korrekturstift

zrcalo
der Spiegel

puder za lice
der Gesichtspuder

jastučić za pudranje
Puderquaste

pudrijera | die Puderdose

tretmani ljepote • die Schönheitsbehandlungen

maska za lice
die Gesichtsmaske

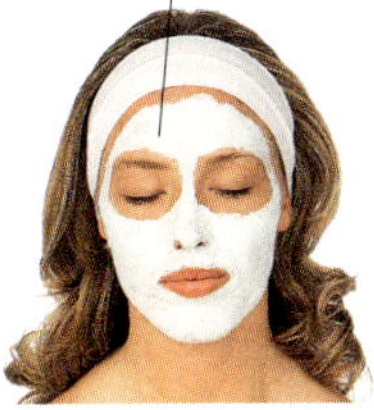

tretman lica
die Gesichtsbehandlung

solarij
die Sonnenbank

piling
das Peeling

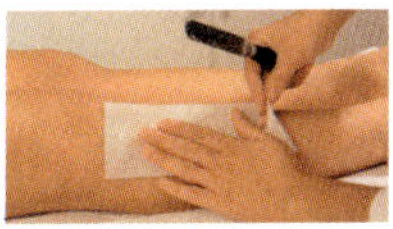

depilacija
das Wachs

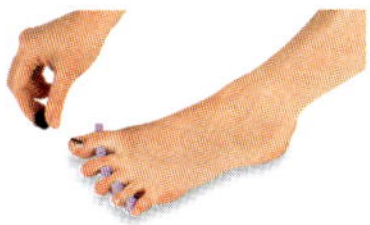

pedikura
die Pediküre

toaletne potrepštine • die Toilettenartikel

mlijeko za čišćenje
der Gesichtsreiniger

tonik za lice
das Gesichtswasser

hidratantna krema
die Feuchtigkeitscreme

krema za samotamnjenje
die Selbstbräunungscreme

parfem
das Parfum

toaletna voda
das Eau de Toilette

manikura • die Maniküre

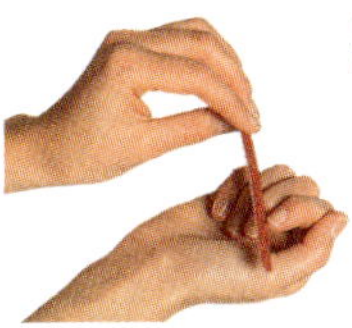

turpijica za nokte
die Nagelfeile

odstranjivač laka za nokte, "aceton"
der Nagellackentferner

lak za nokte
der Nagellack

škarice za nokte
die Nagelschere

noktarica
der Nagelknipser

pojmovnik • Vokabular

put der Teint	**masna** fettig	**preplanulost** die Sonnenbräune
svijetla hell	**osjetljiva** empfindlich	**tetovaža** die Tätowierung
tamna dunkel	**hipoalergeno** hypoallergen	**protiv bora** Antifalten-
suha trocken	**nijansa** der Farbton	**pamučni jastučići** die Watteböllchen

zdravlje
die Gesundheit

bolest • die Krankheit

vrućica, povišena temperatura | das Fieber

glavobolja
die Kopfschmerzen

krvarenje iz nosa
das Nasenbluten

kašalj
der Husten

kihanje
niesen

prehlada
die Erkältung

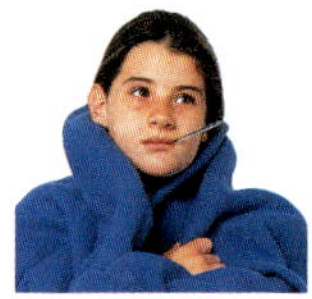

gripa
die Grippe

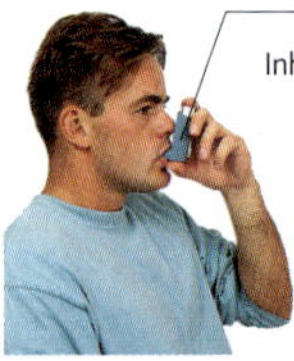

inhalator
der Inhalationsapparat

astma
das Asthma

grčevi
die Krämpfe

mučnina
die Übelkeit

vodene kozice
die Windpocken

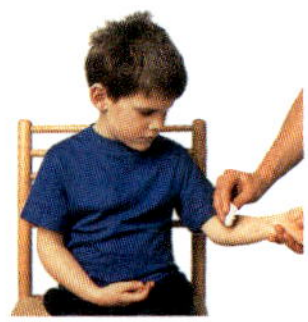

osip na koži
der Hautausschlag

pojmovnik • Vokabular

moždani udar, kap
der Schlaganfall

krvni tlak
der Blutdruck

infarkt, srčani udar
der Herzinfarkt

dijabetes
die Zuckerkrankheit

alergija
die Allergie

peludna groznica
der Heuschnupfen

ekcem
das Ekzem

infekcija
die Infektion

virus
der Virus

zimica
die Verkühlung

bol u želucu
die Magenschmerzen

onesvijestiti se
in Ohnmacht fallen

povraćati
sich übergeben

epilepsija
die Epilepsie

migrena
die Migräne

proljev
der Durchfall

ospice
die Masern

zaušnjaci
der Mumps

liječnik • der Arzt

pregled • die Konsultation

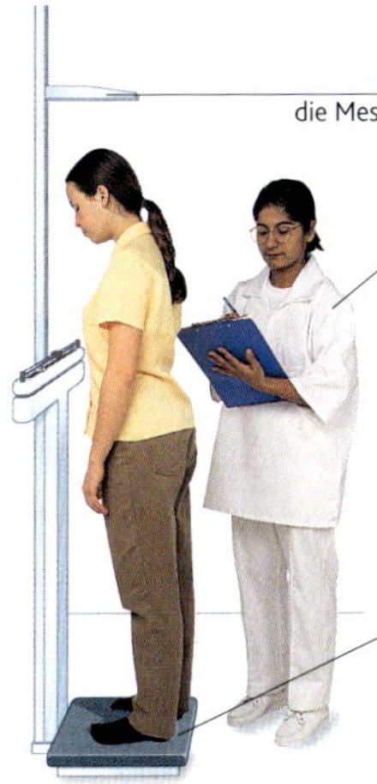

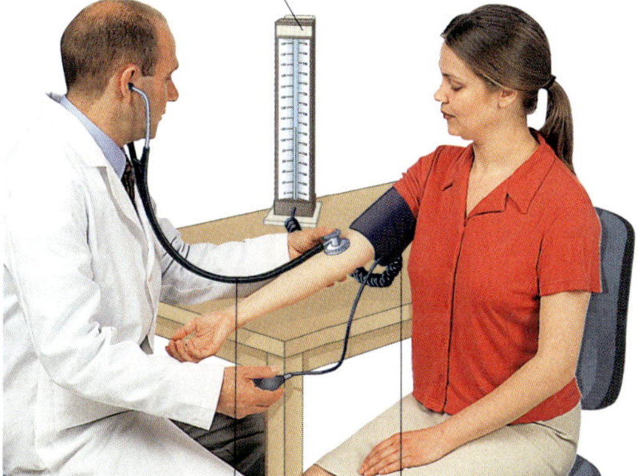

pojmovnik • Vokabular

dogovoreno vrijeme der Termin	**cijepljenje** die Impfung
ordinacija das Sprechzimmer	**toplomjer** das Thermometer
čekaonica das Wartezimmer	**liječnički pregled** die Untersuchung

Moram liječniku.
Ich muss einen Arzt sprechen.

Ovdje me boli.
Es tut hier weh.

ozljeda • die Verletzung

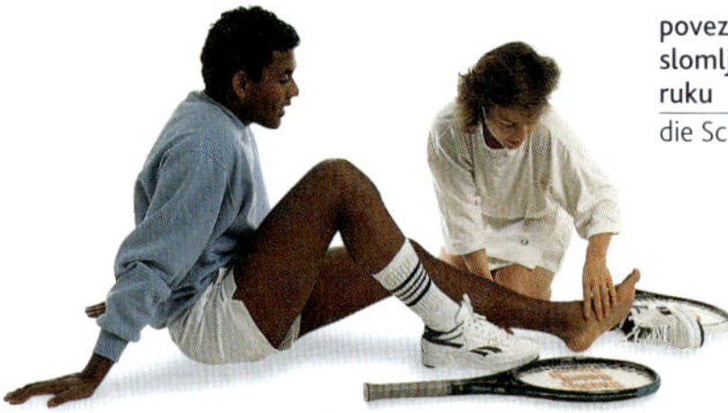

iščašenje | die Verstauchung

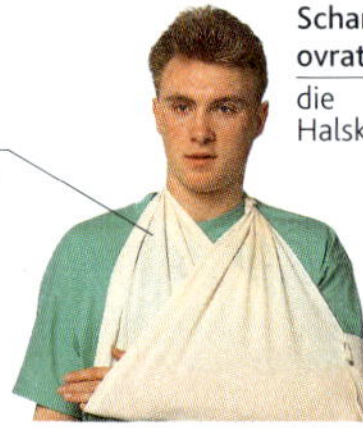

prijelom
die Fraktur

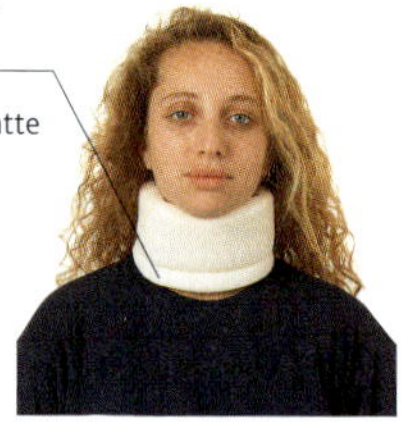

trzajna ozljeda vrata
das Schleudertrauma

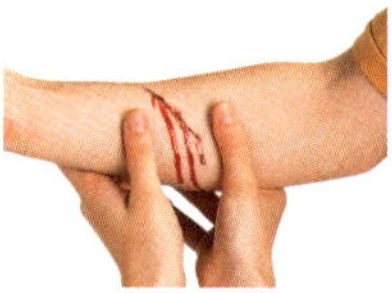

posjekotina
der Schnitt

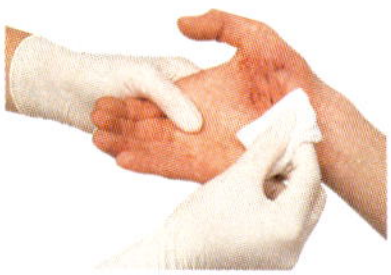

ogrebotina
die Abschürfung

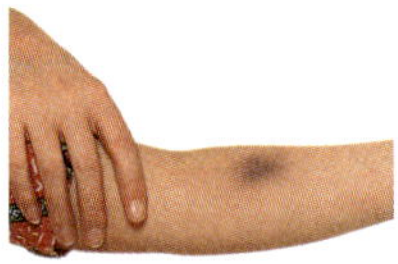

modrica, masnica
der blaue Fleck

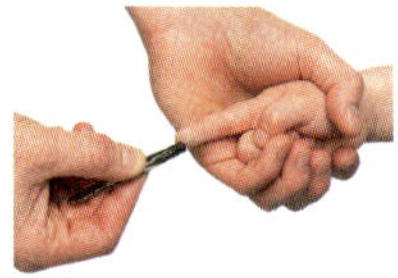

treščica
der Splitter

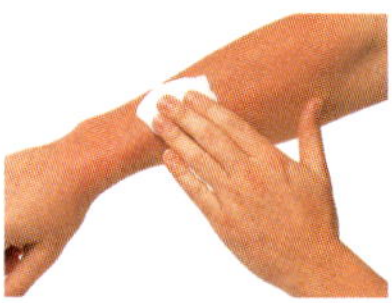

sunčana opeklina
der Sonnenbrand

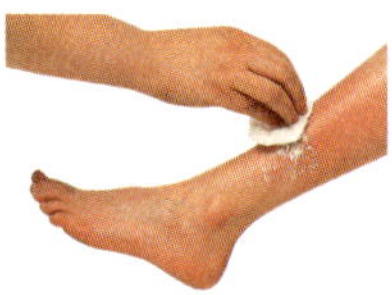

opeklina
die Brandwunde

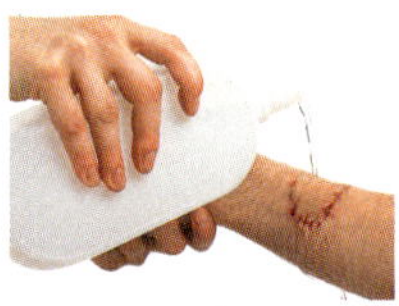

ugriz
der Biss

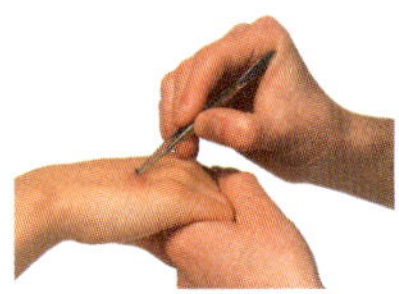

ubod
der Stich

pojmovnik • Vokabular

nesreća
der Unfall

hitan slučaj
der Notfall

rana
die Wunde

krvarenje
die Blutung

mjehur, vodeni žulj
die Blase

potres mozga
die Gehirnerschütterung

otrovanje
die Vergiftung

električni udar
der elektrische Schlag

ozljeda glave
die Kopfverletzung

Hoće li mu/joj biti dobro?
Wird er/sie es gut überstehen?

Gdje vas boli?
Wo haben Sie Schmerzen?

Molim, pozovite vozilo hitne pomoći!
Rufen Sie bitte einen Krankenwagen.

prva pomoć • die Erste Hilfe

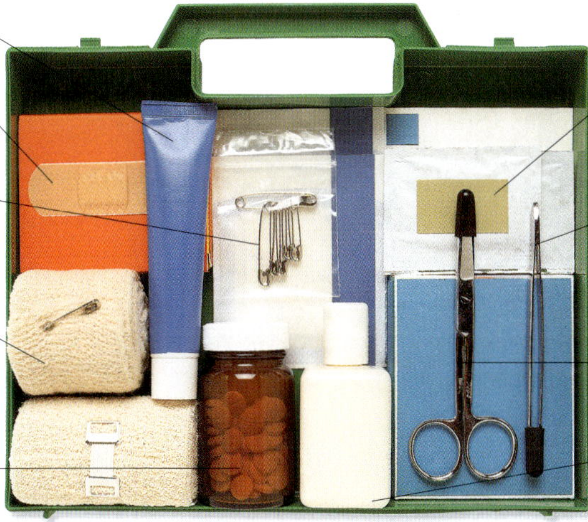

kutija za prvu pomoć | der Erste-Hilfe-Kasten

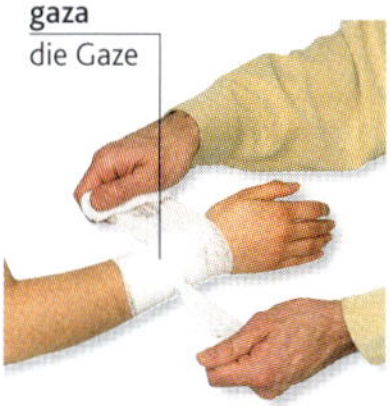

previjanje
der Verband

udlaga | die Schiene

ljepljiva vrpca
das Leukoplast

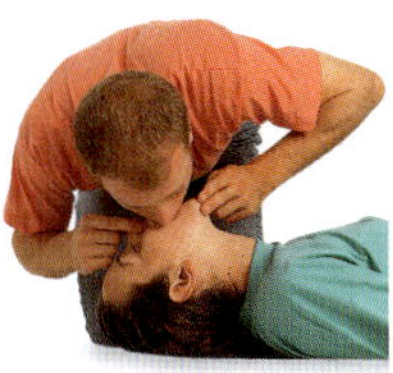

reanimacija, oživljavanje
die Wiederbelebung

pojmovnik • Vokabular

šok der Schock	**puls** der Puls	**gušiti se** ersticken	**Možete li mi pomoći?** Können Sie mir helfen?
bez svijesti bewusstlos	**disanje** die Atmung	**sterilno** steril	**Znate li pružiti prvu pomoć?** Beherrschen Sie die Erste Hilfe?

bolnica • das Krankenhaus

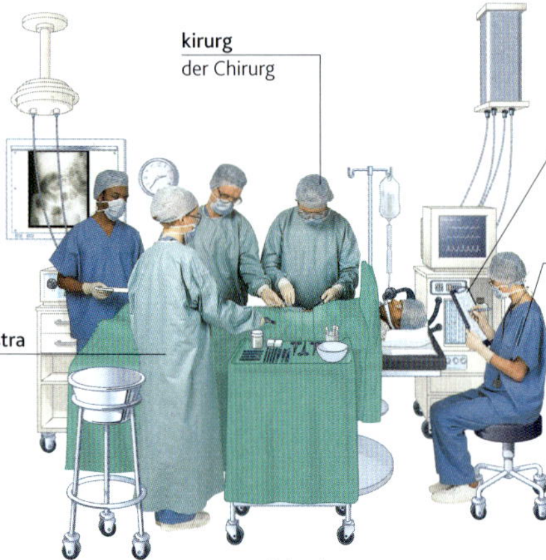

operacijska dvorana
der Operationssaal

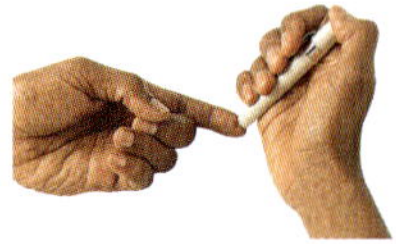

analiza krvi
die Blutuntersuchung

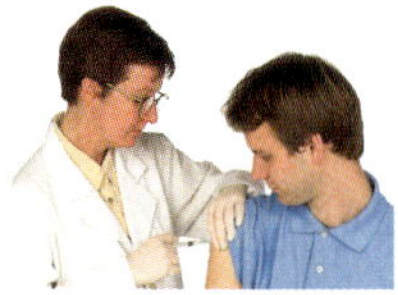

injekcija
die Spritze

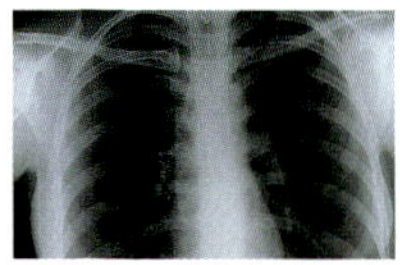

rendgen
die Röntgenaufnahme

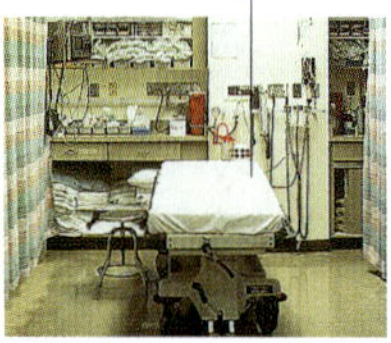

ambulanta hitne pomoći
die Notaufnahme

bolnička soba
das Patientenzimmer

invalidska kolica
der Rollstuhl

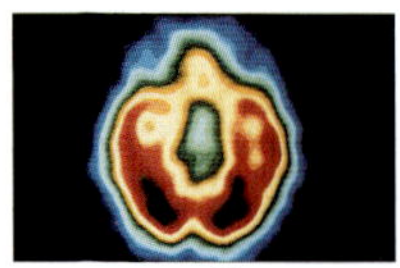

CT slika
das CT-Bild

pojmovnik • Vokabular

operacija die Operation	**otpušten** entlassen	**vrijeme posjeta** die Besuchszeiten	**dječji odjel** die Kinderstation	**odjel za intenzivnu njegu** die Intensivstation
primljen aufgenommen	**klinika** die Klinik	**porodiljni odjel** die Entbindungsstation	**privatna soba** das Privatzimmer	**vanjski (ambulantni) pacijent** der ambulante Patient

odjeli • die Abteilungen

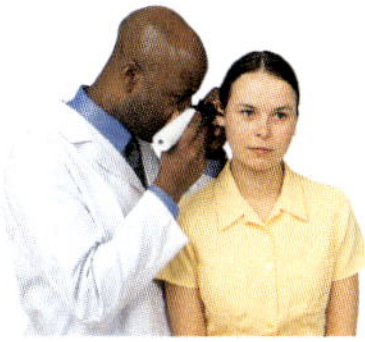

otorinolaringologija
die HNO-Abteilung

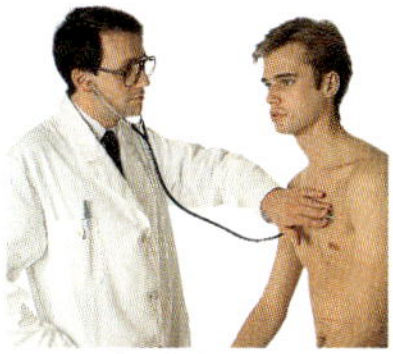

kardiologija
die Kardiologie

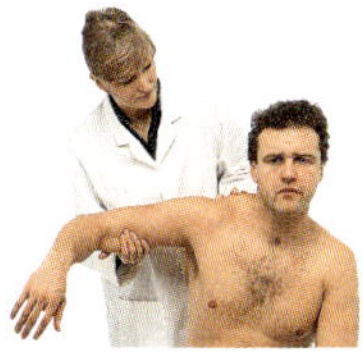

ortopedija
die Orthopädie

ginekologija
die Gynäkologie

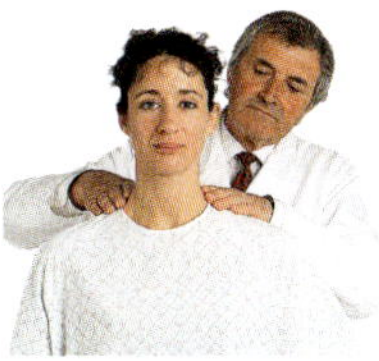

fizioterapija
die Physiotherapie

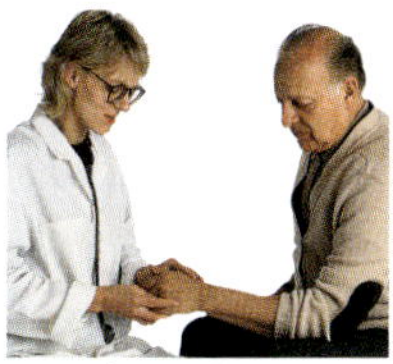

dermatologija
die Dermatologie

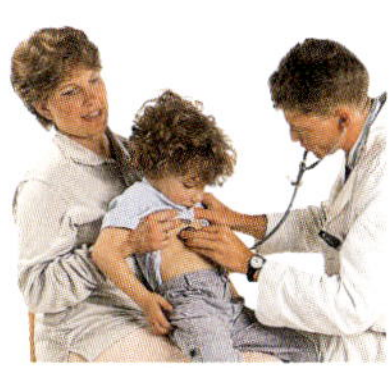

pedijatrija
die Kinderheilkunde

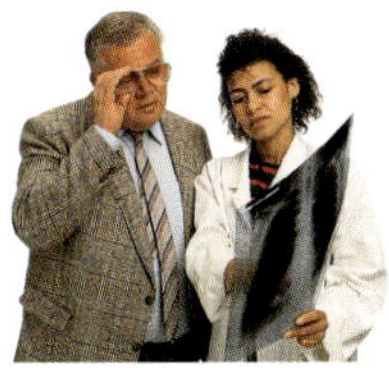

radiologija
die Radiologie

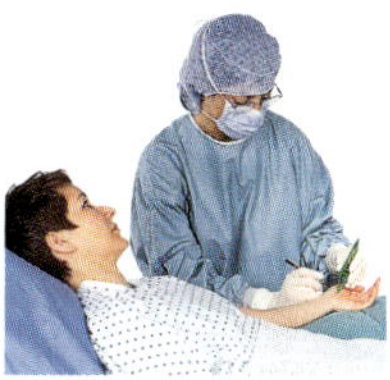

kirurgija
die Chirurgie

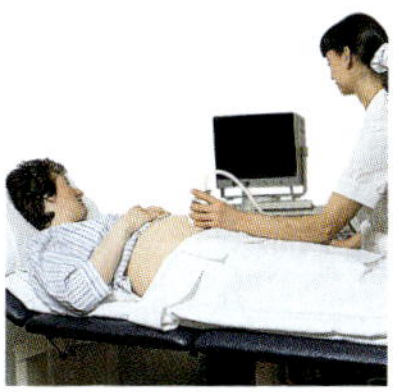

porodiljstvo
die Entbindungsstation

psihijatrija
die Psychiatrie

oftalmologija
die Augenheilkunde

pojmovnik • Vokabular

neurologija die Neurologie	**urologija** die Urologie	**endokrinologija** die Endokrinologie	**patologija** die Pathologie	**nalaz** das Ergebnis
onkologija die Onkologie	**plastična kirurgija** die plastische Chirurgie	**upućivanje** die Überweisung	**analiza** die Untersuchung	**specijalist** der Facharzt

zubar • der Zahnarzt

zub • der Zahn

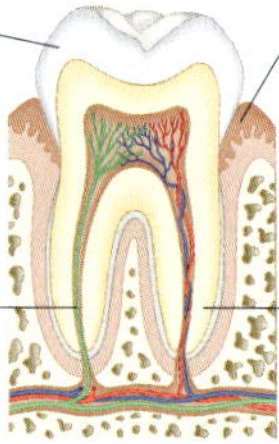

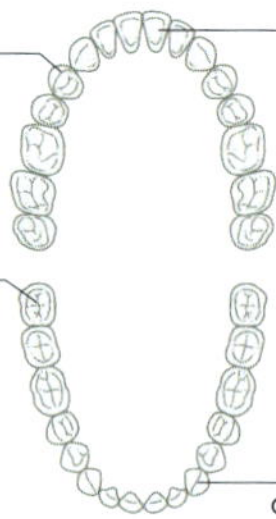

pregled • der Check-up

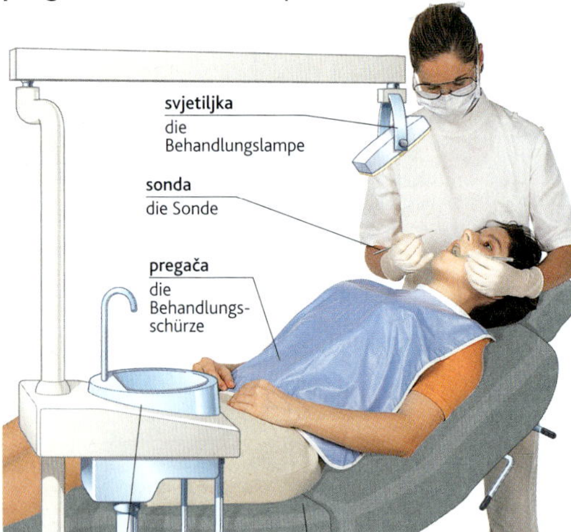

čistiti zubnim koncem
mit Zahnseide
reinigen

prati zube četkicom
bürsten

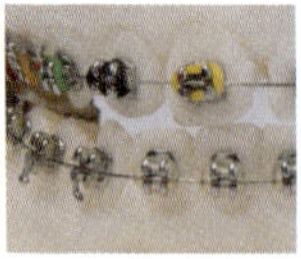

aparatić za zube
die Zahnspange

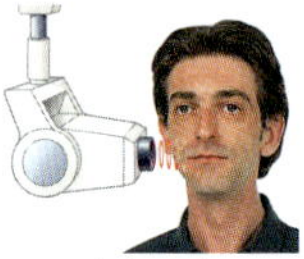

zubni rendgen
die Röntgenaufnahme

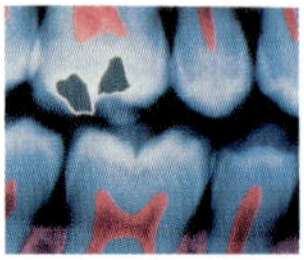

rendgenska snimka
das Röntgenbild

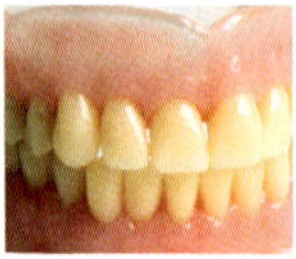

zubalo
die Zahnprothese

pojmovnik • Vokabular

zubobolja
die Zahnschmerzen

plak
der Zahnbelag

karijes
die Karies

plomba
die Zahnfüllung

bušilica
der Bohrer

zubni konac
die Zahnseide

vađenje
die Extraktion

kruna
die Krone

optičar • der Augenoptiker

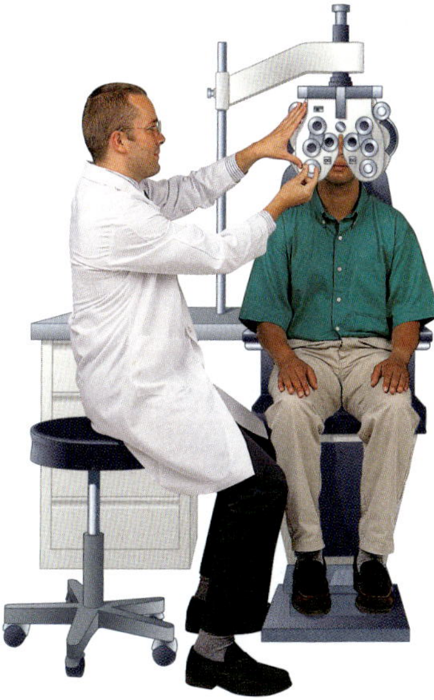

kontrola vida | der Sehtest

etui
das Futteral

staklo
das Glas

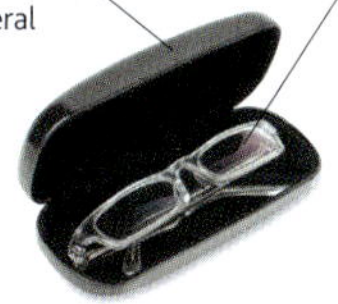

naočale
die Brille

okvir
das Brillengestell

sunčane naočale
die Sonnenbrille

tekućina za čišćenje
das Reinigungsmittel

dezinfekcijsko sredstvo
das Desinfektionsmittel

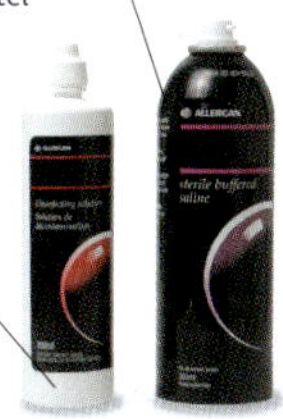

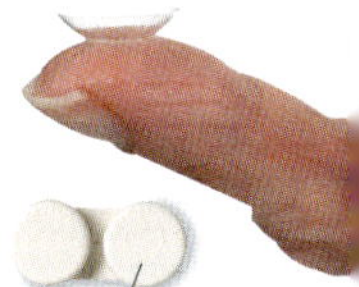

kutijica za leće
der Kontaktlinsen-behälter

kontaktne leće | die Kontaktlinsen

oko • das Auge

obrva
die Augenbraue

kapak
das Lid

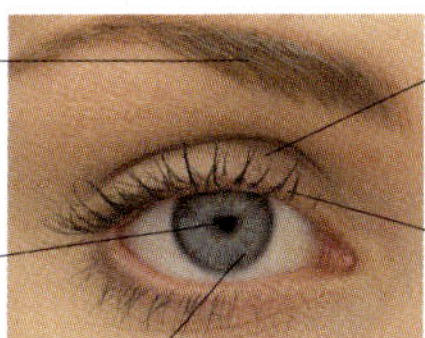

zjenica
die Pupille

trepavica
die Wimper

šarenica
die Iris

leća
die Linse

mrežnica
die Netzhaut

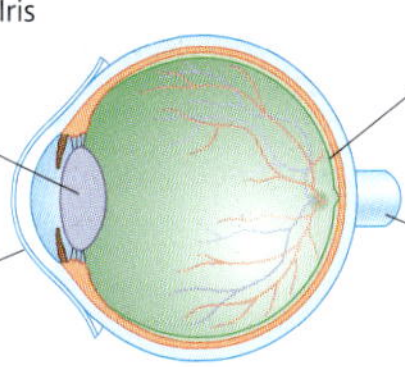

očni živac
der Sehnerv

rožnica
die Hornhaut

pojmovnik • Vokabular

vid
die Sehkraft

dioptrija
die Dioptrie

suza
die Träne

mrena
der graue Star

astigmatizam
der Astigmatismus

dalekovidnost
die Weitsichtigkeit

kratkovidnost
die Kurzsichtigkeit

bifokalno
bifokal

trudnoća • die Schwangerschaft

test za trudnoću
der Schwangerschaftstest

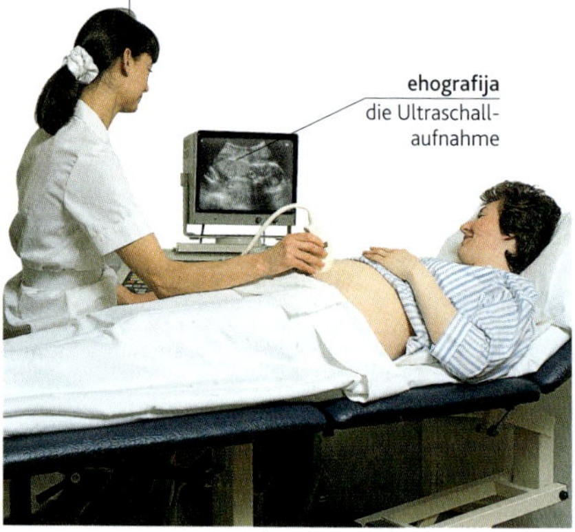

ultrazvuk | der Ultraschall

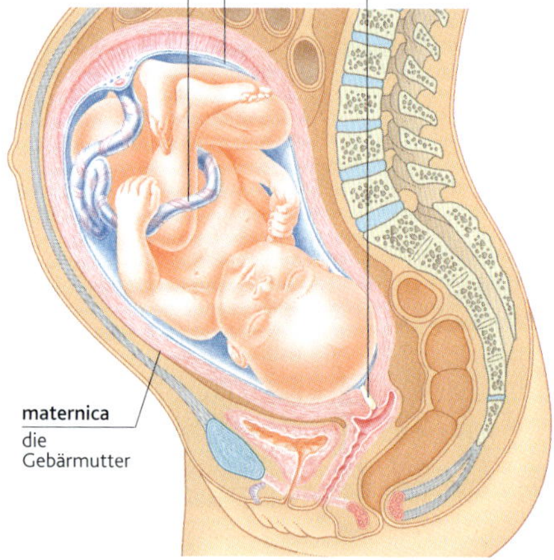

fetus | der Fötus

pojmovnik • Vokabular

ovulacija der Eisprung	**prenatalna dijagnostika** die Pränataldiagnostik	**amniocenteza** die Fruchtwasseruntersuchung	**cervikalni otvor** die Muttermundöffnung	**porođaj** die Entbindung	**stav zatkom** die Steißgeburt
začeće die Empfängnis	**embrij** der Embryo	**trudovi** die Wehe	**epiduralna anestezija** die Epiduralanästhesie	**rođenje** die Geburt	**preuranjen** vorzeitig
trudna schwanger	**maternica** die Gebärmutter	**pucanje vodenjaka** das Fruchtwasser geht ab	**epiziotomija** der Dammschnitt	**spontani pobačaj** die Fehlgeburt	**ginekolog** der Gynäkologe
	tromjesečje das Trimester	**plodna voda** das Fruchtwasser	**carski rez** der Kaiserschnitt	**šavovi** die Naht	**opstetričar** der Geburtshelfer

rođenje djeteta • die Geburt

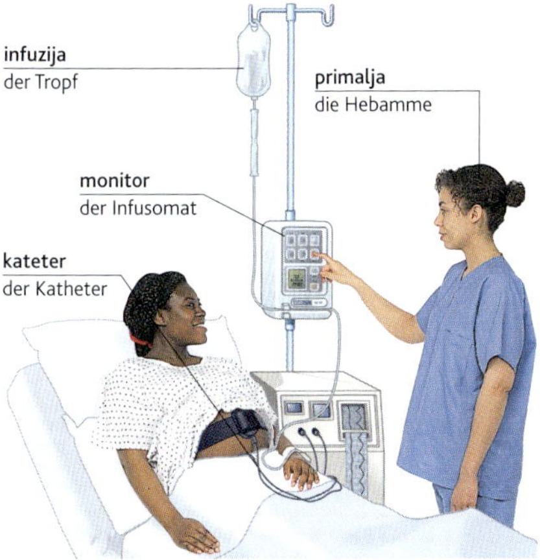

poticati trudove
die Geburt einleiten

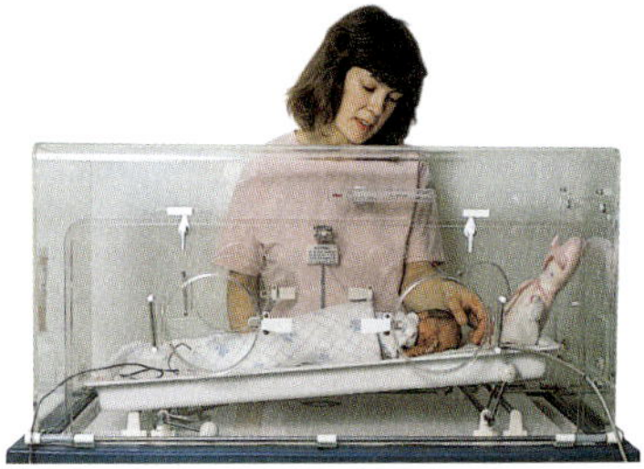

inkubator | der Brutkasten

težina po porodu | das Geburtsgewicht

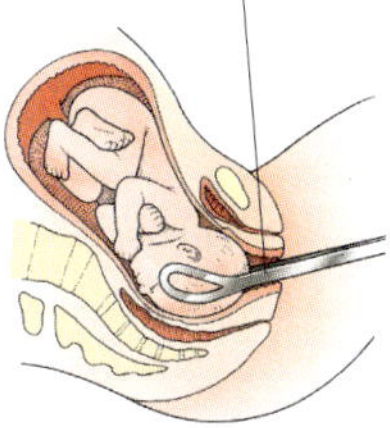

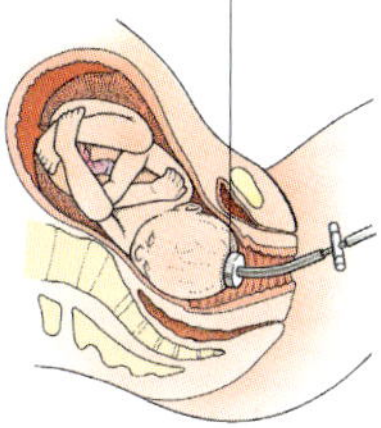

porođaj uz asistenciju
die assistierte Entbindung

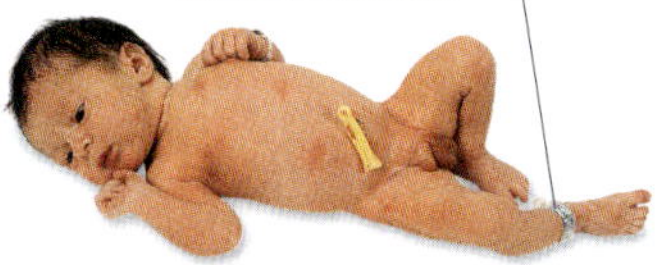

novorođenče | das Neugeborene

dojenje • stillen

pumpica za dojenje
die Milchpumpe

grudnjak za dojenje
der Stillbüstenhalter

dojiti
stillen

jastučići
die Einlagen

alternativne terapije • die Alternativtherapien

učitelj
der Lehrer

podloga
die Matte

joga | das Yoga

masaža
die Massage

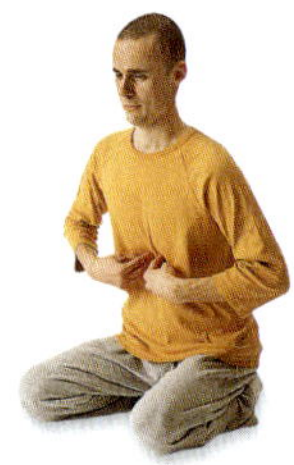

shiatsu
das Shiatsu

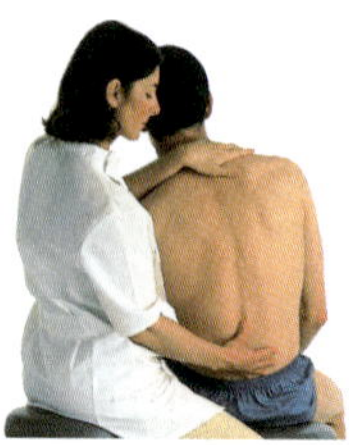

kiropraktika
die Chiropraktik

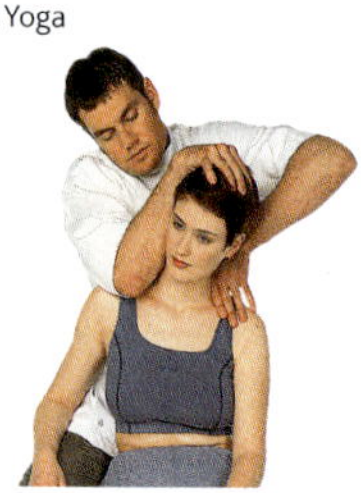

osteopatija
die Osteopathie

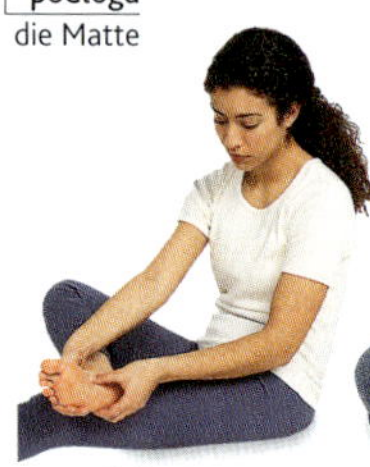

refleksologija
die Reflexzonenmassage

meditacija
die Meditation

terapeut-savjetnik
der Therapeut

skupna terapija
die Gruppentherapie

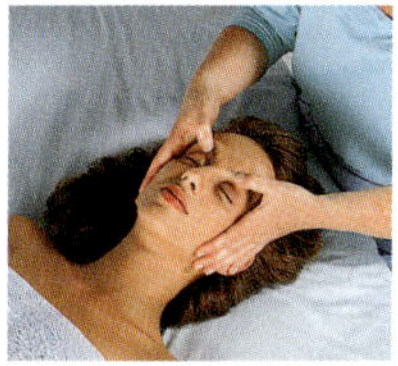

reiki
das Reiki

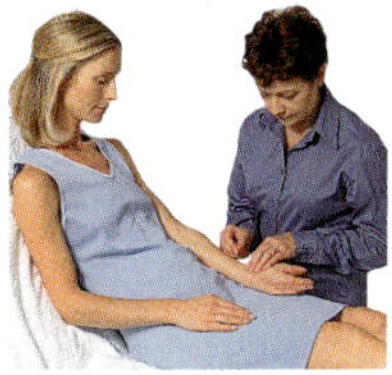

akupunktura
die Akupunktur

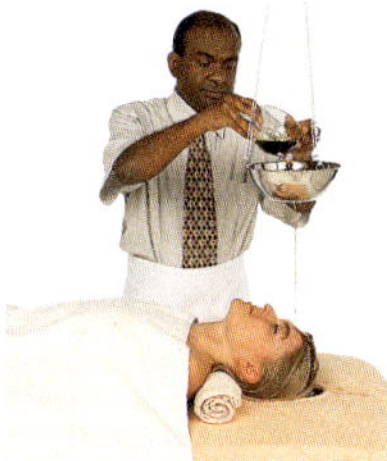

ajurvedska medicina
das Ayurveda

hipnoterapija
die Hypnotherapie

travarstvo
die Kräuterheilkunde

eterična ulja
die ätherischen Öle

aromaterapija
die Aromatherapie

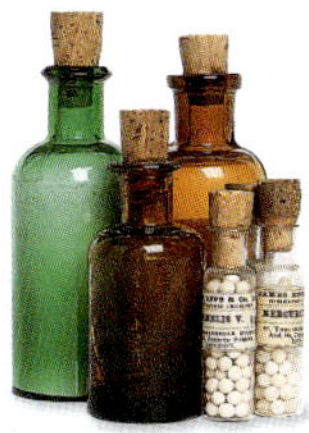

homeopatija
die Homöopathie

akupresura
die Akupressur

terapeutkinja
die Therapeutin

psihoterapija
die Psychotherapie

pojmovnik • Vokabular

prehrambena nadopuna
das Nahrungsergänzungsmittel

naturopatija
die Naturheilkunde

opuštanje
die Entspannung

ljekovite biljke
das Heilkraut

hidroterapija
die Wasserbehandlung

feng shui
das Feng Shui

stres
der Stress

liječenje kristalima
die Kristalltherapie

kuća
das Haus

kuća • das Haus

pojmovnik • Vokabular

samostojeća kuća
das Einzelhaus

kuće sa zajedničkim zidom
das Doppelhaus

kuće u nizu
das Reihenhaus

podstanar
der Mieter

bungalov
der Bungalow

podrum
das Kellergeschoss

garaža
die Garage

potkrovlje
der Dachboden

soba
das Zimmer

poštanski sandučić
der Briefkasten

svjetlo na ulazu
die Haustürlampe

stanodavac
der Vermieter

protuprovalni alarm
die Alarmanlage

dvorište
der Hof

kat
das Stockwerk

iznajmljivati
mieten

stanarina
die Miete

ulaz • der Eingang

rukohvat
der Handlauf

odmorište
der Treppenabsatz

stubišna ograda
das Treppengeländer

stube
die Treppe

hodnik
die Diele

kućno zvono
die Türklingel

otirač za obuću
der Fußabtreter

zvekir
der Türklopfer

lanac za vrata
die Türkette

ključ
der Schlüssel

brava
das Schloss

zasun
der Türriegel

stan • die Wohnung

balkon
der Balkon

stambeni blok
der Wohnblock

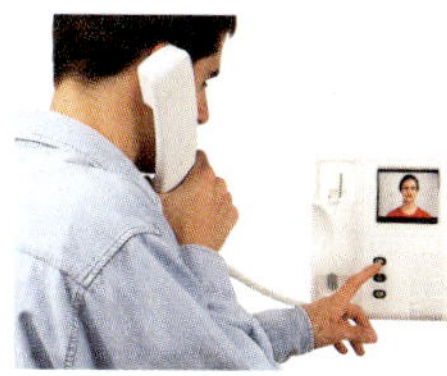

interfon
die Sprechanlage

dizalo
der Fahrstuhl

kućne instalacije • die Hausanschlüsse

radijator
der Heizkörper

pećica
der Heizofen

ventilator
der Ventilator

grijalica, kalorifer
der Heizlüfter

električna struja • die Elektrizität

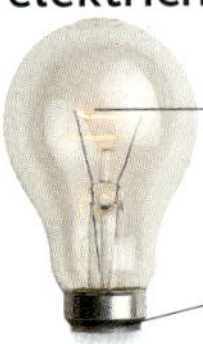

žarulja | die Glühlampe

utikač | der Stecker

žice | die Leitung

pojmovnik • Vokabular

napon
die Spannung

amper
das Ampère

struja
der Strom

osigurač
die Sicherung

kutija s osiguračima
der Sicherungskasten

generator
der Generator

utičnica
die Steckdose

prekidač
der Schalter

izmjenična struja
der Wechselstrom

istosmjerna struja
der Gleichstrom

transformator
der Transformator

električno brojilo
der Stromzähler

nestanak struje
der Stromausfall

električna mreža
das Stromnetz

vodovodne instalacije • die Sanitärtechnik

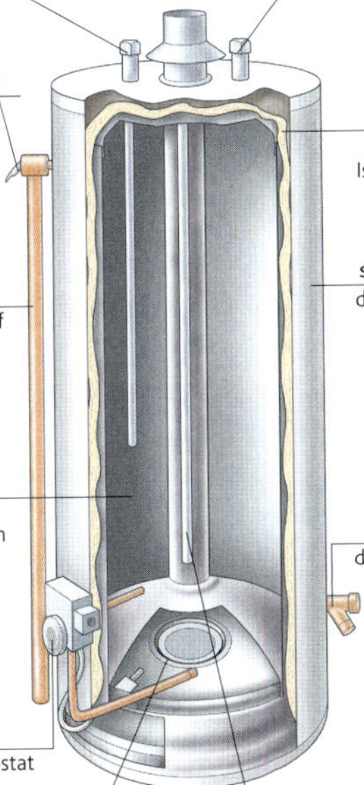

bojler
der Boiler

sudoper • die Spüle

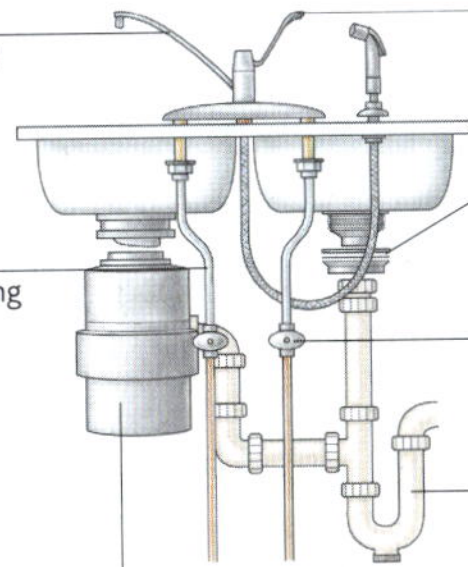

zahod, WC • das WC

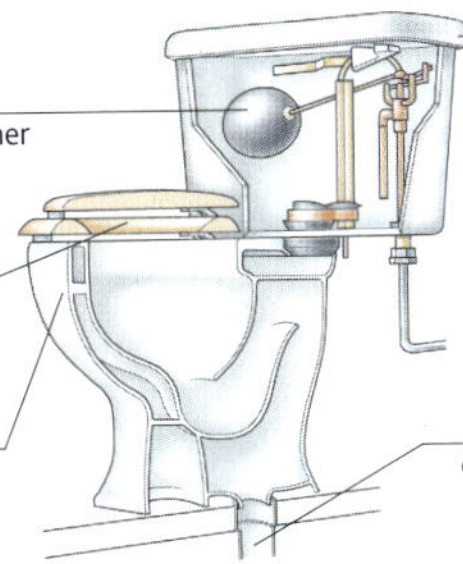

odlaganje otpada • die Abfallentsorgung

reciklažna posuda
der Recyclingbehälter

kanta za smeće
der Abfalleimer

element za razvrstavanje smeća
die Abfallsortiereinheit

biološki otpad
der Bio-Abfall

dnevna soba • das Wohnzimmer

slika
das Gemälde
okvir
der Bilderrahmen
svjetiljka
die Lampe
zidna svjetiljka
die Wandlampe
sat
die Uhr
strop
die Decke
kredenc, vitrina
die Vitrine
sofa, kauč
das Sofa
jastuk
das Sofakissen
stolić za kavu
der Couchtisch
pod
der Fußboden

zrcalo
der Spiegel

vaza
die Vase

ploča kamina
der Kaminsims

kamin
der Kamin

rešetka kamina
das Kamingitter

svijeća
die Kerze

polica za knjige
das Bücherregal

sofa na razvlačenje
die Bettcouch

sag
der Teppich

zavjesa
der Vorhang

mrežasta zavjesa
die Gardine

žaluzina
die Jalousie

zavjesa na namotavanje
das Rollo

štukatura
der Stuckrahmen

naslonjač
der Sessel

radna soba | das Arbeitszimmer

blagovaonica • das Esszimmer

pojmovnik • Vokabular

prostrti stol den Tisch decken	**gladan** hungrig	**ručak** das Mittagessen	**sit** satt	**domaćin** der Gastgeber
poslužiti servieren	**stolnjak** die Tischdecke	**večera** das Abendessen	**porcija** die Portion	**domaćica** die Gastgeberin
jesti essen	**doručak** das Frühstück	**podložak** das Set	**obrok** die Mahlzeit	**gost** der Gast

Mogu li dobiti još, molim?
Könnte ich bitte noch ein bisschen haben?

Sit sam, hvala.
Ich bin satt, danke.

Bilo je ukusno.
Das war lecker.

posuđe i jedaći pribor • das Geschirr und das Besteck

šalica
der Becher

šalica za kavu
die Kaffeetasse

šalica za čaj
die Teetasse

tanjur
der Teller

zdjela
die Schüssel

aparat za kavu
die Cafetière

čajnik
die Teekanne

vrčić
der Krug

stalak za kuhano jaje
der Eierbecher

staklenina
die Glaswaren

postavljeni stol
das Gedeck

kuhinja • die Küche

police
das Küchenregal

zaštita od prskanja
der Spritzschutz

pipa
der Wasserhahn

sudoper
das Spülbecken

ladica
die Schublade

napa
der Dunstabzug

keramička ploča za kuhanje
das Glaskeramikkochfeld

radna površina
die Arbeitsfläche

pećnica
der Backofen

ormarić
der Küchenschrank

električna kuhinjska pomagala • die Küchengeräte

mikrovalna pećnica
die Mikrowelle

električni čajnik
der Wasserkocher

toster
der Toaster

zdjela za miješanje
die Mixerschüssel

oštrica
das Messer

aparat za pripremu hrane
die Küchenmaschine

poklopac
der Deckel

mikser
der Mixer

perilica posuđa
die Spülmaschine

hladnjak-zamrzivač | der Gefrier-Kühlschrank

pojmovnik • Vokabular

ocjeđivač das Abtropfbrett	**zamrznuti** einfrieren
plamenik der Brenner	**odmrznuti** auftauen
ploča za kuhanje das Kochfeld	**kuhati na pari** dämpfen
kanta za smeće der Mülleimer	**pirjati** anbraten

kuhanje • das Kochen

guliti
schälen

rezati
schneiden

ribati
reiben

ulijevati
gießen

miješati
verrühren

tući
schlagen

vreti
kochen

pržiti
braten

valjati
ausrollen

miješati
rühren

kuhati
köcheln lassen

poširati
pochieren

peći kolače
backen

peći pečenje
braten

peći na roštilju
grillen

kuhinjski pribor • die Küchengeräte

daska za rezanje
das Schneidebrett

nož za kruh
das Brotmesser

kuhinjski nož
das Küchenmesser

sjekirica
das Hackmesser

oštrač noža
der Messerschärfer

bat za meso
der Fleischklopfer

šipka za ražnjić
der Spieß

ljuštilo
der Schäler

vadijezgra
der Apfelstecher

ribež
die Reibe

tučak
der Stößel

mužar, posuda za mrvljenje, usitnjavanje
der Mörser

gnječilo za krumpir
der Kartoffelstampfer

otvarač za konzerve
der Dosenöffner

otvarač za boce
der Flaschenöffner

tještilo za češnjak
die Knoblauchpresse

žlica za posluživanje
der Servierlöffel

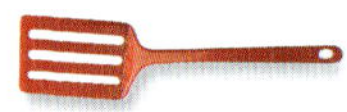

lopatica
der Pfannenwender

cjedilo
das Sieb

spatula
der Teigschaber

kuhača
der Holzlöffel

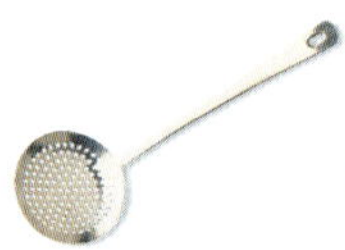

žlica s rupicama
der Schaumlöffel

kutljača
der Schöpflöffel

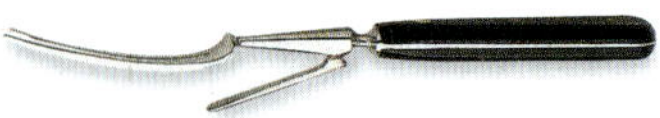

viljuška za pečenku
die Tranchiergabel

lopatica za sladoled
der Portionierer

tucalo
der Schneebesen

sito
das Sieb

poklopac
der Deckel

teflonski sloj
antihaftbeschichtet

tava za prženje
die Bratpfanne

lonac za pirjanje
der Kochtopf

tava za roštilj
die Grillpfanne

vok
der Wok

keramički lonac
der Schmortopf

staklena
aus Glas

vatrostalno
feuerfest

zdjela za miješanje
die Rührschüssel

zdjela za nabujak
die Souffléform

kalup za nabujak
die Auflaufform

mali kalup
das Auflaufförmchen

lonac za složenac
die Kasserolle

peći • backen

vaga
die Haushaltswaage

posuda za mjerenje
der Messbecher

kalup za kolač
die Kuchenform

kalup za pitu
die Biskuitform

kalup za voćni kolač
die Obstkuchenform

kist za kolače
der Backpinsel

valjak za tijesto | das Nudelholz

vrećica za ukrašavanje
der Spritzbeutel

kalup za mafine
die Muffinform

lim za kolače
das Kuchenblech

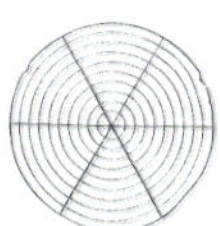
rešetka za hlađenje
das Abkühlgitter

rukavica za pećnicu
der Topfhandschuh

pregača
die Schürze

spavaća soba • das Schlafzimmer

ormar
der Kleiderschrank

noćna svjetiljka
die Nachttischlampe

uzglavlje
das Kopfende

noćni ormarić
der Nachttisch

komoda
die Kommode

ladica
die Schublade

krevet
das Bett

madrac
die Matratze

prekrivač
die Tagesdecke

jastuk
das Kopfkissen

termofor
die Wärmflasche

radio-budilica
der Radiowecker

budilica
der Wecker

kutija s papirnatim rupčićima
die Papiertücherbox

vješalica
der Kleiderbügel

posteljina • die Bettwäsche

pojmovnik • Vokabular

krevet za jednu osobu
das Einzelbett

bračni krevet
das Doppelbett

električna deka
die Heizdecke

podnožje kreveta
das Fußende

opruga
die Sprungfeder

sag
der Teppich

nesanica
die Schlaflosigkeit

leći u krevet
ins Bett gehen

ići spavati
schlafen gehen

probuditi se
aufwachen

ustati
aufstehen

napraviti krevet
das Bett machen

namjestiti budilicu
den Wecker stellen

hrkati
schnarchen

ugrađeni ormar
der Einbauschrank

kupaonica • das Badezimmer

kada
die Badewanne

bide | das Bidet

pojmovnik • Vokabular

ormarić za lijekove
die Hausapotheke

kupaonska prostirka
die Badematte

zahodski papir
das Toilettenpapier

zavjesa tuša
der Duschvorhang

istuširati se
duschen

kupati se
baden

zubna higijena • die Zahnpflege

četkica za zube
die Zahnbürste

zubni konac
die Zahnseide

pasta za zube
die Zahnpasta

tekućina za usta
das Mundwasser

biljna spužva
der Luffaschwamm

spužva
der Schwamm

kamen plovučac
der Bimsstein

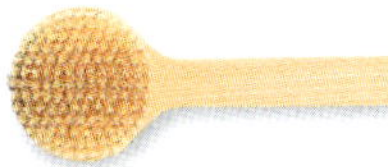

četka za leđa
die Rückenbürste

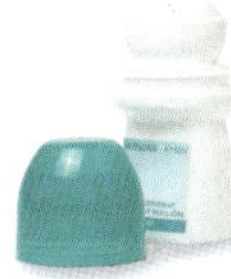

deodorant
das Deo

plitica za sapun
die Seifenschale

sapun
die Seife

krema za lice
die Gesichtscreme

gel za tuširanje
das Duschgel

pjena za kupanje
das Schaumbad

kućni ogrtač
der Bademantel

ručnik za ruke
das Handtuch

ručnik za kupanje
das Badetuch

ručnici
die Handtücher

losion za tijelo
die Körperlotion

puder za tijelo
der Körperpuder

brijanje • das Rasieren

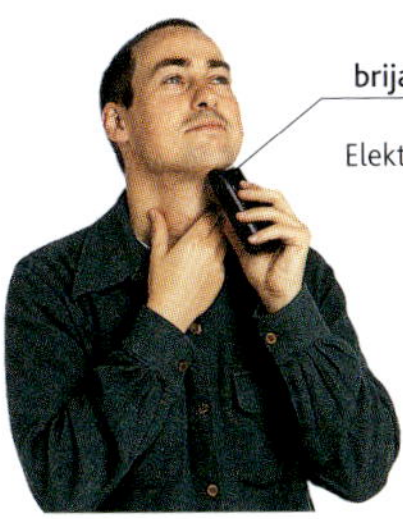

brijaći aparat
der Elektrorasierer

pjena za brijanje
der Rasierschaum

jednokratna britvica
der Einwegrasierer

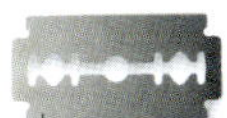

britvica
die Rasierklinge

losion poslije brijanja
das Rasierwasser

dječja soba • das Kinderzimmer

njega dojenčadi • die Säuglingspflege

spužva
der Schwamm

dječja kadica
das Babybaden

krema protiv osipa od pelena
die Wundsalbe

vlažni rupčić
das Feuchttuch

dječja noćna posuda
das Töpfchen

podloga za mijenjanje pelena
die Wickelmatte

spavati • schlafen

mobil
das Mobile

rešetke
die Gitterstäbe

štitnik
der Kopfschutz

madrac
die Matratze

dječji krevetić | das Kinderbett

plahta
das Laken

deka
die Decke

čupava deka
das Lammfell

posteljina
das Bettzeug

zvečka
die Rassel

košara
das Körbchen

igrati • spielen

lutka
die Puppe

mekana igračka
das Kuscheltier

kuća za lutke
das Puppenhaus

kuća za igru
das Spielhaus

plišani medvjedić
der Teddy

igračka
das Spielzeug

košara za igračke
der Spielzeugkorb

lopta
der Ball

ogradica, vrtić
der Laufstall

sigurnost • die Sicherheit

sigurnosna bravica
die Kindersicherung

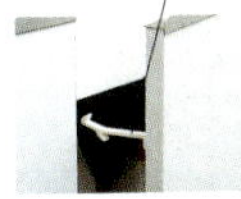

uređaj za nadzor djeteta
das Babyphon

sigurnosna ograda
das Treppengitter

jesti • essen

dječji stolac
der Kinderstuhl

duda
der Sauger

dječja čaša
der Schnabelbecher

bočica
die Babyflasche

izlazak • spazierengehen

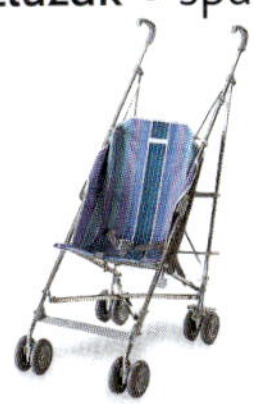

"kišobran" kolica, dječja kolica na rasklapanje
der Sportwagen

krov kolica
das Verdeck

dječja kolica
der Kinderwagen

nosilica
das Tragebettchen

pelene
die Windel

torba s opremom
die Babytasche

nosiljka za dijete, "klokanica"
die Babytrageschlinge

pomoćna prostorija • der Haushaltsraum

praonica • die Wäsche

prljavo rublje
die schmutzige Wäsche

košara za prljavo rublje
der Wäschekorb

perilica rublja
die Waschmaschine

perilica-sušilica
der Waschtrockner

sušilica rublja
der Trockner

čisto rublje
die saubere Wäsche

košara za čisto rublje
der Wäschekorb

konop za rublje
die Wäscheleine

kvačica
die Wäsche-klammer

sušiti
trocknen

daska za glačanje | das Bügelbrett

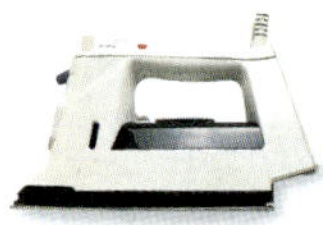

glačalo
das Bügeleisen

pojmovnik • Vokabular

napuniti füllen	**centrifugirati** schleudern	**glačati** bügeln
ispirati spülen	**centrifuga** die Wäscheschleuder	**omekšivač** der Weichspüler

Kako se rukuje perilicom rublja?
Wie benutze ich die Waschmaschine?

Kako se namješta za šareno/bijelo rublje?
Welches Programm nehme ich für farbige/weiße Wäsche?

pribor za čišćenje • die Reinigungsartikel

usisna cijev
der Saugschlauch

usisavač
der Staubsauger

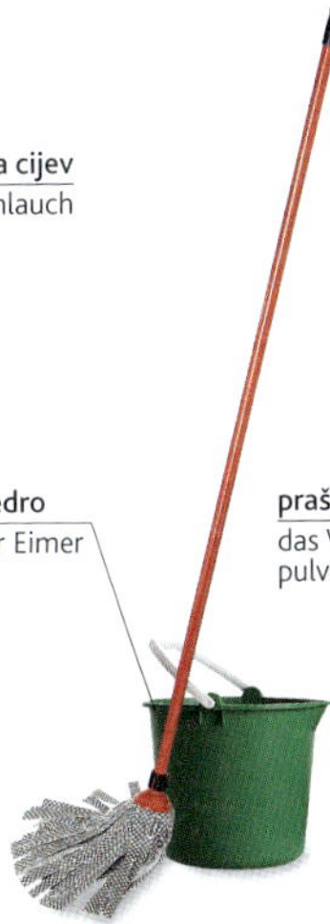

vjedro
der Eimer

otirač za pod
der Mopp

četka
der Handfeger

lopatica
das Kehrblech

izbjeljivač
das Bleichmittel

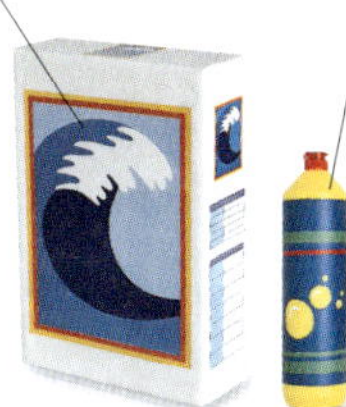

prašak
das Waschpulver

tekući
das Flüssigwaschmittel

deterdžent
das Reinigungsmittel

krpa za prašinu
das Staubtuch

laštilo
die Politur

poslovi čišćenja • die Putztätigkeiten

čistiti
putzen

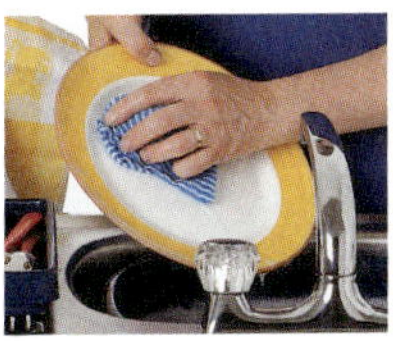

prati
spülen

obrisati
wischen

ribati
schrubben

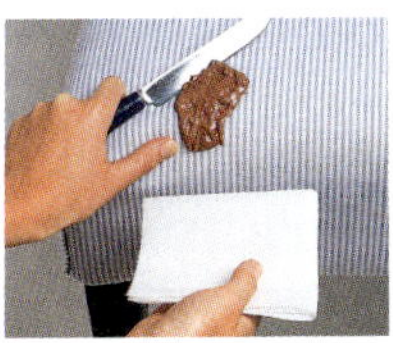

strugati
kratzen

metla
der Besen

mesti
fegen

brisati prašinu
Staub wischen

laštiti
polieren

radionica • die Heimwerkstatt

ubodna pila
die Stichsäge

akumulator
der Akku

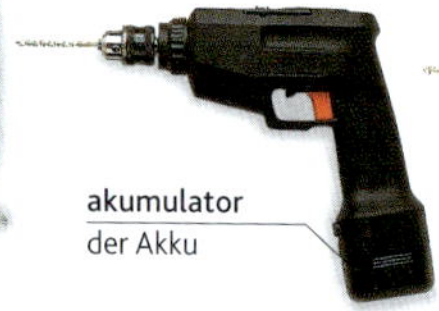

akumulatorska bušilica
der Akkuschrauber

glava za svrdla
das Bohrfutter

bušaće svrdlo
der Bohrer

električna bušilica
die elektrische Bohrmaschine

pištolj s ljepilom
die Klebepistole

škrip
die Zwinge

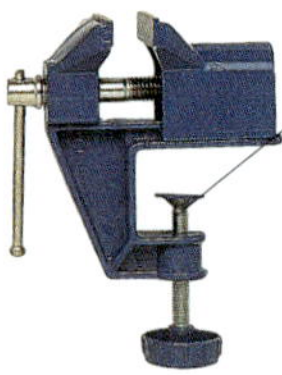

škripac
der Schraubstock

brusilica
die Schleifmaschine

oštrica
das Sägeblatt

kružna pila
die Kreissäge

radni stol
die Werkbank

ljepilo za drvo
der Holzleim

glodalica
die Oberfräse

drvene strugotine
die Holzspäne

polica za alat
das Werkzeuggestell

ručna bušilica
die Bohrwinde

produžni kabel
das Verlängerungskabel

tehnike • die Techniken

rezati
schneiden

piliti
sägen

bušiti
bohren

zakucavati
hämmern

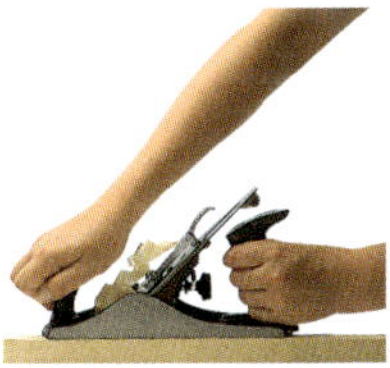

blanjati | hobeln

tokariti | drechseln

rezbariti | schnitzen

lem
das Lötzinn

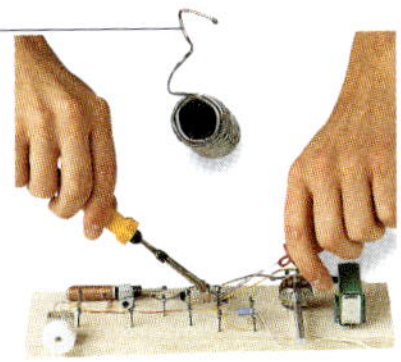

lemiti | löten

materijali • die Materialien

panelploča
die MDF-Platte

šperploča
das Sperrholz

iverica
das Spanholz

lesonit
die Hartfaserplatte

meko drvo
das Weichholz

tvrdo drvo
das Hartholz

lak
der Lack

bajc
die Beize

drvo | das Holz

žica
der Draht

kabel
das Kabel

nehrđajući čelik
der rostfreie Stahl

galvaniziran
verzinkt

metal | das Metall

kutija za alat • der Werkzeugkasten

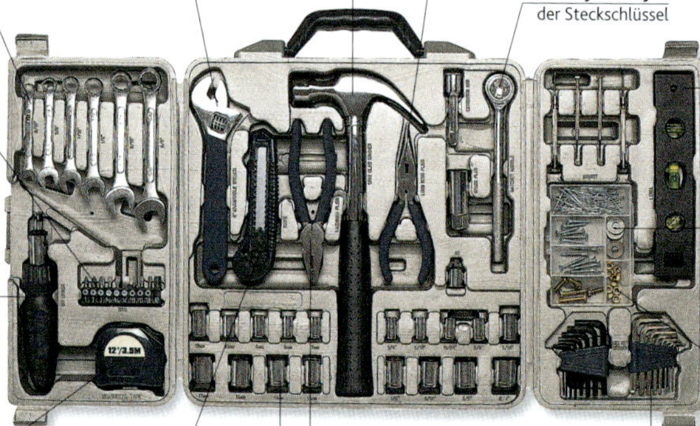

bušaća svrdla • die Bohrer

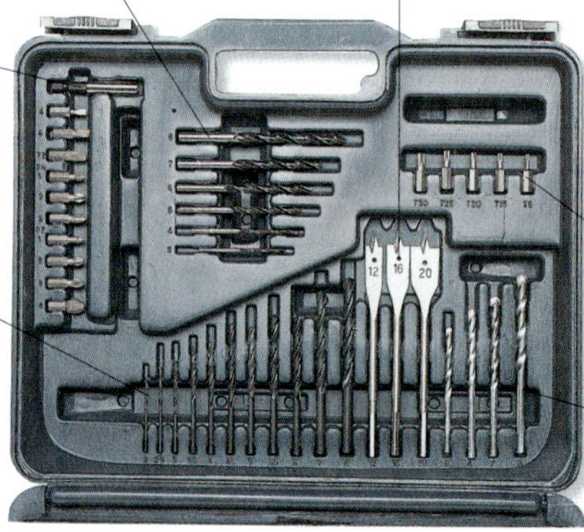

križni odvijač
der Kreuzschlitzschraubendreher

čavao
der Nagel

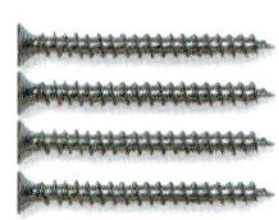

vijak
die Schraube

kliješta za skidanje izolacije
die Abisolierzange

lemilo
der Lötkolben

kliješta za rezanje žice
der Seitenschneider

izolacijska vrpca
das Isolierband

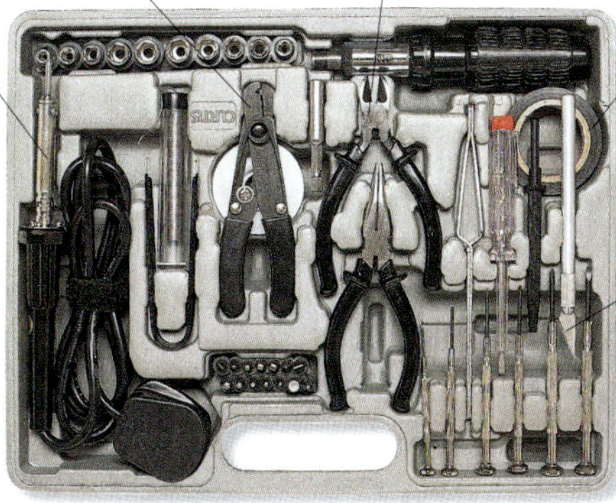

rezbarska pila
die Laubsäge

skalpel
das Präzisionsmesser

lem
das Lötzinn

pila listarica | die Profilsäge

zaštitne naočale
die Schutzbrille

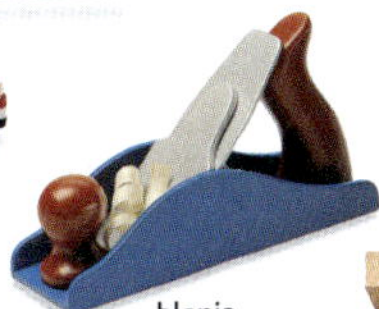

blanja
der Hobel

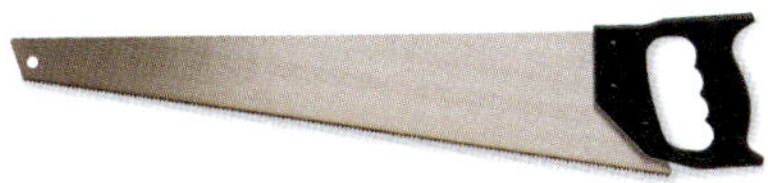

ručna pila
der Fuchsschwanz

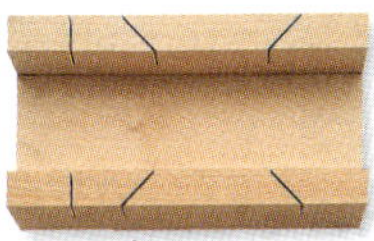

kosorez
die Gehrungslade

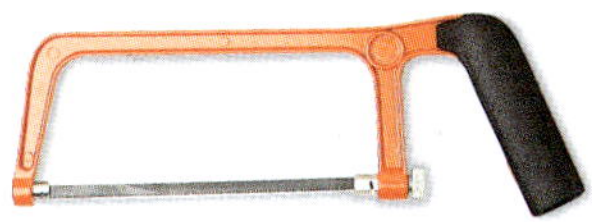

pila za metal
die Metallsäge

ručna bušilica
der Handbohrer

čelična vuna
die Stahlwolle

brusni papir
das Schmirgelpapier

kliješta za cijevi
die Rohrzange

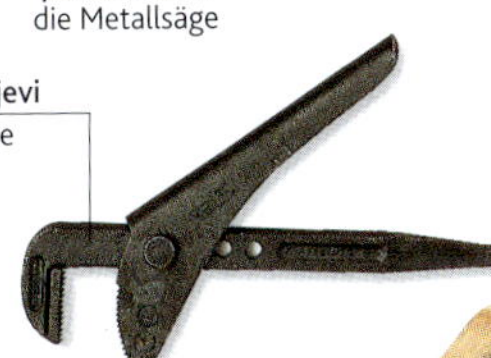

dlijeto
der Stechbeitel

brus
der Wetzstahl

turpija
die Feile

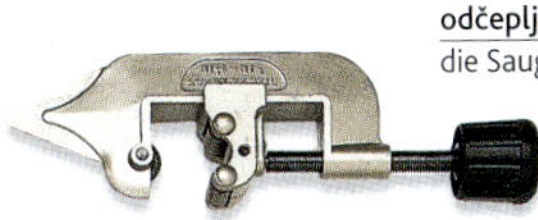

rezač cijevi | der Rohrabschneider

odčepljivač
die Saugglocke

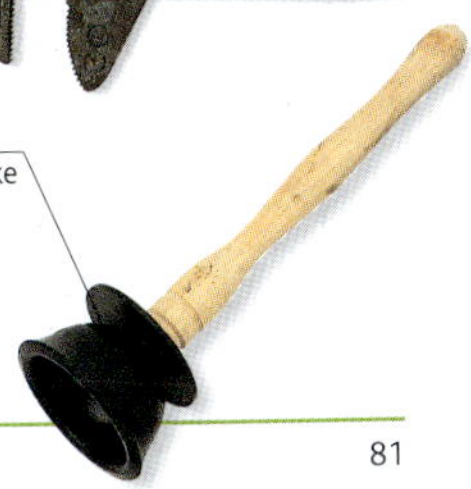

renovirati • renovieren

tapetarske škare
die Tapezierschere

tapetarski nož
das Tapeziermesser

olovnica
das Senkblei

strugalo
der Spachtel

lijepiti zidne tapete, tapecirati | tapezieren

skinuti, oljuštiti | abziehen

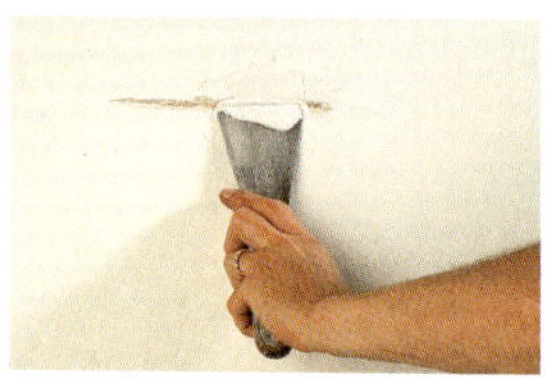

začepiti, ispuniti | spachteln

strugati, brusiti
schmirgeln

žbukati | verputzen

postaviti | anbringen

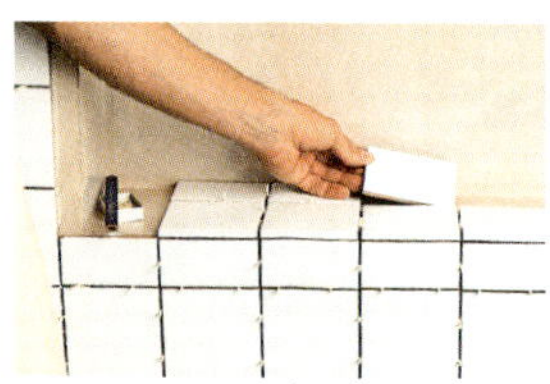

popločiti | kacheln

valjak
der Farbroller

kist
die Streichbürste

limenka s bojom
der Farbtopf

kombinezon
der Overall

zaštitni prekrivač
das Abdecktuch

ličiti | anstreichen

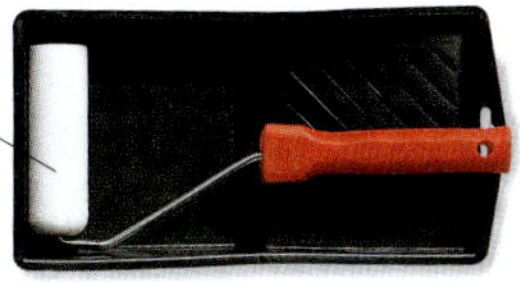

plitica za boju
die Wanne

boja
die Farbe

spužva
der Schwamm

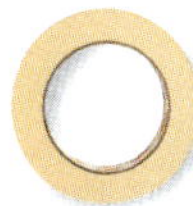

zaštitna vrpca
das Abdeckband

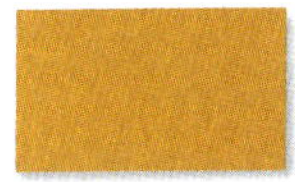

brusni papir
das Schmirgelpapier

sredstvo za ispunu
die Spachtelmasse

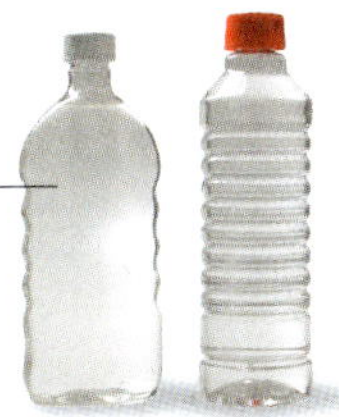

terpentin
das Terpentin

razrjeđivač
der Verdünner

pojmovnik • Vokabular

žbuka
der Putz

lak
der Lack

emulzijska boja
die Emulsionsfarbe

sjajni
glänzend

mat
matt

šablona
die Schablone

reljefne tapete
die Relieftapete

slikovne tapete
die Rollenmakulatur

temeljna boja
die Grundfarbe

temeljni premaz
die Grundierung

završni premaz
der Deckanstrich

zaštitni sloj
der Schutzanstrich

kit za fuge
der Fugenkitt

otapalo
das Lösungsmittel

sredstvo za brtvljenje
das Versiegelungsmittel

vrt • der Garten

vrtni stilovi • die Gartentypen

unutarnji vrt | der Patiogarten

krovni vrt
der Dachgarten

alpski vrt, kamenjar
der Steingarten

arhitektonski vrt | der architektonische Garten

dvorište | der Hof

ladanjski vrt
der Bauerngarten

vrt mirisnih trava
der Kräutergarten

vodeni vrt
der Wassergarten

vrtni ukrasi • die Gartenornamente

viseća košara
die Blumenampel

brajda | das Spalier

pergola, sjenica
die Pergola

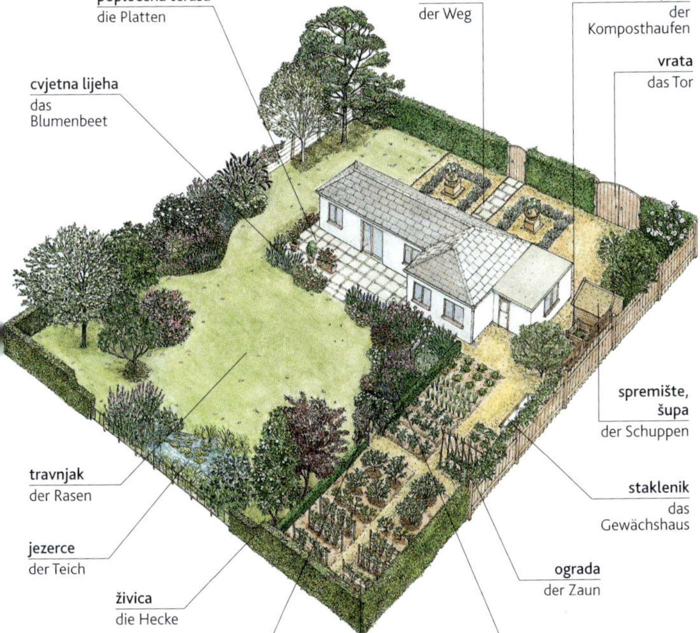

terasa
die Terrasse

vodoskok | der Springbrunnen

tlo, zemlja • der Boden

površinski sloj
die Erde

pijesak
der Sand

kreda
der Kalk

mulj
der Schluff

ilovača, glina
der Lehm

vrtne biljke • die Gartenpflanzen

vrste biljaka • die Pflanzenarten

jednogodišnje
einjährige Planze

dvogodišnje
zweijährige Planze

trajnice
mehrjährige Planze

lukovice
das Zwiebelgewächs

paprat
der Farn

rogoz
die Binse

bambus
der Bambus

korov
das Unkraut

začinsko bilje
das Kraut

vodene biljke
die Wasserpflanze

stablo
der Baum

palma
die Palme

četinjača
der Nadelbaum

zimzeleno
immergrün

listopadno
der Laubbaum

šišano raslinje
der Formschnitt

planinska biljka
die Gebirgspflanze

sukulent
die Sukkulente

kaktus
der Kaktus

vrtni alat • die Gartengeräte

lopata, štihača
der Spaten

vile
die Mistgabel

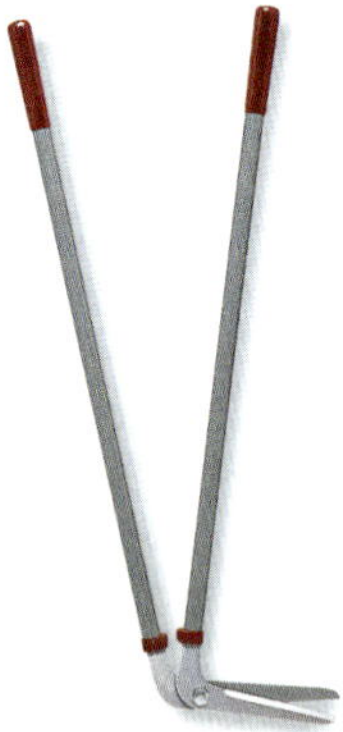

škare s dugim ručkama
die Schere

lepezaste grablje
der Laubrechen

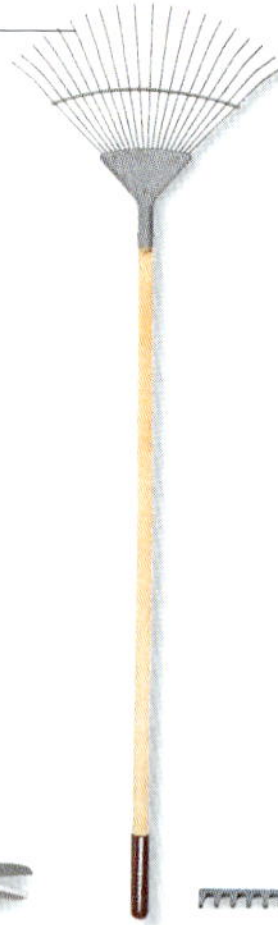

grablje
die Harke

motika
die Hacke

gnojivo
die Komposterde

sjeme
die Samen

koštano brašno
die Knochenasche

šljunak
der Kies

vrtna košara
der Gartenkorb

vreća za travu
der Grasfangsack

motor
der Motor

štitnik
der Schutz

šišač
der Rasentrimmer

kosilica
der Rasenmäher

ručka
der Griff

potporanj
der Ständer

tačke
die Schubkarre

ručne vile
die Handgabel

vrtne škare
die Gartenschere

zaštitne rukavice
die Gartenhandschuhe

lopatica
die Pflanzschaufel

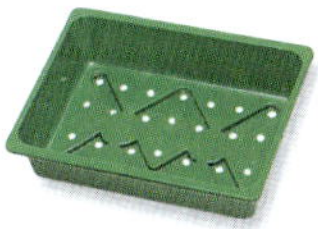

plitica za sjeme
der Setzkasten

tanki konop
der Zwirn

etikete
die Pflanzenschildchen

žica
die Befestigungen

prsteni
die Ringbefestigungen

trske
die Gartenstöcke

oštrica
die Klinge

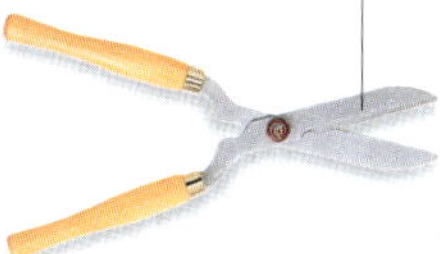

vrtne škare
die Heckenschere

ručna pila
die Handsäge

pesticid
das Pestizid

sito
das Sieb

lončić za biljku
der Blumentopf

gumene čizme
die Gummistiefel

zalijevati • gießen

kanta za polijevanje
die Gießkanne

ruža
die Brause

raspršivač
die Spritzflasche

prskalica
der Rasensprenger

mlaznica
die Düse

crijevo
der Gartenschlauch

nosač crijeva | der Schlauchwagen

vrtlarstvo • die Gartenarbeit

kositi | mähen

polagati travu
mit Rasen bedecken

pikirati
stechen

grabljati
harken

podrezivati
stutzen

kopati
graben

sijati
säen

površinski gnojiti
mit Kopfdünger düngen

zalijevati
gießen

ravnati
hochbinden

skidati uvele cvjetove
ausputzen

prskati
sprühen

posaditi
pfropfen

razmnožavati
vermehren

obrezivati
beschneiden

poduprijeti
stützen

presaditi
umpflanzen

plijeviti
jäten

nastrijeti
mulchen

žeti, ubirati
ernten

pojmovnik • Vokabular

uzgajati züchten	**oblikovati** gestalten	**gnojiti** düngen	**prosijavati** sieben	**organski** biodynamisch	**presadnica** der Sämling	**zdravac** der Untergrund
njegovati hegen	**staviti u lonac** eintopfen	**brati** pflücken	**rahliti** auflockern	**drenaža** die Entwässerung	**gnojivo** der Dünger	**herbicid** der Unkraut-vernichter

JKL
5
TUV
8
7
0

uslužne djelatnosti
die Dienstleistungen

hitne službe • die Notdienste

hitna pomoć • der Krankenwagen

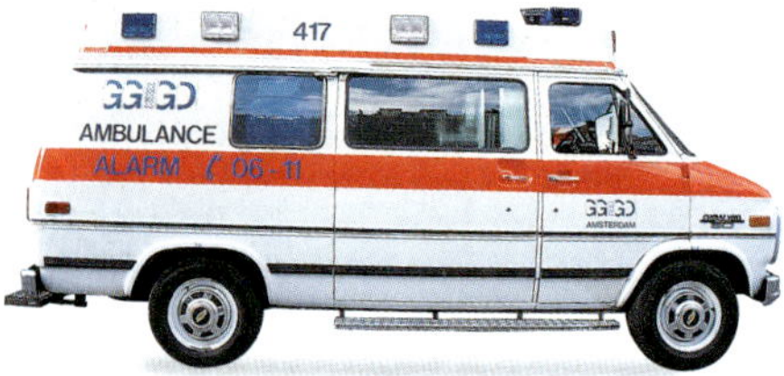

vozilo hitne pomoći | der Krankenwagen

nosila
die Tragbahre

bolničar
der Rettungssanitäter

policija • die Polizei

značka
die Kennmarke

odora
die Uniform

palica
der Gummiknüppel

pištolj
die Pistole

policajac | der Polizist

lisičine
die Handschellen

sirena
die Sirene

svjetla
das Licht

policijski automobil
das Polizeiauto

policijska postaja
die Polizeiwache

pojmovnik • Vokabular

inspektor
der Inspektor

zločin
das Verbrechen

detektiv
der Kriminalbeamte

osumnjičeni
der Verdächtige

napad
der Überfall

otisak prsta
der Fingerabdruck

prikaz
die Anzeige

istraga
die Ermittlung

provala
der Einbruch

uhićenje
die Festnahme

ćelija
die Zelle

optužba
die Anklage

vatrogasci • die Feuerwehr

dim
der Rauch

košara
der Auslegerkorb

produžne ljestve
der Ausleger

požar | der Brand

kaciga
der Schutzhelm

crijevo
der Schlauch

vodeni mlaz
der Wasserstrahl

vatrogasci
die Feuerwehrleute

vatrogasna postaja
die Feuerwache

požarne stube
die Feuertreppe

ljestve
die Leiter

kabina
die Fahrerkabine

vatrogasno vozilo
das Löschfahrzeug

dojavnik dima
der Rauchmelder

vatrodojavnik
der Feuermelder

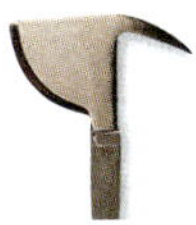

sjekira
das Beil

aparat za gašenje
der Feuerlöscher

hidrant
der Hydrant

Trebam policiju/vatrogasce/hitnu pomoć.
Die Polizei/die Feuerwehr/einen Krankenwagen, bitte.

Požar u/na...
In ... brennt es.

Dogodila se nesreća.
Es ist ein Unfall passiert.

Zovite policiju!
Rufen Sie die Polizei!

banka • die Bank

direktor banke
der Bankdirektor

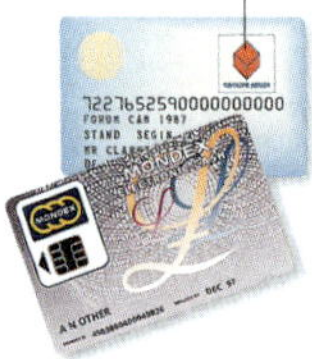

kreditna kartica
die Kreditkarte

čekovna knjižica
das Scheckheft

pojmovnik • Vokabular

uštedevina die Spareinlagen	**hipoteka** die Hypothek	**plaćanje** die Zahlung	**uplatiti** einzahlen	**tekući račun** das Girokonto
porez die Steuer	**prekoračenje** die Kontoüberziehung	**trajni nalog** der Einzugsauftrag	**pristojba** die Bankgebühr	**štedni račun** das Sparkonto
zajam das Darlehen	**kamatna stopa** der Zinssatz	**isplatni listić** das Abhebungsformular	**prijenos** die Überweisung	**PIN** der PIN-Kode

kovanica
die Münze

novčanica
der Schein

novac | das Geld

zaslon
der Bildschirm

tipkovnica
das Tastenfeld

prorez za karticu
der Kartenschlitz

bankomat | der Geldautomat

strana valuta • die ausländische Währung

mjenjačnica
die Wechselstube

putni ček
der Reisescheck

tečajna lista
der Wechselkurs

novčarstvo • die Geldwirtschaft

cijena dionice
der Aktienpreis

financijska savjetnica
die Finanzberaterin

burzovni mešetar
der Börsenmakler

burza
die Börse

pojmovnik • Vokabular

unovčiti
einlösen

denominacija
der Nennwert

provizija
die Provision

ulaganje
die Kapitalanlage

dionice
die Aktien

dionica
die Anteile

dividenda
die Dividende

knjigovođa
der Buchhalter

portfelj vrijednosnica
das Portfolio

kapital
das Eigenkapital

Mogu li ovo promijeniti, molim?
Könnte ich das bitte wechseln?

Koji je današnji tečaj?
Wie ist der heutige Wechselkurs?

komunikacija • die Kommunikation

poštanski službenik
der Postbeamte

prozorčić
das Schalterfenster

vaga
die Waage

šalter
der Schalter

poštanski ured | die Post

pismonoša, poštar
der Briefträger

poštanski žig
der Poststempel

poštanska marka
die Briefmarke

adresa
die Adresse

poštanski broj
die Postleitzahl

omotnica | der Umschlag

pojmovnik • Vokabular

pismo
der Brief

zrakoplovom
per Luftpost

preporučena pošiljka
das Einschreiben

pošiljatelj
der Absender

potpis
die Unterschrift

pražnjenje
die Leerung

dostava
die Zustellung

novčana uputnica
die Postanweisung

poštarina
die Portokosten

lomljivo
zerbrechlich

poštanska torba
der Postsack

telegram
das Telegramm

ne savijati
nicht falten

gore
oben

faks
das Fax

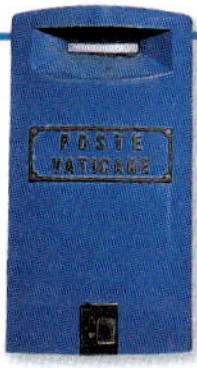

poštanski sandučić
der Briefkasten

prorez za pisma
der Hausbriefkasten

paket
das Paket

dostavna služba
der Kurierdienst

telefon • das Telefon

aparat
der Hörer

bazna stanica
die Basisstation

telefonska sekretarica
der Anrufbeantworter

bežični telefon
das schnurlose Telefon

videofon
das Bildtelefon

govornica
die Telefonzelle

tipkovnica
das Tastenfeld

mobitel
das Handy

slušalica
der Hörer

povrat novca
die Münzrückgabe

telefon na kovanice
der Münzfernsprecher

telefon na karticu
das Kartentelefon

pojmovnik • Vokabular

informacije
die Auskunft

poziv na račun nazvanog
das R-Gespräch

birati
wählen

javiti se
abheben

SMS, tekstovna poruka
die SMS

glasovna poruka
die Sprachmitteilung

telefonist
die Vermittlung

zauzeto
besetzt

prekinuta veza
unterbrochen

Možete li mi dati broj od...?
Können Sie mir die Nummer für...geben?

Koji je pozivni broj za...?
Was ist die Vorwahl für...?

hotel • das Hotel

predvorje • die Empfangshalle

recepcija | der Empfang

nosač | der Page

dizalo | der Fahrstuhl

broj sobe
die Zimmernummer

sobe • die Zimmer

jednokrevetna soba
das Einzelzimmer

soba s bračnim krevetom
das Doppelzimmer

dvokrevetna soba
das Zweibettzimmer

privatna kupaonica
das Privatbadezimmer

usluge • die Dienstleistungen

sobarica
die Zimmerreinigung

pranje rublja
der Wäschedienst

pladanj s doručkom
das Frühstückstablett

posluga u sobu | der Zimmerservice

minibar
die Minibar

restoran
das Restaurant

dvorana za fitnes
der Fitnessraum

bazen
das Schwimmbad

pojmovnik • Vokabular

noćenje s doručkom
die Übernachtung mit Frühstück

puni pansion
die Vollpension

polupansion
die Halbpension

Imate li slobodnu sobu?
Haben Sie ein Zimmer frei?

Imam rezervaciju.
Ich habe ein Zimmer reserviert.

Želio bih jednokrevetnu sobu.
Ich möchte ein Einzelzimmer.

Želio bih sobu za tri noći.
Ich möchte ein Zimmer für drei Nächte.

Kolika je cijena noćenja?
Was kostet das Zimmer pro Nacht?

Kada moram napustiti sobu?
Wann muss ich das Zimmer räumen?

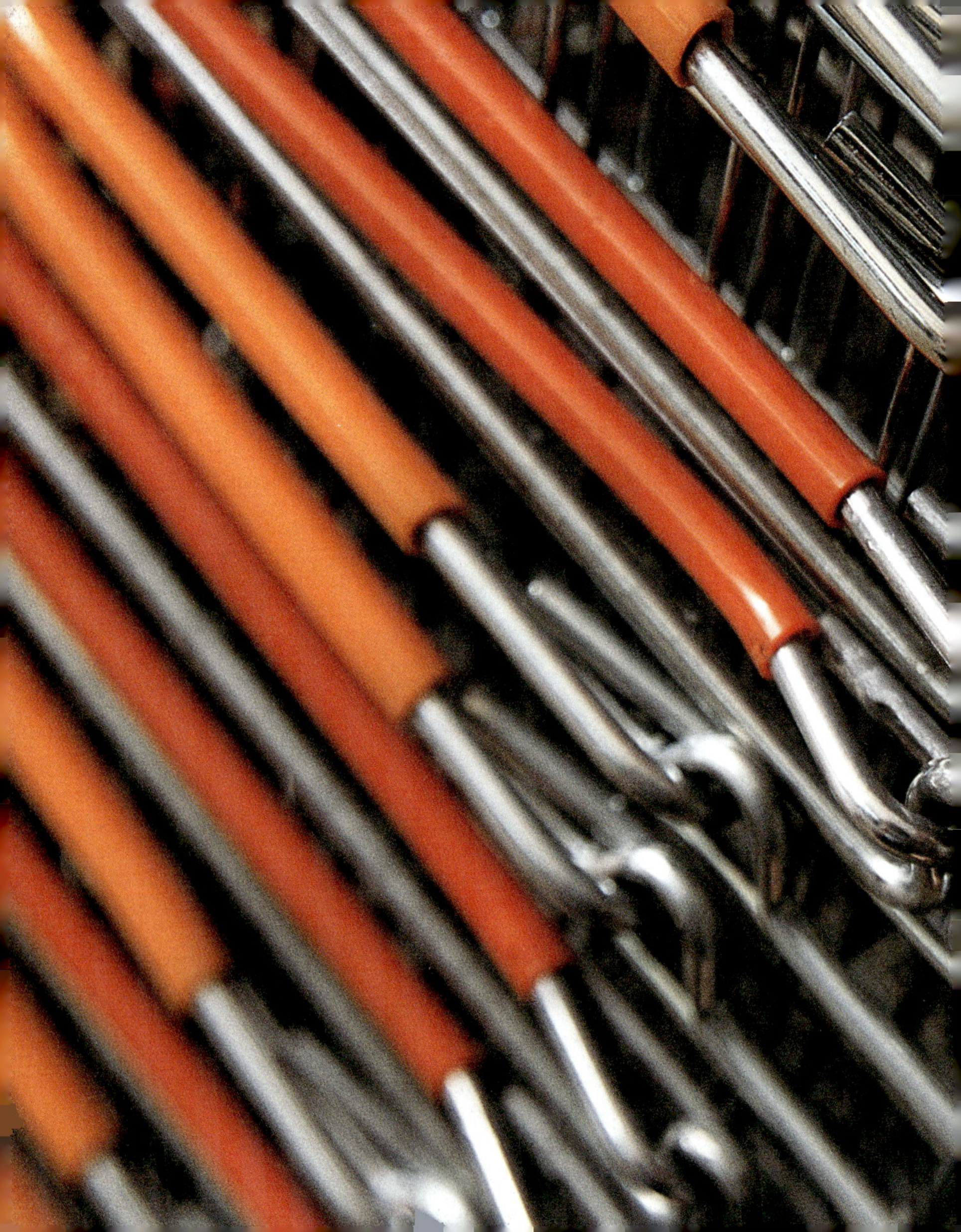

kupnja
der Einkauf

trgovački centar • das Einkaufszentrum

pojmovnik • Vokabular

dječji odjel
die Kinderabteilung

odjel za prtljagu
die Gepäckabteilung

odjel s obućom
die Schuhabteilung

popis trgovina
die Anzeigetafel

prodavač
der Verkäufer

usluge za mušterije
der Kundendienst

kabine za probu
die Anprobe

prostorija za prematanje djeteta
der Wickelraum

zahodi
die Toiletten

Koliko ovo košta?
Was kostet das?

Mogu li ovo zamijeniti?
Kann ich das umtauschen?

robna kuća • das Kaufhaus

muška odjeća
die Herrenbekleidung

ženska odjeća
die Damenoberbekleidung

žensko donje rublje
die Damenwäsche

parfumerija
die Parfümerie

kozmetički proizvodi
die Schönheitspflege

posteljina i ručnici
die Haushaltswäsche

namještaj
die Möbel

galanterija i pozamenterija
die Kurzwaren

kuhinjske potrepštine
die Küchengeräte

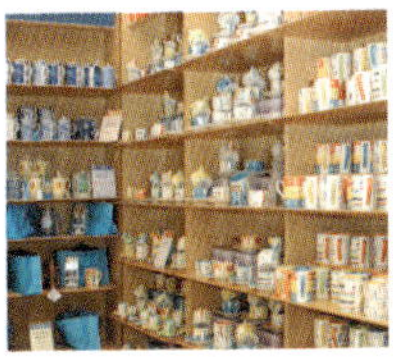
porculan
das Porzellan

električna roba
die Elektroartikel

rasvjeta
die Lampen

sportski proizvodi
die Sportartikel

igračke
die Spielwaren

papirnica
die Schreibwaren

namirnice
die Lebensmittel

samoposluživanje • der Supermarkt

prolaz
der Gang

polica
das Warenregal

pokretna vrpca
das Laufband

blagajnik
der Kassierer

sniženja, akcije
die Angebote

blagajna | die Kasse

kupac
der Kunde

registar-blagajna
die Kasse

vrećica
die Einkaufstasche

namirnice
die Lebensmittel

kolica | der Einkaufswagen

ručka
der Henkel

košarica | der Einkaufskorb

780863 185779

stupčasti kôd
der Strichkode

skener | der Scanner

pekarski proizvodi
die Backwaren

mliječni proizvodi
die Milchprodukte

žitne pahuljice
die Getreideflocken

konzerve
die Konserven

slastice
die Süßwaren

povrće
das Gemüse

voće
das Obst

meso i perad
das Fleisch und das Geflügel

riba
der Fisch

delikatese
die Feinkost

smrznuta hrana
die Tiefkühlkost

gotova jela
die Fertiggerichte

pića
die Getränke

kućanski proizvodi
die Haushaltswaren

kozmetički proizvodi
die Toilettenartikel

proizvodi za dojenčad
die Babyprodukte

električna roba
die Elektroartikel

hrana za ljubimce
das Tierfutter

časopisi | die Zeitschriften

ljekarna • die Apotheke

njega zubi
die Zahnpflege

ženska higijena
die Monatshygiene

deodoranti
die Deos

vitamini
die Vitamintabletten

polica za lijekove
die Arzneiausgabe

farmaceutkinja
der Apotheker

lijek protiv kašlja
das Hustenmedikament

biljni lijekovi
Kräuterheilmittel

njega kože
die Hautpflege

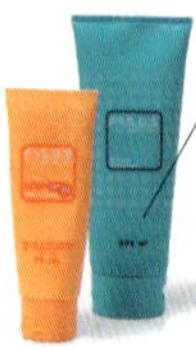

losion poslije sunčanja
die After-Sun-Lotion

krema za sunčanje
die Sonnenschutzcreme

potpuna zaštita od sunca
der Sonnenblocker

zaštita od kukaca
das Insektenschutzmittel

vlažni rupčići
das Reinigungstuch

papirnati rupčić
das Papiertaschentuch

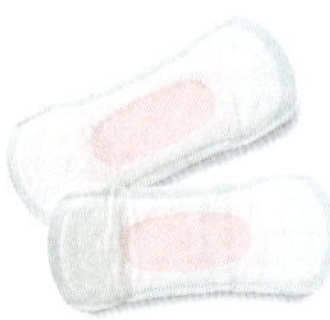

higijenski uložak
die Damenbinde

tampon
der Tampon

tanki uložak
die Slipeinlage

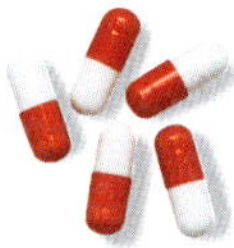

kapsula
die Kapsel

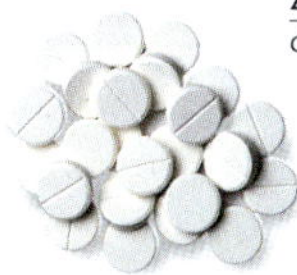

tableta
die Tablette

žličica za doziranje
der Messlöffel

upute za uporabu
die Gebrauchsanweisung

sirup
der Saft

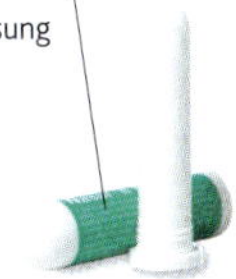

inhalator
der Inhalierstift

krema
die Creme

mast
die Salbe

gel
das Gel

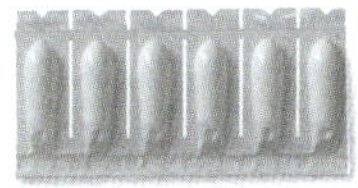

supozitorij
das Zäpfchen

kapaljka
der Tropfer

kapi
die Tropfen

igla
die Nadel

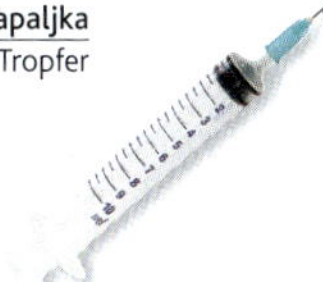

štrcaljka
die Spritze

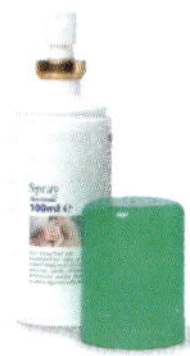

sprej
das Spray

puder
der Puder

pojmovnik • Vokabular

željezo das Eisen	**inzulin** das Insulin	**za jednokratnu uporabu** Wegwerf-	**lijek** das Medikament	**sredstvo protiv bolova** das Schmerzmittel
kalcij das Kalzium	**popratno djelovanje** die Nebenwirkungen	**topivo** löslich	**laksativ** das Abführmittel	**sredstvo za smirenje** das Beruhigungsmittel
magnezij das Magnesium	**rok trajanja** das Verfallsdatum	**doziranje** die Dosierung	**proljev, dijareja** der Durchfall	**tableta za spavanje** die Schlaftablette
multivitamini das Multivitamin-präparat	**tablete protiv mučnine** die Reisekrankheitstabletten	**recept** die Verordnung	**pastile za grlo** die Halspastille	**protuupalni** der Entzündungshemmer

cvjećarnica • das Blumengeschäft

ljubičina
die Levkoje

gerber
die Gerbera

ukrasno lišće
die Blätter

ruža
die Rose

frezija
die Freesie

orhideja
die Orchidee

božur
die Pfingstrose

sunovrat
die Osterglocke

tulipan | die Tulpe

aranžmani • die Blumenarrangements

buket
der Blumenstrauß

suho cvijeće
die Trockenblumen

mirisna kompozicija | das Potpourri

vijenac, vjenčić | der Kranz

Mogu li dodati poruku?
Kann ich eine Nachricht mitschicken?

Mirišu li?
Duften sie?

Možete li zamotati cvijeće, molim?
Können Sie die Blumen bitte einwickeln?

Koliko traju?
Wie lange halten sie?

Možete li cvijeće poslati ...?
Können Sie die Blumen an ... schicken?

Mogu li dobiti kitu ..., molim?
Ich möchte einen Strauß ..., bitte.

prodavač novina • der Zeitungshändler

cigarete
die Zigaretten

kutija cigareta
das Päckchen Zigaretten

šibice
die Streichhölzer

listići za loto
die Lottoscheine

poštanske marke
die Briefmarken

razglednica
die Postkarte

strip
das Comic-Heft

časopis
die Zeitschrift

novine
die Zeitung

pušenje • das Rauchen

duhan
der Tabak

upaljač
das Feuerzeug

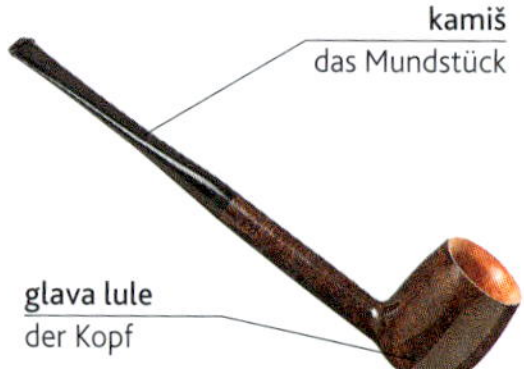

kamiš
das Mundstück

glava lule
der Kopf

lula
die Pfeife

cigara
die Zigarre

slastičar • der Konditor

bombonijera
die Schachtel Pralinen

slatka pločica
die Nascherei

čips
die Chips

prodavaonica slatkiša | das Süßwarengeschäft

pojmovnik • Vokabular

mliječna čokolada
die Milchschokolade

gorka čokolada
die Zartbitterschokolade

bijela čokolada
die weiße Schokolade

mješavina bombona
die bunte Mischung

karamela
der Karamell

čokoladna kuglica
der Trüffel

keks
der Keks

bomboni
die Bonbons

slastice • die Süßwaren

praline
die Praline

čokoladna tabla
die Tafel Schokolade

bomboni
die Bonbons

lizaljka
der Lutscher

karamela | das Toffee

nugat | der Nugat

sljezovi kolačići
das Marshmallow

mentol bombon
das Pfefferminz

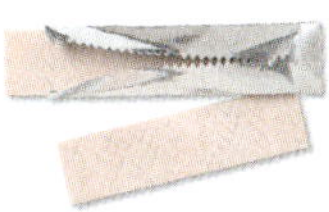

guma za žvakanje
der Kaugummi

žele bombon
der Geleebonbon

voćni gumeni bombon
der Fruchtgummi

likoricija
die Lakritze

druge trgovine • andere Geschäfte

pekarnica
die Bäckerei

slastičarnica
die Konditorei

mesnica
die Metzgerei

ribarnica
das Fischgeschäft

voćarnica
der Obst- und Gemüseladen

trgovina mješovite robe
das Lebensmittelgeschäft

trgovina obuće
das Schuhgeschäft

željezarija
die Eisenwarenhandlung

trgovina antikviteta
der Antiquitätenladen

trgovina darova
der Geschenkartikelladen

turistička agencija
das Reisebüro

draguljarnica
das Juweliergeschäft

knjižara
der Buchladen

trgovina nosača zvuka
das Musikgeschäft

vinoteka
die Weinhandlung

trgovina kućnih ljubimaca
die Tierhandlung

trgovina namještaja
das Möbelgeschäft

butik, trgovina odjeće
die Boutique

pojmovnik • Vokabular

agencija nekretnina
der Immobilienmakler

vrtni centar
das Gartencenter

kemijska čistionica
die Reinigung

praonica
der Waschsalon

trgovina fotografske opreme
das Fotogeschäft

trgovina zdrave hrane
das Reformhaus

trgovina umjetnina
die Kunsthandlung

trgovina rabljene robe
der Gebrauchtwarenhändler

krojačka radionica
die Schneiderei

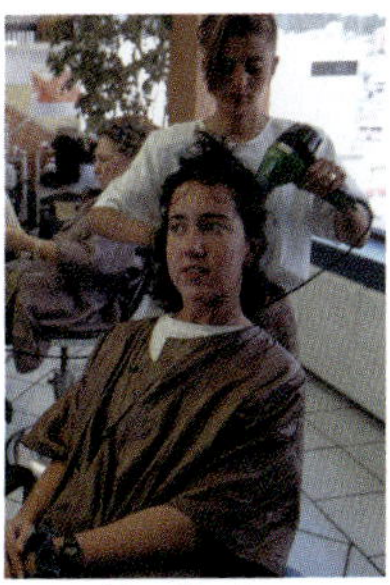

frizerski salon
der Frisiersalon

tržnica | der Markt

namirnice
die Nahrungsmittel

meso • das Fleisch

pojmovnik • Vokabular

svinjetina das Schweinefleisch	**divljač** das Wild	**iznutrice** die Innereien	**slobodni uzgoj** aus Freilandhaltung	**crveno meso** das rote Fleisch
govedina das Rindfleisch	**zečetina** das Kaninchen	**sušeno** gepökelt	**organski uzgoj** biologisch kontrollierte Nahrungsmittel	**krtina** das magere Fleisch
teletina das Kalbfleisch	**jezik** die Zunge	**dimljeno** geräuchert	**bijelo meso** das weiße Fleisch	**kuhano meso** gekochtes Fleisch

vrste mesa • die Fleischsorten

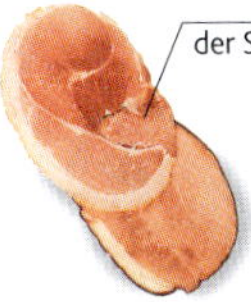

ploška
die Scheibe

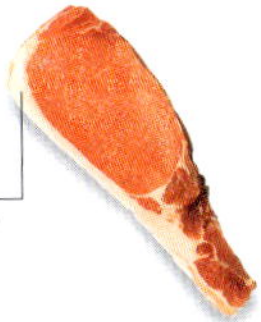

ploška slanine
die Scheibe

mljeveno meso
das Hackfleisch

filet
das Filet

ramstek | das Rumpsteak

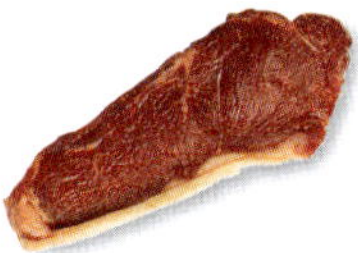

bubrežnjak
das Lendensteak

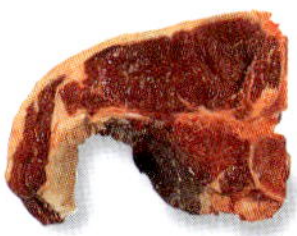

rebro
das Rippenstück

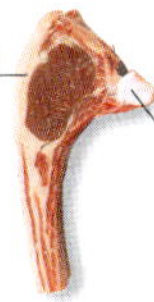

kotlet
das Kotelett

but
die Keule

srce
das Herz

perad • das Geflügel

purica
die Pute

fazan | der Fasan

prepelica | die Wachtel

pile | das Hähnchen

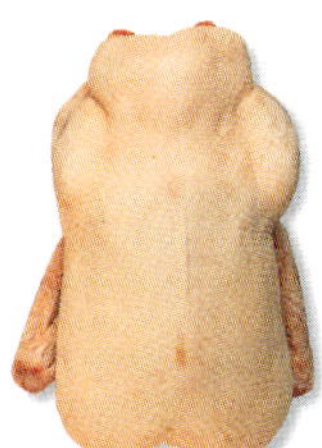

patka | die Ente

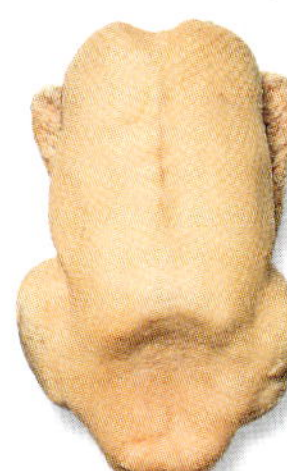

guska | die Gans

riba • der Fisch

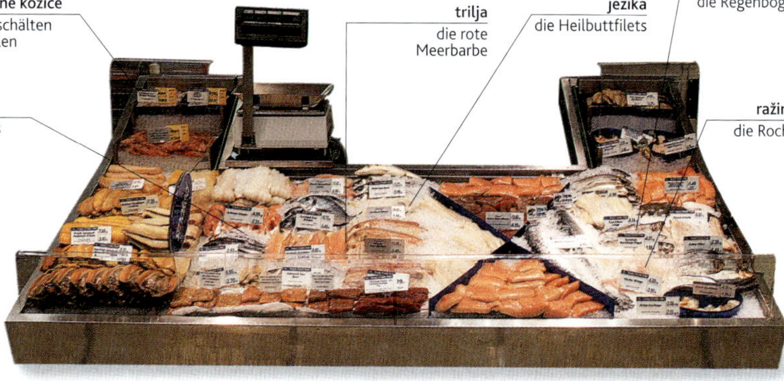

ribarnica
das Fischgeschäft

grdobina
der Seeteufel

skuša
die Makrele

pastrva
die Forelle

sabljarka
der Schwertfisch

list
die Seezunge

crveni list
die Rotzunge

koljak
der Schellfisch

srdela
die Sardine

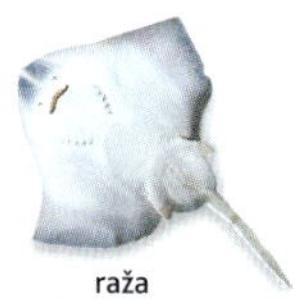

raža
der Rochen

pišmolj
der Merlan

lubin
der Seebarsch

losos | der Lachs

bakalar
der Kabeljau

arbun
die Goldbrasse

tuna
der Tunfisch

morski plodovi • die Meeresfrüchte

jakovska kapica die Jakobsmuschel

jastog der Hummer

rakovica die Krabbe

kozica die Garnele

dagnja die Miesmuschel

oštriga die Auster

slatkovodni rak der Krebs

šljanak die Scheidenmuschel

srčanka die Herzmuschel

hobotnica der Krake

sipa die Sepie

lignja der Tintenfisch

ladinka die Venusmuschel

pojmovnik • Vokabular

smrznuto tiefgefroren	**očišćeno** gesäubert	**dimljeno** geräuchert	**bez krljušti** entschuppt	**filet** das Filet	**odrezak** die Scheibe	**rep** der Schwanz	**kost** die Gräte	**krljušt** die Schuppe
svježe frisch	**usoljeno** gesalzen	**bez kože** enthäutet	**bez kostiju** entgrätet	**filetirano** filetiert	**bok** die Lende			

Možete li očistiti?
Können Sie ihn mir fertig zubereiten?

povrće 1 • das Gemüse 1

bob
die dicke Bohne

grah trešnjevac
die Stangenbohne

mahune
die grüne Bohne

grašak
die grüne Erbse

kukuruz
der Mais

sojina klica
die Sojabohnensprosse

bambus
der Bambus

bamija
die Okra

cikorija
der Chicorée

komorač
der Fenchel

palmina srčika
die Palmherzen

celer listaš
der Stangensellerie

pojmovnik • Vokabular

list
das Blatt

cvjetić
das Röschen

vršak
die Spitze

organski
biologisch

stabljika, peteljka
der Strunk

jezgra, koštica
der Kern

srce
das Herz

plastična vrećica
die Plastiktüte

Prodajete li organski uzgojeno povrće?
Verkaufen Sie Biogemüse?

Je li s ovog područja, domaće?
Werden sie in dieser Gegend angebaut?

rikola
der Rucola

potočarka
die Brunnenkresse

radič
der Radicchio

kelj pupčar, prokulica
der Rosenkohl

blitva
der Mangold

lisnati kelj
der Grünkohl

kiselica, cecelj
der Gartensauerampfer

endivija
die Endivie

maslačak
der Löwenzahn

špinat
der Spinat

koraba
der Kohlrabi

kineski kelj
der Pak-Choi

zelena salata
der Salat

brokula
der Brokkoli

kelj
der Kohl

rani kelj
der Frühkohl

povrće 2 • das Gemüse 2

pojmovnik • Vokabular

koktel-rajčica die Kirschtomate	**korijenski celer** der Sellerie	**smrznuto** tiefgefroren	**gorko** bitter
mrkva die Karotte	**taro** die Tarowurzel	**sirovo** roh	**tvrdo** fest
hljebovac die Brotfrucht	**kasava, manioka** der Maniok	**ljuto** scharf	**meso** das Fleisch
mladi krumpir die neue Kartoffel	**vodeni kesten** die Wasserkastanie	**slatko** süß	**korijen** die Wurzel

Kilogram krumpira, molim.
Geben Sie mir bitte ein Kilo Kartoffeln.

Koliko košta kilogram?
Was kostet ein Kilo?

Što je to?
Wie heißen diese?

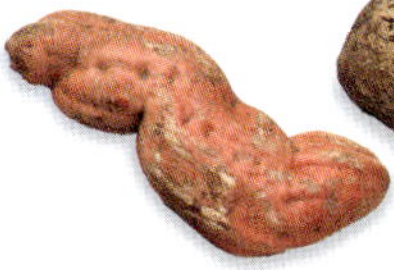
slatki krumpir
die Süßkartoffel

jam
die Jamswurzel

cikla
die Rote Bete

koleraba
die Kohlrübe

topinambur
der Topinambur

rotkva
der Rettich

pastrnak
die Pastinake

đumbir
der Ingwer

patlidžan
die Aubergine

rajčica
die Tomate

mladi luk
die Frühlingszwiebel

poriluk
der Lauch

ljutika
die Schalotte

režanj
die Zehe

češnjak
der Knoblauch

tartuf
die Trüffel

gljiva
der Pilz

krastavac
die Gurke

tikvica
die Zucchini

buča
der Butternusskürbis

žirasta bundeva
der Eichelkürbis

bundeva
der Kürbis

voće 1 • das Obst 1

agrumi • die Zitrusfrüchte

naranča
die Orange

klementina
die Klementine

ugli
die Tangelo

srčika
die weiße Haut

grejp
die Grapefruit

mandarina
die Mandarine

kriška
der Schnitz

satsuma
die Satsuma

kora
die Schale

limeta
die Limone

limun
die Zitrone

kineska naranča
die Kumquat

koštuničavo voće • das Steinobst

breskva
der Pfirsich

nektarina
die Nektarine

marelica
die Aprikose

šljiva
die Pflaume

trešnja
die Kirsche

kruška
die Birne

jabuka
der Apfel

košara voća | der Obstkorb

bobice i lubenice • das Beerenobst und die Melonen

jagoda
die Erdbeere

malina
die Himbeere

dinja
die Melone

grožđe
die Weintrauben

kupina
die Brombeere

crveni ribiz
die rote Johannisbeere

lubenica
die Wassermelone

brusnica
die Preiselbeere

crni ribiz
die schwarze Johannisbeere

borovnica
die Heidelbeere

bijeli ribiz
die weiße Johannisbeere

Loganova malina
die Loganbeere

ogrozd
die Stachelbeere

pojmovnik • Vokabular

rabarbara der Rhabarber	**gorko** sauer	**hrskavo** knackig	**sok** der Saft	**Jesu li zreli?** Sind sie reif?
vlaknasta tvar der Ballaststoff	**svježe** frisch	**gnjilo** faul	**jezgra, koštica** das Kerngehäuse	**Mogu li kušati?** Könnte ich eine probieren?
slatko süß	**sočno** saftig	**meso** das Frucht-mark	**bez sjemenki** kernlos	**Koliko će trajati?** Wie lange halten sie sich?

voće 2 • das Obst 2

dunja
die Quitte

pasiflora
die Passionsfrucht

banana
die Banane

guava
die Guave

šipak
der Granatapfel

persimona, dragun
die Kaki

feihoja
die Feijoa

bodljikava smokva
die Kaktusfeige

karambola
die Sternfrucht

mangustan
die Mangostane

orašasto i sušeno voće • die Nüsse und das Dörrobst

pinjol
der Pinienkern

pistacija
die Pistazie

indijski orah
die Cashewnuss

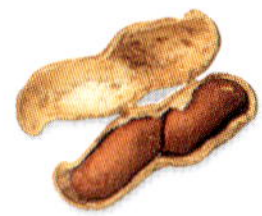

kikiriki
die Erdnuss

lješnjak
die Haselnuss

brazilski orah
die Paranuss

pekan
die Pecannuss

badem
die Mandel

orah
die Walnuss

kesten
die Esskastanie

makadamija
die Macadamianuss

smokva
die Feige

datulja
die Dattel

suha šljiva
die Backpflaume

grožđica bez koštica
die Sultanine

grožđica
die Rosine

korinta
die Korinthe

kokos
die Kokosnuss

pojmovnik • Vokabular

zeleno grün	**tvrdo** hart	**jezgra, sjemenka** der Kern	**usoljeno** gesalzen	**prženo** geröstet	**očišćeno, bez ljuske** geschält	**kandirano voće** die kandierten Früchte
zrelo reif	**mekano** weich	**sušeno** getrocknet	**sirovo** roh	**sezonsko** saisonal	**cijelo** ganz	**tropsko voće** die Südfrüchte

žitarice i mahunarke • die Getreidearten und die Hülsenfrüchte

zrnje • das Getreide

pšenica
der Weizen

zob
der Hafer

ječam
die Gerste

proso
die Hirse

kukuruz
der Mais

kenoa
die Reismelde

pojmovnik • Vokabular

sjeme
der Samen

ljuska
die Hülse

zrno
der Kern

suho
trocken

svježe
frisch

mirisno
aromatisiert

žitarice
die Getreideflocken

integralno
Vollkorn

namakati
einweichen

lako za kuhanje
leicht zu kochen

dugog zrna
Langkorn

kratkog zrna
Rundkorn

riža • der Reis

bijela riža
der weiße Reis

smeđa riža
der Naturreis

divlja riža
der Wildreis

mliječna riža
der Milchreis

prerađene žitarice • die verarbeiteten Getreidearten

kuskus
der Kuskus

pšenična prekrupa
das Weizenschrot

krupica, griz
der Grieß

mekinje
die Kleie

grah i grašak • die Bohnen und die Erbsen

puter-grah
die Mondbohnen

bijeli grah
die weißen Bohnen

crveni grah
die roten Bohnen

aduki grah
die Adzukibohnen

bob
die Saubohnen

soja
die Sojabohnen

crno-bijeli grah
die Augenbohnen

šareni grah
die Pintobohnen

mung grah
die Mungbohnen

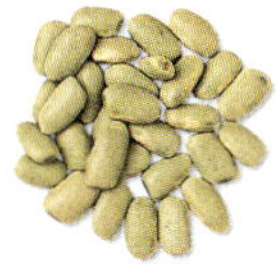
francuski grah
die französischen Bohnen

smeđa leća
die braunen Linsen

crvena leća
die roten Linsen

grašak
die grünen Erbsen

slanutak
die Kichererbsen

suhi grašak
die getrockneten Erbsen

sjemenke • die Körner

sjemenke bundeve
der Kürbiskern

sjemenke gorušice
das Senfkorn

sjemenke kima
der Kümmel

sjemenke sezama
das Sesamkorn

sjemenke suncokreta
der Sonnenblumenkern

začinske i aromatične biljke • die Kräuter und Gewürze

začini • die Gewürze

vanilija | die Vanille

muškatni oraščić
die Muskatnuss

macis
die Muskatblüte

kurkuma
die Gelbwurz

kumin
der Kreuzkümmel

začinska mješavina
die Kräutermischung

piment
der Piment

papar u zrnu
das Pfefferkorn

piskavica
der Bockshornklee

crveni feferon
der Chili

šafran
der Safran

kardamon
der Kardamom

kari u prahu
das Currypulver

paprika
der Paprika

češnjak
der Knoblauch

štapići
die Stangen

cimet
der Zimt

limunska trava
das Zitronengras

klinčići
die Gewürznelke

zvjezdasti anis
der Sternanis

đumbir
der Ingwer

začinske biljke • die Kräuter

komorač
der Fenchel

sjemenke anisa
die Fenchelsamen

lovorov list
das Lorbeerblatt

peršin
die Petersilie

vlasac
der Schnittlauch

menta
die Minze

majčina dušica, timijan
der Thymian

kadulja
der Salbei

estragon
der Estragon

mažuran
der Majoran

bosiljak
das Basilikum

origano
der Oregano

korijander
der Koriander

kopar
der Dill

ružmarin
der Rosmarin

namirnice u bocama i staklenkama • die Nahrungsmittel in Flaschen und Gläsern

čep
der Korken

suncokretovo ulje
das Sonnenblumenöl

orahovo ulje
das Walnussöl

ulje grožđanih koštica
das Traubenkernöl

bademovo ulje
das Mandelöl

sezamovo ulje
das Sesamöl

lješnjakovo ulje
das Haselnussöl

maslinovo ulje
das Olivenöl

trave
die Kräuter

aromatizirano ulje
das aromatisierte Öl

ulja
die Öle

slatki namazi • der süße Aufstrich

staklenka
das Glas

saće
der Wabenhonig

kristalizirani med
der feste Honig

džem od limuna
der Zitronenaufstrich

džem od malina
die Himbeerkonfitüre

marmelada od naranče
die Orangenmarmelade

tekući med
der flüssige Honig

javorov sirup
der Ahornsirup

začini i namazi • die Würzmittel

majoneza
die Majonäse

jabučni ocat
der Apfelweinessig

začinski ocat
der Gewürzessig

sladni ocat
der Malzessig

vinski ocat
der Weinessig

ocat
der Essig

chutney
das Chutney

boca
die Flasche

kečap
der Ketschup

umak
die Soße

engleski senf
der englische Senf

mustarda
der französische Senf

zrnasta gorušica, senf
der grobe Senf

maslac od kikirikija
die Erdnussbutter

čokoladni namaz
der Schokoladenaufstrich

hermetički zatvorena staklenka
das Einmachglas

konzervirano voće
das eingemachte Obst

pojmovnik • Vokabular

ulje kukuruznih klica
das Maiskeimöl

ulje kikirikija
das Erdnussöl

biljno ulje
das Pflanzenöl

repičino ulje
das Rapsöl

hladno prešano ulje
das kaltgepresste Öl

mliječni proizvodi • die Milchprodukte

sir • der Käse

kora
die Rinde

polutvrdi sir
der mittelharte Käse

polumeki sir
der halbfeste Käse

sir s plemenitom plijesni
der Blauschimmelkäse

meki sir
der Weichkäse

ribani sir
der geriebene Käse

tvrdi sir
der Hartkäse

sirni namaz
der Rahmkäse

mladi sir
der Hüttenkäse

svježi sir | der Frischkäse

mlijeko • die Milch

punomasno mlijeko
die Vollmilch

djelomično obrano mlijeko
die Halbfettmilch

obrano mlijeko
die Magermilch

kravlje mlijeko | die Kuhmilch

kutija za mlijeko
die Milchtüte

kozje mlijeko
die Ziegenmilch

kondenzirano mlijeko
die Kondensmilch

maslac
die Butter

margarin
die Margarine

vrhnje
die Sahne

polumasno vrhnje
die fettarme Sahne

slatko vrhnje
die süße Sahne

tučeno vrhnje, šlag
die Schlagsahne

kiselo vrhnje
die saure Sahne

jogurt
der Jogurt

sladoled
das Eis

jaja • die Eier

žumanjak
das Eigelb

bjelanjak
das Eiweiß

ljuska
die Eierschale

stalak za jaje
der Eierbecher

kuhano jaje
das gekochte Ei

guščje jaje
das Gänseei

kokošje jaje
das Hühnerei

pačje jaje
das Entenei

prepeličje jaje
das Wachtelei

pojmovnik • Vokabular

pasterizirano
pasteurisiert

nepasterizirano
unpasteurisiert

frape
der Milchshake

smrznuti jogurt
der gefrorene Jogurt

slano
gesalzen

nesoljeno
ungesalzen

ovčje mlijeko
die Schafmilch

stepka
die Buttermilch

laktoza
die Laktose

bez masnoće
fettfrei

homogenizirano
homogenisiert

mlijeko u prahu
das Milchpulver

kruh i brašno • das Brot und das Mehl

pekarnica | die Bäckerei

pečenje kruha • Brot backen

pšenično brašno
das Weizenmehl

raženo brašno
das Roggenmehl

integralno brašno
das Vollkornmehl

kvasac
die Hefe

prosijati | sieben

miješati | verrühren

mijesiti | kneten

peći | backen

kora
die Kruste

bijeli kruh
das Weißbrot

hljeb, štruca
der Laib

crni kruh
das Graubrot

integralni kruh
das Vollkornbrot

kriška
die Scheibe

miješani kruh
das Mehrkornbrot

kukuruzni kruh
das Maisbrot

kruh sa sodom bikarbonom
das Sodabrot

kruh od kiselog tijesta
das Sauerteigbrot

lepinja
das Fladenbrot

pecivo
das Hefebrötchen

žemlja
das Brötchen

pletenica
die Brioche

kruh s grožđicama
das Früchtebrot

kruh sa sjemenkama
das Körnerbrot

nan-kruh
das Naanbrot

pita-kruh
das Pitabrot

kreker
das Knäckebrot

pojmovnik • Vokabular

oštro brašno
das angereicherte Mehl

dizati se (tijesto)
aufgehen

ostaviti tijesto da se digne
gehen lassen

krušne mrvice
das Paniermehl

stroj za rezanje
der Brotschneider

brašno za dizana tijesta
das Mehl mit Backpulver

obično brašno
das Mehl ohne Backpulver

glazirati
glasieren

bijela štruca
das Stangenweißbrot

pekar
der Bäcker

kolači i deserti • die Kuchen und die Nachspeisen

kolači | das Gebäck

pojmovnik • Vokabular

slastičarska krema
die Konditorcreme

čokoladni kolač
der Schokoladenkuchen

kolač s grožđicama
das Teilchen

puding od vanilije
der Vanillepudding

tijesto
der Teig

kriška
das Stück

riža na mlijeku
der Milchreis

proslava
die Feier

Mogu li, molim, dobiti još komad?
Könnte ich bitte ein Stück essen?

komadić čokolade
das Schokoladen-stückchen

keksi | die Kekse

firentinac
der Florentiner

piškote
die Löffelbiskuits

puding s voćem
das Trifle

pjenasta desertna krema
die Mousse

sorbet
das Sorbet

torta s tučenim vrhnjem
die Sahnetorte

karamel-puding
der Karamellpudding

svečane torte • die festlichen Kuchen

gornji dio torte
der obere Kuchenteil

vrpca
das Band

donji dio torte
der untere Kuchenteil

glazura
der Zuckerguss

marcipan
das Marzipan

svadbena torta | die Hochzeitstorte

ukras
die Dekoration

rođendanske svjećice
die Geburtstagskerzen

ugasiti
ausblasen

rođendanska torta | der Geburtstagskuchen

delikatese • die Feinkost

pikantna kobasica
die pikante Wurst

ulje
das Öl

ocat
der Essig

salama
die Salami

ljuta kobasica
die Peperoniwurst

quiche
die Quiche

svježe meso
das frische Fleisch

pult
die Theke

pašteta
die Pastete

mozzarella
der Mozzarella

brie
der Brie

kozji sir
der Ziegenkäse

cheddar
der Cheddar

parmezan
der Parmesan

camembert
der Camembert

kora
die Rinde

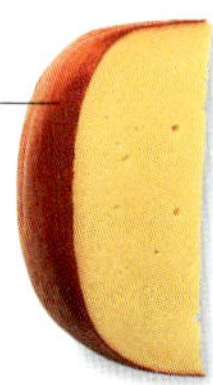

edamac
der Edamer

manchego
der Manchego

sendvič bar | die Sandwichtheke

dimljena riba
der Räucherfisch

kapari
die Kapern

pršut
der Prosciutto

začinjena kobasica
die Chorizo

punjene masline
die gefüllte Olive

pojmovnik • Vokabular

u ulju in Öl	**marinirano** mariniert	**dimljeno** geräuchert
u rasolu in Lake	**usoljeno** gepökelt	**sušeno** getrocknet

Uzmite broj, molim.
Nehmen Sie bitte eine Nummer.

Mogu li kušati malo, molim?
Kann ich bitte etwas davon probieren?

Mogu li, molim, dobiti šest ploški?
Ich hätte gerne sechs Scheiben davon, bitte.

pića • die Getränke

voda • das Wasser

vodovodna voda
das Leitungswasser

flaširana voda
das Flaschenwasser

gazirana
mit Kohlensäure

negazirana
ohne Kohlensäure

mineralna voda | das Mineralwasser

tonik
das Tonicwater

soda-voda
das Sodawasser

topli napici • die heißen Getränke

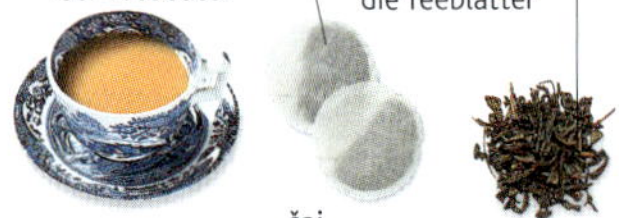

čajna vrećica
der Teebeutel

listići čaja
die Teeblätter

čaj
der Tee

kava u zrnu
die Bohnen

mljevena kava
der gemahlene Kaffee

kava
der Kaffee

vruća čokolada
die heiße Schokolade

sladni napitak
das Malzgetränk

bezalkoholna pića • die alkoholfreien Getränke

sok od rajčice
der Tomatensaft

slamka
der Strohhalm

sok od grožđa
der Traubensaft

limunada
die Limonade

narančada
die Orangenlimonade

kola
die Cola

alkoholna pića • die alkoholischen Getränke

džin | der Gin

limenka
die Dose

pivo
das Bier

jabukovača
der Apfelwein

polutamno pivo
das halbdunkle Bier

tamno pivo
das Schwarzbier

votka | der Wodka

viski | der Whisky

rum
der Rum

vinjak
der Weinbrand

porto
der Portwein

suhi
trocken

šeri
der Sherry

kampari
der Campari

liker
der Likör

tekila
der Tequila

šampanjac
der Champagner

rozé
rosé

bijelo
weiß

crno
rot

vino | der Wein

jesti izvan kuće

auswärts essen

kafić • das Café

ulični kafić | das Straßencafé

terasa
das Terrassencafé

zalogajnica | die Snackbar

kava • der Kaffee

filtar-kava
der Filterkaffee

espresso
der Espresso

kapučino
der Cappuccino

ledena kava
der Eiskaffee

čaj • der Tee

čaj
der Kräutertee

čaj s mlijekom
der Tee mit Milch

crni čaj
der schwarze Tee

kamilica
der Kamillentee

zeleni čaj
der grüne Tee

čaj s limunom
der Tee mit Zitrone

čaj od mente
der Pfefferminztee

ledeni čaj
der Eistee

sokovi i frapei • die Säfte und Milchshakes

sok od naranče
der Orangensaft

sok od jabuke
der Apfelsaft

sok od ananasa
der Ananassaft

sok od rajčice
der Tomatensaft

frape od čokolade
der Schokoladen-milchshake

frape od jagoda
der Erdbeer-milchshake

frape od kave
der Kaffeemilchshake

hrana • das Essen

crni kruh
das Graubrot

tostirani sendvič
das getoastete Sandwich

salata
der Salat

kuglica
die Kugel

sladoled
das Eis

kolač
das Gebäck

bar • die Bar

čaše
die Gläser

mjera
das Maß

blagajna
die Kasse

pipničar
der Barkeeper

pivski pipac
der Zapfhahn

aparat za kavu
die Kaffeemaschine

kanta s ledom
der Eiskübel

barski stolac
der Barhocker

pepeljara
der Aschenbecher

podmetač
der Untersetzer

pult točionika, šank
die Theke

otvarač za boce
der Flaschenöffner

poluga
der Hebel

vadičep | der Korkenzieher

kliješta za led
die Eiszange

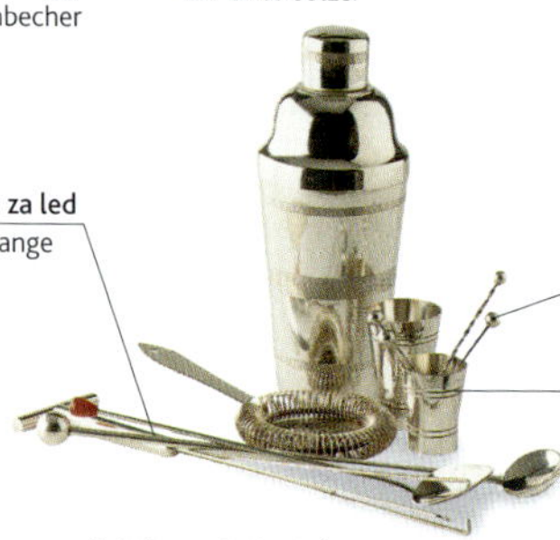

štapić za miješanje
der Cocktailrührer

mjerica
der Messbecher

miješalica za koktele | der Cocktailshaker

džin-tonik
der Gin Tonic

vrč
der Krug

viski s vodom
der Scotch mit Wasser

kocka leda
der Eiswürfel

rum-kola
der Rum mit Cola

votka s džusom
der Wodka mit Orangensaft

martini
der Martini

koktel
der Cocktail

vino
der Wein

pivo
das Bier

rakija
der Schnaps

obična
einfach

dupla, dvostruka
doppelt

mjera
das Maß

bez leda
ohne Eis

led i limun
Eis und Zitrone

s ledom
mit Eis

grickalice • die Knabbereien

čips | die Kartoffelchips

indijski orasi
die Cashewnüsse

bademi
die Mandeln

kikiriki
die Erdnüsse

orašasti plodovi | die Nüsse

masline | die Oliven

restoran • das Restaurant

kuhinja | die Küche

konobar | der Kellner

pojmovnik • Vokabular

večernji jelovnik die Abendkarte	**specijaliteti** die Spezialitäten	**cijena** der Preis	**napojnica** das Trinkgeld	**bife** das Buffet	**gost** der Kunde
vinska karta die Weinkarte	**po narudžbi** à la carte	**račun** die Rechnung	**usluga uključena** Bedienung inbegriffen	**točionik, šank** die Bar	**sol** das Salz
podnevni jelovnik die Mittagskarte	**kolica za deserte** der Dessertwagen	**račun** die Quittung	**usluga nije uključena** ohne Bedienung	**dio za pušače** der Raucherbereich	**papar** der Pfeffer

jelovnik
die Speisekarte

dječji obrok
die Kinderportion

naručiti | bestellen

platiti | bezahlen

sljedovi • die Gänge

aperitiv
der Aperitif

predjelo
die Vorspeise

juha
die Suppe

glavno jelo
das Hauptgericht

prilog
die Beilage

viljuška
die Gabel

desert | der Nachtisch

žličica za kavu
der Kaffeelöffel

kava | der Kaffee

Stol za dvoje, molim.
Ein Tisch für zwei Personen bitte.

Mogu li dobiti jelovnik/vinsku kartu, molim?
Könnte ich bitte die Speisekarte/Weinliste sehen?

Imate li meni po određenoj cijeni?
Gibt es ein Festpreismenü?

Imate li vegeterijanska jela?
Haben Sie vegetarische Gerichte?

Mogu li dobiti račun?
Könnte ich die Rechnung/Quittung haben?

Možemo li platiti odvojeno?
Könnten wir getrennt zahlen?

Gdje je zahod, molim?
Wo sind die Toiletten bitte?

zalogajnica • der Schnellimbiss

hamburger s pomfritom
der Hamburger mit Pommes frites

dostava u kuću | die Lieferung ins Haus

ulični štand | der Imbissstand

pojmovnik • Vokabular

pizzerija
die Pizzeria

zalogajnica
die Imbissstube

jelovnik
die Speisekarte

jesti ovdje
hier essen

ponijeti
zum Mitnehmen

podgrijati
aufwärmen

umak od rajčice, kečap
der Tomatenketschup

Za ponijeti, molim.
Zum Mitnehmen, bitte.

Imate li dostavu?
Liefern Sie ins Haus?

hamburger
der Hamburger

pileći burger
der Chickenburger

vegetarijanski burger
der vegetarische Hamburger

hot dog | das Hot Dog

sendvič
das Sandwich

miješani sendvič
das Klubsandwich

obložen kruh
das belegte Brot

taco
der Taco

ražnjići
der Fleischspieß

pileći medaljoni
die Hähnchenstückchen

palačinke | die Crêpes

riba i čips
Fish and Chips

rebrica
die Rippchen

pržena piletina
das gebratene Hähnchen

pizza
die Pizza

doručak • das Frühstück

bife za doručak
das Frühstücksbuffet

stol za doručak | der Frühstückstisch

napici | die Getränke

brioš
die Brioche

kruh
das Brot

engleski doručak
das englische Frühstück

dimljena haringa
die Räucherheringe

prženica
die Armen Ritter

kuhano jaje
das gekochte Ei

kajgana
das Rührei

palačinke
die Pfannkuchen

vafli
die Waffeln

zobena kaša
der Haferbrei

voće
das Obst

ručak • das Mittagessen

juha | die Suppe

bistra juha | die Brühe

ragu | der Eintopf

kari | das Curry

pečenje | der Braten

pašteta | die Pastete

soufflé | das Soufflé

ražnjić | das Schaschlik

mesne okruglice | die Fleischklöße

omlet | das Omelett

rezanci
die Nudeln

brzo pečeno jelo
das Pfannengericht

tjestenina | die Nudeln

riža | der Reis

miješana salata | der gemischte Salat

zelena salata | der grüne Salat

salatni preljev | die Salatsoße

priprema • die Zubereitung

nadjeveno | gefüllt

u umaku | in Soße

na roštilju | gegrillt

marinirano | mariniert

poširano | pochiert

kašasto | püriert

pečeno | gebacken

prženo | kurzgebraten

prženo | gebraten

ukiseljeno | eingelegt

dimljeno | geräuchert

prženo u mnogo ulja | frittiert

u sirupu | in Saft

začinjeno | angemacht

tuširano | gedämpft

sušeno | getrocknet

učenje
das Lernen

škola • die Schule

učiteljica
die Lehrerin

školska ploča
die Tafel

đak
der Schüler

klupa
das Pult

kreda
die Kreide

učionica | das Klassenzimmer

učenik | der Schuljunge

školska odora
die Schuluniform

školska torba
die Schultasche

učenica
das Schulmädchen

pojmovnik • Vokabular

povijest die Geschichte	**prirodne znanosti** die Natur-wissenschaft	**fizika** die Physik
jezici die Sprachen	**umjetnost** die Kunst	**kemija** die Chemie
književnost die Literatur	**glazba** die Musik	**biologija** die Biologie
zemljopis die Erdkunde	**matematika** die Mathematik	**sport** der Sport

aktivnosti • die Aktivitäten

čitati | lesen

pisati | schreiben

slovkati | buchstabieren

crtati | zeichnen

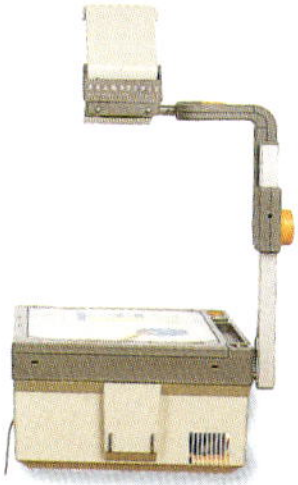

grafoskop
der Overheadprojektor

vrh
die Feder

kemijska olovka
der Füller

bojica
der Buntstift

olovka
der Bleistift

šiljilo
der Anspitzer

gumica
der Radiergummi

bilježnica
das Heft

udžbenik | das Schulbuch

pernica | das Federmäppchen

ravnalo | das LIneal

pitati | fragen

odgovarati | antworten

raspravljati | diskutieren

učiti | lernen

pojmovnik • Vokabular

ravnatelj der Schulleiter	**odgovor** die Antwort	**ocjena** die Note
predavanje, sat die Stunde	**domaći uradak** die Haus- aufgabe	**razred** die Klasse
pitanje die Frage	**ispit** die Prüfung	**rječnik** das Wörterbuch
bilježiti Notizen machen	**sastavak** der Aufsatz	**leksikon** das Lexikon

matematika • die Mathematik

geometrijski likovi • die Formen

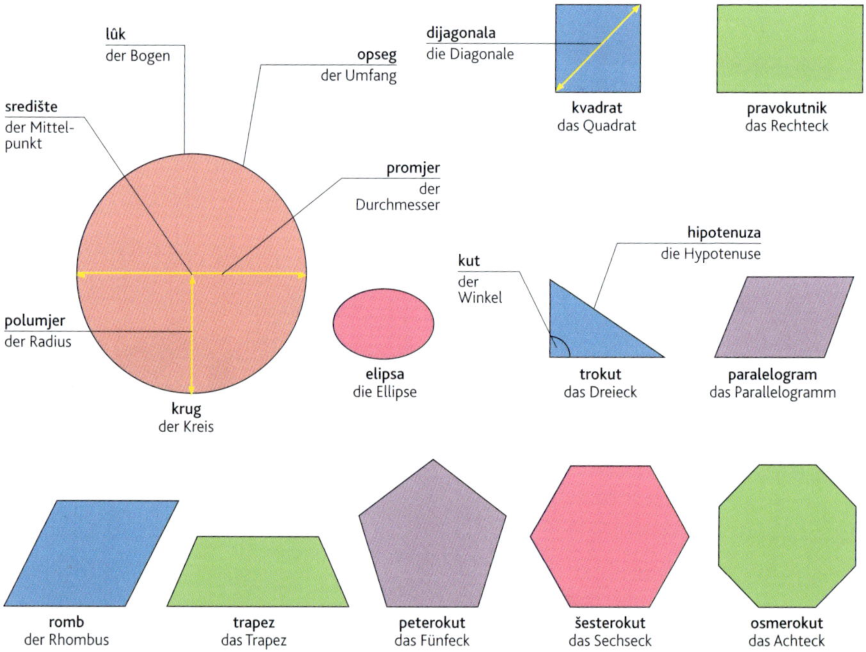

geometrijska tijela • die Körper

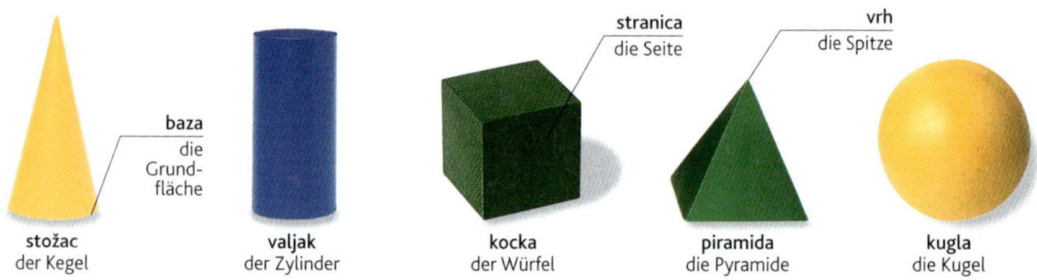

crte • die Linien

ravne
gerade

usporedne
parallel

okomite
senkrecht

zakrivljene
gekrümmt

mjere • die Maße

obujam
das Volumen

razlomak
der Bruch

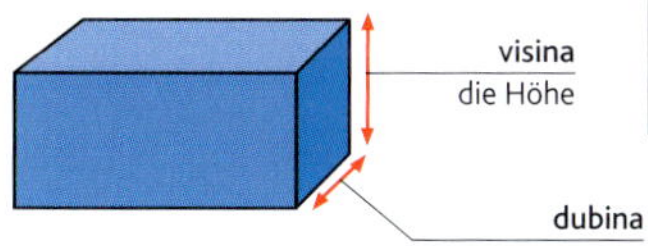

dimenzije
die Abmessungen

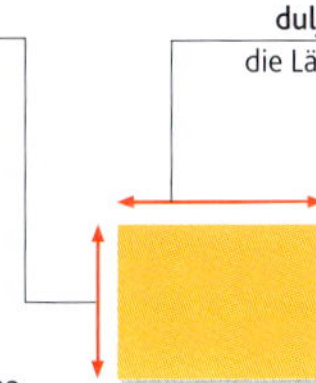

površina
die Fläche

pribor • die Ausrüstung

trokut
das Zeichendreieck

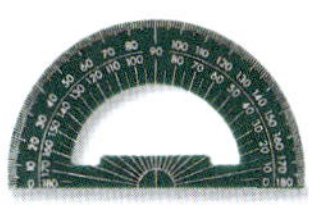

kutomjer
der Winkelmesser

ravnalo
das Lineal

šestar
der Zirkel

kalkulator
der Taschenrechner

pojmovnik • Vokabular

geometrija die Geometrie	**plus** plus	**puta (pomnoženo)** mal	**jednako** gleich	**zbrajati** addieren	**množiti** multi-plizieren	**jednadžba** die Gleichung
aritmetika die Arithmetik	**minus** minus	**dijeljeno** geteilt durch	**brojiti** zählen	**oduzeti** subtrahieren	**dijeliti** dividieren	**postotak** der Prozentsatz

prirodne znanosti • die Naturwissenschaften

laboratorij
das Labor

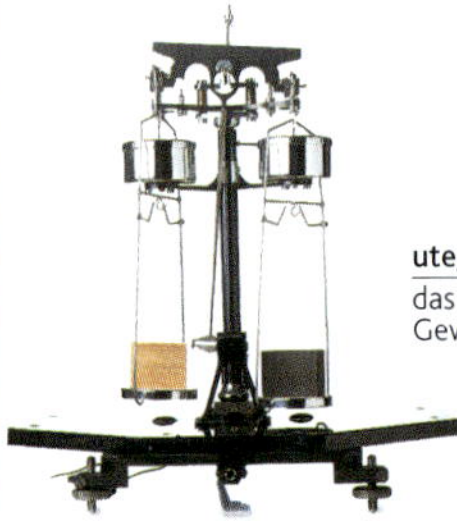

vaga
die Laborwaage

uteg
das Gewicht

opružna vaga
die Federwaage

lončić za taljenje
der Tiegel

Bunsenov plamenik
der Bunsenbrenner

tronožac
der Dreifuß

staklena boca
die Glasflasche

lijevak
der Trichter

tikvica
der Kolben

stativ
das Stativ

štipaljka
die Klammer

čep
der Stöpsel

eksperiment, pokus | der Versuch

epruveta
das Reagenzglas

stalak
das Gestell

zaporni sat, štoperica
der Zeitmesser

Petrijeva zdjelica
die Petrischale

termometar
das Thermometer

injekcija
die Spritze

pinceta
die Pinzette

skalpel
das Skalpell

kapaljka | der Tropfer

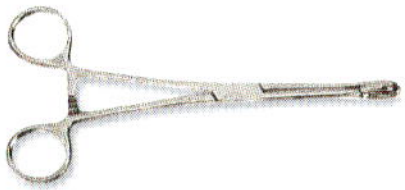

kliješta | die Zange

hvataljka | die Greifzange

spatula | der Spatel

tučak, batić
der Stößel

mužar
der Mörser

filtar-papir
das Filterpapier

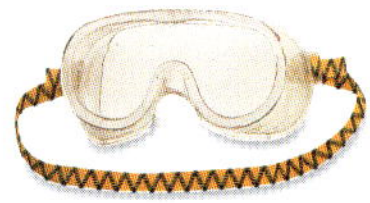

zaštitne naočale
die Schutzbrille

okular
das Okular

gumb za izoštravanje
der Einstellknopf

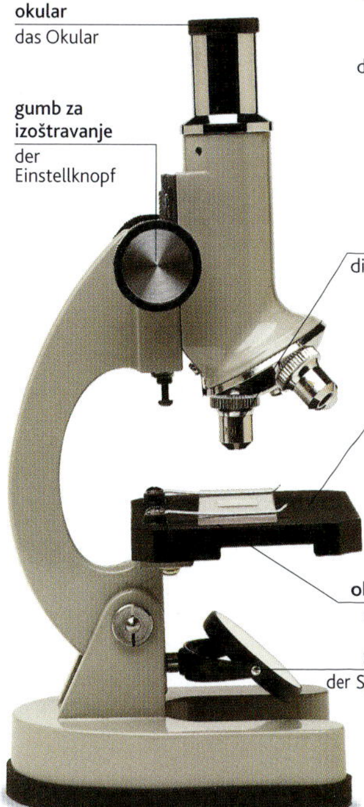

objektiv
die Objektivlinse

stolić
der Tisch

objektno stakalce
der Objektträger

zrcalo
der Spiegel

mikroskop | das Mikroskop

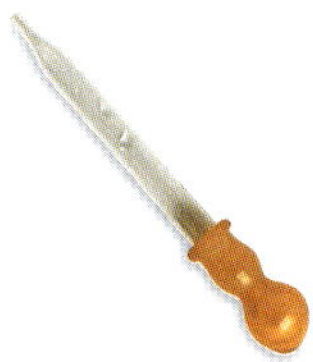

pipeta
die Pipette

stakleni štapić
das Glasstäbchen

čaša s kljunom
das Becherglas

magnet
der Magnet

krokodilske hvataljke
die Krokodilklemme

negativni pol
der Minuspol

pozitivni pol
der Pluspol

baterija | die Batterie

fakultet • die Hochschule

kampus | der Campus

knjižnica | die Bibliothek

pojmovnik • Vokabular

iskaznica knjižnice der Leserausweis	**informacije** die Auskunft	**posudba** die Ausleihe
čitaonica der Lesesaal	**posuditi** ausleihen	**knjiga** das Buch
popis literature die Literaturliste	**naručiti** vorbestellen	**naslov** der Titel
rok povrata das Rückgabedatum	**obnoviti** verlängern	**prolaz** der Gang

predavaonica | der Hörsaal

promocija | die Graduierungsfeier

umjetničke škole (akademije) • die Fachhochschulen

likovna akademija
die Kunsthochschule

glazbena akademija | die Musikhochschule

plesna akademija | die Tanzakademie

pojmovnik • Vokabular

stipendija das Stipendium	**istraživanje** die Forschung	**disertacija** die Examensarbeit	**medicina** die Medizin	**filozofija** die Philosophie
diploma das Diplom	**magisterij** der Magister	**odsjek** der Fachbereich	**zoologija** die Zoologie	**književnost** die Literatur-wissenschaft
akademski stupanj der akademische Grad	**doktorat** die Promotion	**pravo** die Rechts-wissenschaft	**fizika** die Physik	**povijest umjetnosti** die Kunstgeschichte
poslijediplomski postgraduiert	**teza** die Dissertation	**strojarstvo** der Maschinenbau	**politologija** die Politologie	**ekonomija** die Wirtschafts-wissenschaft

rad
die Arbeit

ured 1 • das Büro 1

ured • das Büro

uredska oprema • die Büroausstattung

pisač | der Drucker

telefaks uređaj | das Faxgerät

pojmovnik • Vokabular

ispisati
drucken

povećati
vergrößern

fotokopirati
kopieren

smanjiti
verkleinern

Želim fotokopirati.
Ich möchte fotokopieren.

uredski pribor • der Bürobedarf

kartica s pozdravima
der Empfehlungszettel

memorandum
der Geschäftsbogen

omotnica
der Briefumschlag

registrator
der Aktenordner

registrator s polugom
der Ringordner

ploča s kvačicom
das Klemmbrett

blok za pisanje
der Notizblock

oznaka
der Karten-reiter

viseća kartoteka
der Hängeordner

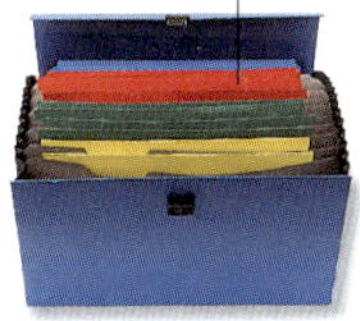

razdjelnik, pregrada
der Teiler

mapa s odjeljcima
der Fächerordner

planer
der Terminkalender

klamerice
die Klammern

aparat za klamanje
der Hefter

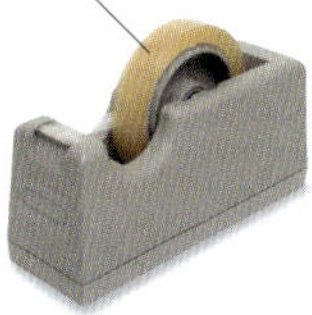

ljepljiva vrpca
der Tesafilm

nosač ljepljive vrpce
der Tesafilmhalter

probijač
der Locher

jastučić s tintom
das Stempelkissen

pečat
der Stempel

gumica
das Gummiband

kvačica za papir
die Papierklammer

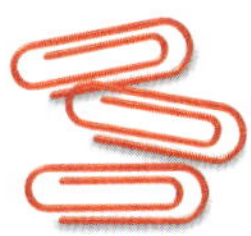

spajalica za papir
die Büroklammer

risaći čavlić
die Reiß-zwecke

oglasna ploča | die Pinnwand

ured 2 • das Büro 2

sastanak | die Sitzung

pojmovnik • Vokabular

prostorija za sastanke
der Sitzungsraum

raspored, dnevni red
die Tagesordnung

sudjelovati
teilnehmen

predsjedati
den Vorsitz führen

U koliko je sati sastanak?
Um wie viel Uhr ist die Sitzung?

Koje je vaše radno vrijeme?
Welche sind Ihre Geschäftszeiten?

izlaganje, prezentacija | die Präsentation

poslovanje • das Geschäft

prijenosno računalo, laptop
der Laptop

bilješke
die Notizen

poslovni ručak | das Arbeitsessen

poslovni čovjek
der Geschäftsmann

poslovna žena
die Geschäftsfrau

poslovno putovanje | die Geschäftsreise

dogovoreni sastanak
der Termin

dlanovnik
der Palmtop

planer | der Terminkalender

klijent
der Kunde

glavni direktor
der Geschäftsführer

poslovni dogovor | das Geschäftsabkommen

pojmovnik • Vokabular

tvrtka
die Firma

glavni ured
die Zentrale

podružnica
die Zweigstelle

osoblje
das Personal

plaća
das Gehalt

platna lista
die Lohnliste

računovodstvo
die Buchhaltung

odjel marketinga
die Marketingabteilung

prodajni odjel
die Verkaufsabteilung

pravni odjel
die Rechtsabteilung

odjel za potrošače, klijente
die Kundendienstabteilung

kadrovski odjel
die Personalabteilung

računalo • der Computer

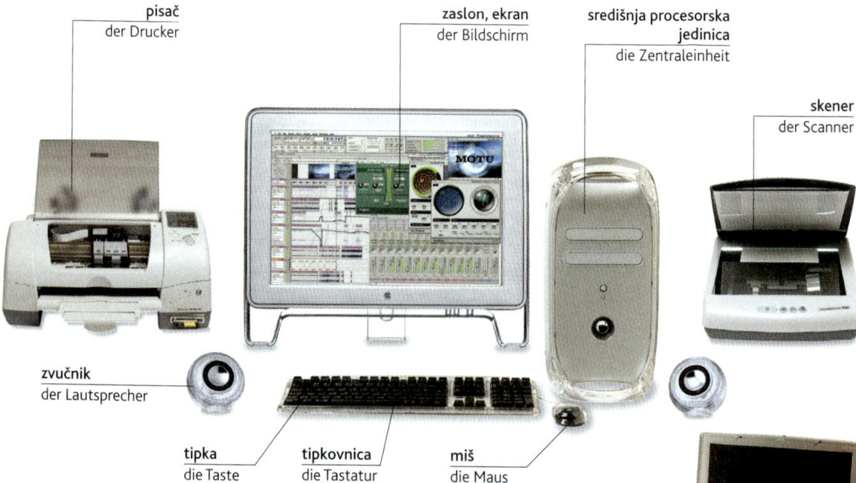

hardver
die Hardware

disketa | die Diskette

prijenosno računalo | der Laptop

pojmovnik • Vokabular

memorija der Speicher	**softver** die Software	**poslužitelj, server** der Server
RAM das RAM	**aplikacija** die Anwendung	**ulaz** der Port
bajtovi die Bytes	**program** das Programm	**procesor** der Prozessor
sustav das System	**mreža** das Netzwerk	**mrežni kabel** das Stromkabel

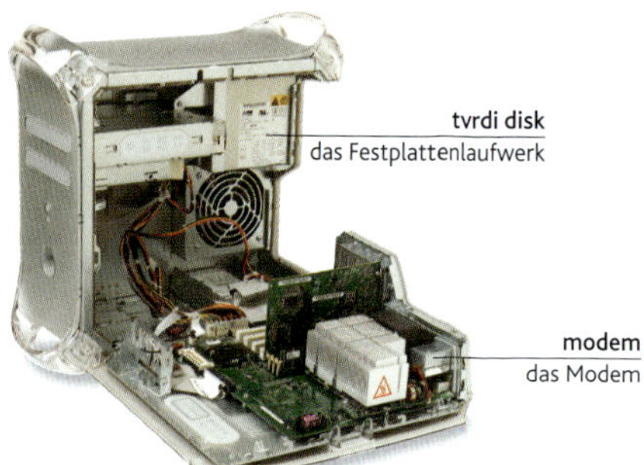

desktop • der Desktop

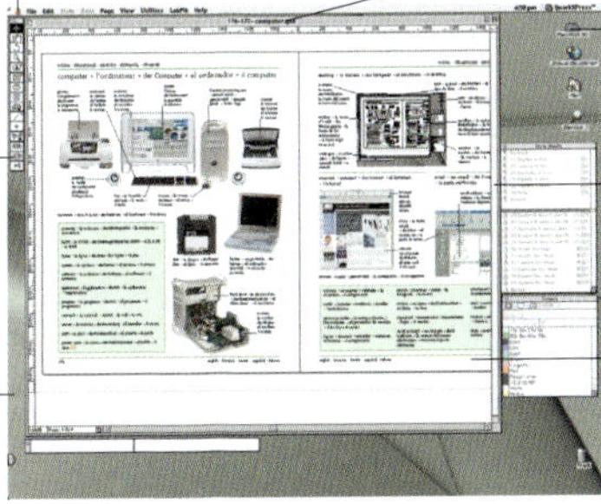

izbornik
die Menüleiste

izbornik alata
die Werkzeugleiste

podloga
der Bildschirmhintergrund

pismo
die Schriftart

ikona
das Symbol

okvir za listanje
der Scrollbalken

prozor
das Fenster

datoteka
die Datei

mapa
der Ordner

smeće
der Papierkorb

internet • das Internet

preglednik
der Browser

web stranica
die Website

pregledavati, pretraživati | browsen

elektronička pošta (e-pošta) • die E-Mail

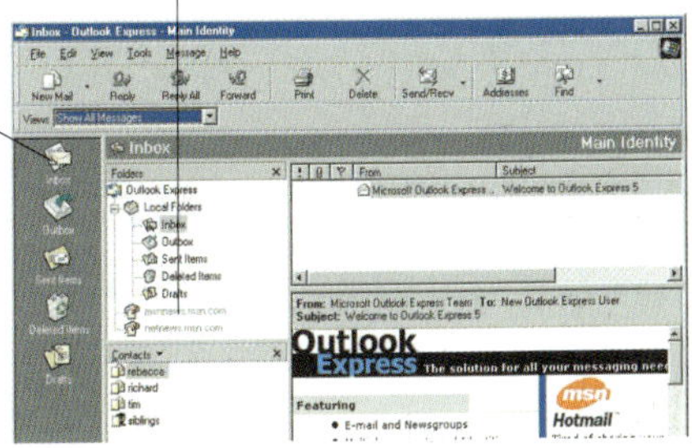

adresa e-pošte
die E-Mail-Adresse

dolazna pošta
der Posteingang

pojmovnik • Vokabular

spojiti verbinden	**pružatelj usluga** der Serviceprovider	**prijaviti se** einloggen	**učitati s interneta** herunterladen	**poslati** senden	**spremiti** sichern
instalirati installieren	**korisnički račun e-pošte** das E-Mail-Konto	**na vezi** online	**dodatak** der Anhang	**primiti** erhalten	**tražiti** suchen

mediji • die Medien

televizijski studio • das Fernsehstudio

voditelj der Moderator

rasvjeta die Beleuchtung

scena die Studioeinrichtung

kamera die Kamera

dizalica kamere der Kamerakran

snimatelj der Kameramann

pojmovnik • Vokabular

kanal der Kanal

vijesti die Nachrichten

tisak die Presse

televizijska sapunica die Seifenoper

animirani film der Zeichentrickfilm

uživo live

planiranje programa die Programmgestaltung

dokumentarni film der Dokumentarfilm

televizijska serija die Fernsehserie

natjecateljska emisija die Spielshow

snimljeno unaprijed vorher aufgezeichnet

emitirati senden

intervju | das Interview

reporterka | die Reporterin

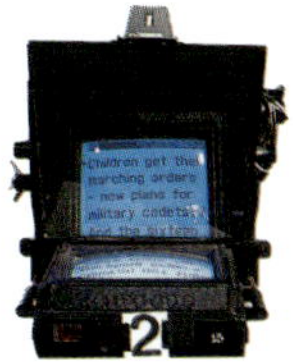
teleprompter
der Teleprompter

spikerica
die Nachrichtensprecherin

glumci | die Schauspieler

mikrofonske galge
der Mikrofongalgen

klapa | die Klappe

filmski set | das Set

radio • das Radio

tonski studio | das Tonstudio

pojmovnik • Vokabular

radijska postaja
die Rundfunkstation

DJ
der DJ

emisija
die Sendung

valna duljina
die Wellenlänge

dugi val
die Langwelle

frekvencija
die Frequenz

glasnoća
die Lautstärke

namjestiti
einstellen

kratki val
die Kurzwelle

srednji val
die Mittelwelle

pravo • das Recht

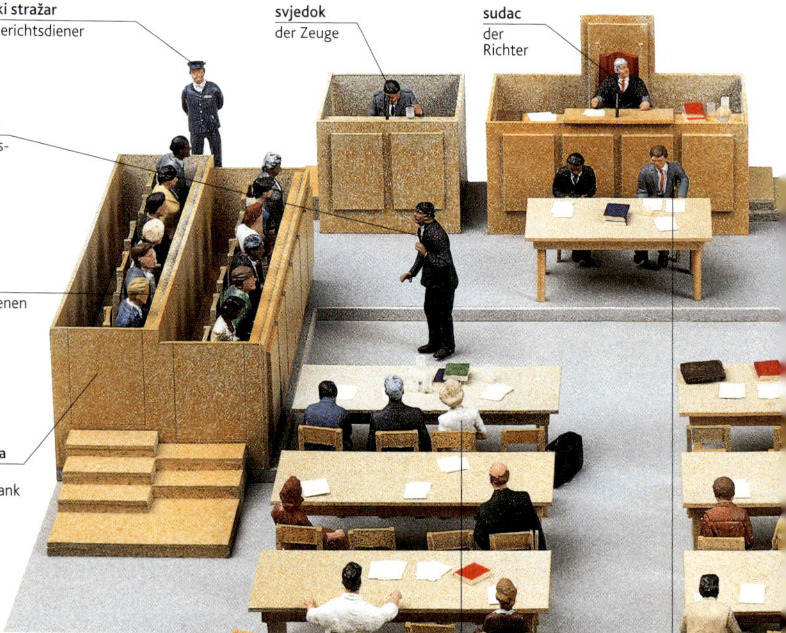

sudnica | der Gerichtssaal

pojmovnik • Vokabular

odvjetnički ured
das Anwaltsbüro

pravni savjet
die Rechtsberatung

klijent
der Klient

sudski poziv
die Vorladung

izjava
die Aussage

uhidbeni nalog
der Haftbefehl

sudski nalog
die Verfügung

ročište
der Gerichtstermin

obrana
das Plädoyer

sudski predmet
das Gerichtsverfahren

optužba
die Anklage

optuženik
der Angeklagte

stenografkinja
der Gerichts-stenograf

optuženik
der Angeklagte

obrana
die Verteidigung

osumnjičenik
der Verdächtige

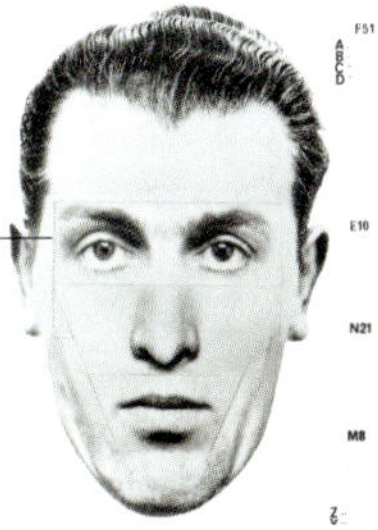

fotorobot
das Phantombild

zločinac
der Straftäter

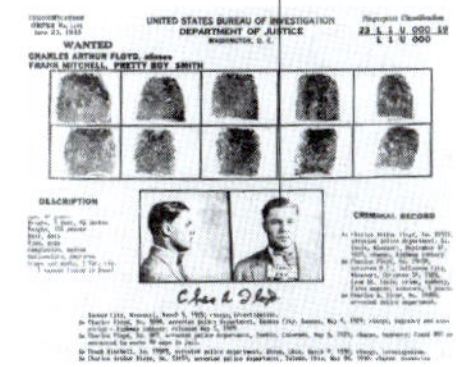

kriminalni dosje | das Strafregister

zatvorska straža
der Gefängniswärter

ćelija | die Gefängniszelle

zatvor | das Gefängnis

pojmovnik • Vokabular

dokaz
das Beweismittel

presuda
das Urteil

nevin
unschuldig

kriv
schuldig

oslobođenje
freigesprochen

kazna
das Strafmaß

jamčevina
die Kaution

priziv
die Berufung

uvjetna sloboda
die Haftentlassung auf Bewährung

Želim govoriti s odvjetnikom.
Ich möchte mit einem Anwalt sprechen.

Gdje je sud?
Wo ist das Gericht?

Mogu li platiti jamčevinu?
Kann ich die Kaution leisten?

seosko gospodarstvo 1 • der Bauernhof 1

poljoprivrednik
der Landwirt

traktor | der Traktor

kombajn | der Mähdrescher

vrste seoskih gospodarstava • die landwirtschaftlichen Betriebe

ratarstvo
der Ackerbaubetrieb

proizvodnja mlijeka
der Milchproduktionsbetrieb

uzgoj ovaca
die Schaffarm

uzgoj peradi
die Hühnerfarm

uzgoj svinja
die Schweinefarm

ribogojstvo
die Fischzucht

voćnjak
der Obstanbau

vinograd
der Weinberg

radovi • die Tätigkeiten

orati
pflügen

sijati
säen

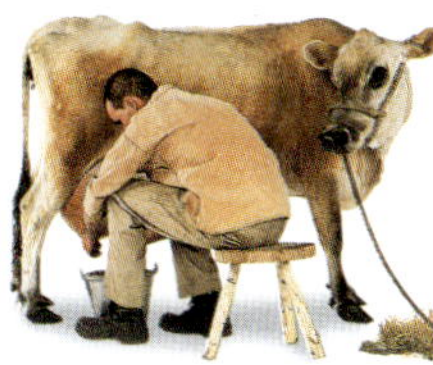

musti
melken

hraniti
füttern

zalijevati | bewässern

žeti | ernten

pojmovnik • Vokabular

herbicid
das Herbizid

pesticid
das Pestizid

stado
die Herde

silos
das Silo

korito
der Trog

posaditi
pflanzen

seosko gospodarstvo 2 • der Bauernhof 2

usjevi • die Feldfrüchte

pšenica
der Weizen

kukuruz
der Mais

ječam
die Gerste

repica
der Raps

suncokret
die Sonnenblume

sijeno
das Heu

lucerna
die Luzerne

duhan
der Tabak

riža
der Reis

čaj
der Tee

kava
der Kaffee

strašilo za ptice
die Vogelscheuche

lan
der Flachs

šećerna trska
das Zuckerrohr

pamuk
die Baumwolle

stoka • das Vieh

svinja
das Schwein

krava
die Kuh

bik
der Stier

ovca
das Schaf

janje
das Lamm

koza
die Ziege

konj
das Pferd

magarac
der Esel

kokoš
das Huhn

pijetao
der Hahn

puran
der Truthahn

patka
die Ente

staja
der Stall

tor
der Pferch

kokošinjac
der Hühnerstall

svinjac
der Schweinestall

gradnja • der Bau

skela
das Gerüst

paleta
die Palette

ljestve
die Leiter

prozor
das Fenster

krovna greda
der Dachsparren

viljuškar
der Gabelstapler

gradilište
die Baustelle

nadvratnik
der Sturz

zid
die Mauer

nosiva greda
der Träger

zaštitna kaciga
der Schutzhelm

graditi
bauen

pojas za alat
der Werkzeuggürtel

greda
der Balken

građevinski radnik
der Bauarbeiter

cement
der Zement

miješalica betona
die Betonmischmaschine

materijali • das Material

opeka
der Ziegelstein

drvena građa
das Bauholz

crijep
der Dachziegel

betonski blok
der Betonblock

alat • die Werkzeuge

žbuka
der Mörtel

zidarska žlica
die Kelle

libela
die Wasserwaage

ručka
der Stiel

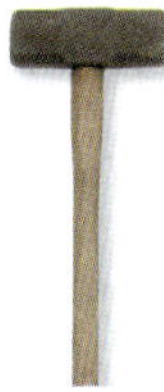
čekić
der Vorschlaghammer

pijuk
die Spitzhacke

lopata
die Schaufel

strojevi • die Maschinen

valjak
die Walze

istovarivač
der Kipper

potporanj
die Stütze

kuka
der Haken

dizalica | der Kran

cestovni radovi • die Straßenarbeiten

asfalt
der Asphalt

čunj
der Leitkegel

pneumatska bušilica
der Pressluftbohrer

novi sloj
der Neubelag

bager
der Bagger

zanimanja 1 • die Berufe 1

tesar
der Schreiner

električar
der Elektriker

vodoinstalater, limar
der Klempner

zidar
der Maurer

vrtlar
der Gärtner

čistač
der Gebäudereiniger

mehaničar
der Mechaniker

mesar
der Metzger

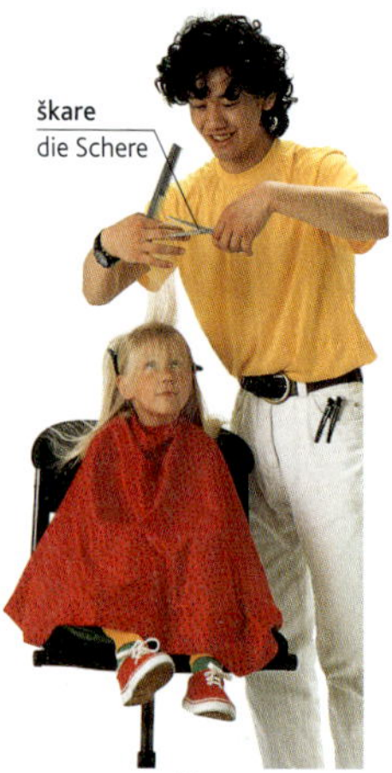

frizer
der Friseur

prodavačica ribe
die Fischhändlerin

povrćar
der Gemüsehändler

cvjećarica
die Floristin

brijač
der Herrenfriseur

draguljar
der Juwelier

prodavačica
die Verkäuferin

posrednica nekretninama
die Immobilienmaklerin

optičar
der Optiker

maska
der Mundschutz

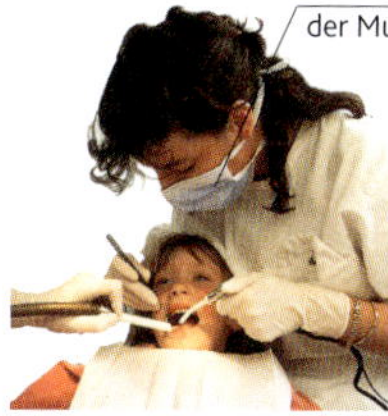

zubarica
die Zahnärztin

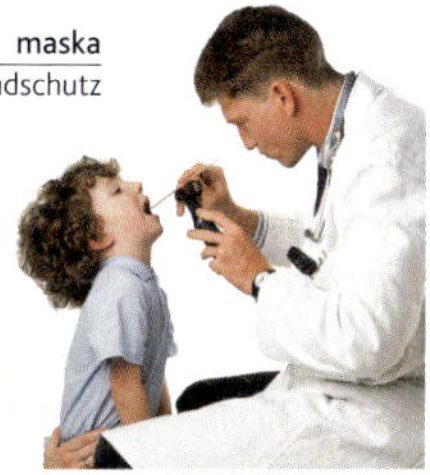

liječnik
der Arzt

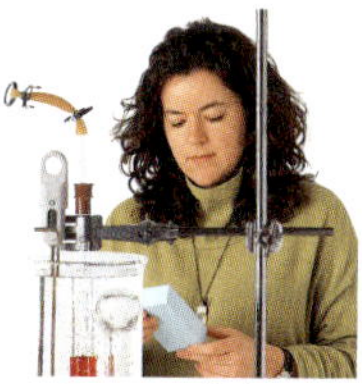

farmaceutkinja
die Apothekerin

medicinska sestra
die Krankenschwester

veterinarka
die Tierärztin

poljoprivrednik
der Landwirt

ribar
der Fischer

strojnica
das Maschinengewehr

vojnik
der Soldat

odora
die Uniform

policajac
der Polizist

identifikacijska značka
das Abzeichen

zaštitar
der Wächter

mornar
der Seemann

vatrogasac
der Feuerwehrmann

zanimanja 2 • die Berufe 2

odvjetnik
der Rechtsanwalt

knjigovođa
der Buchhalter

arhitekt | der Architekt

znanstvenik
der Wissenschaftler

učiteljica
die Lehrerin

knjižničar
der Bibliothekar

recepcionerka
die Empfangsdame

poštar
der Briefträger

vozač autobusa
der Busfahrer

vozač kamiona
der Lastwagenfahrer

taksist
der Taxifahrer

pilot
der Pilot

stjuardesa, domaćica zrakoplova
die Flugbegleiterin

djelatnica putničke agencije
die Reisebürokauffrau

kuhar
der Koch

glazbenik
der Musiker

balerina
die Tänzerin

glumac
der Schauspieler

pjevačica
die Sängerin

konobarica
die Kellnerin

pipničar
der Barkeeper

sportaš
der Sportler

kipar
der Bildhauer

slikarica
die Malerin

fotograf
der Fotograf

spiker
der Nachrichtensprecher

novinar
der Journalist

urednica
die Redakteurin

dizajnerica
die Designerin

krojačica
die Damenschneiderin

krojač
der Schneider

promet
der Verkehr

ceste • die Straßen

autocesta
die Autobahn

naplatna kućica
die Mautstelle

cestovne oznake
die Straßen-markierungen

prilazna cesta
die Zufahrts-straße

jednosmjerna cesta
die Einbahnstraße

razdjelnik
die Verkehrsinsel

trak za ubrzavanje
die Beschleunigungsspur

semafor
die Verkehrs-ampel

kamion
der Lastwagen

središnji razdjelnik
der Mittelstreifen

podvožnjak
die Unterführung

unutarnji trak
die rechte Spur

središnji trak
die mittlere Spur

trak za pretjecanje
die Überholspur

izlaz
die Ausfahrt

promet
der Verkehr

nadvožnjak
die Überführung

zaustavni trak
der Seitenstreifen

pješački prijelaz
der Fußgängerüberweg

telefon za poziv u nuždi
die Notrufsäule

parking za osobe s invaliditetom
der Behindertenparkplatz

prometni zastoj
der Verkehrsstau

autokarta
die Landkarte

prometni policajac
der Verkehrspolizist

sat za parkiranje
die Parkuhr

pojmovnik • Vokabular

kružni tôk der Kreisverkehr	**parkirati** parken	**odvući** abschleppen
obilazak die Umleitung	**pretjecati** überholen	**brza cesta** die Schnellstraße
radovi na cesti die Straßenbaustelle	**voziti** fahren	**Je li ovo cesta za...?** Ist dies die Straße nach…?
sigurnosna ograda die Leitplanke	**voziti unatrag** rückwärts fahren	**Gdje mogu parkirati?** Wo kann ich parken?

prometni znakovi • die Verkehrsschilder

zabranjen ulaz
keine Einfahrt

ograničenje brzine
die Geschwindigkeitsbegrenzung

opasnost
Gefahr

zabranjeno zaustavljanje
Halten verboten

zabranjeno skretanje udesno
rechts abbiegen verboten

autobus • der Bus

vozačevo sjedalo
der Fahrersitz

rukohvat
der Haltegriff

automatska vrata
die Automatiktür

prednji kotač
das Vorderrad

prtljažnik
das Gepäckfach

vrata | die Tür

međugradski autobus | der Reisebus

vrste autobusa • die Bustypen

broj linije
die Liniennummer

vozač
der Fahrer

autobus na kat
der Doppeldecker

tramvaj
die Straßenbahn

trolejbus
der Obus / der Trolleybus

školski autobus | der Schulbus

stražnji kotač
das Hinterrad

prozor
das Fenster

vozna karta
der Fahrschein

gumb za zaustavljanje
der Halteknopf

zvonce
die Klingel

autobusni kolodvor
der Busbahnhof

autobusna postaja
die Bushaltestelle

pojmovnik • Vokabular

cijena karte
der Fahrpreis

pristup za invalidska kolica
der Rollstuhlzugang

vozni red
der Fahrplan

nadstrešnica
das Wartehäuschen

Stajete li u/kod...?
Halten Sie am...?

Koji autobus vozi za...?
Welcher Bus fährt nach...?

minibus
der Kleinbus

turistički autobus | der Touristenbus

brza linija | der Zubringer

automobil 1 • das Auto 1

izvana • das Äußere

krovni nosač
der Dachgepäckträger

stražnja vrata
die Hecktür

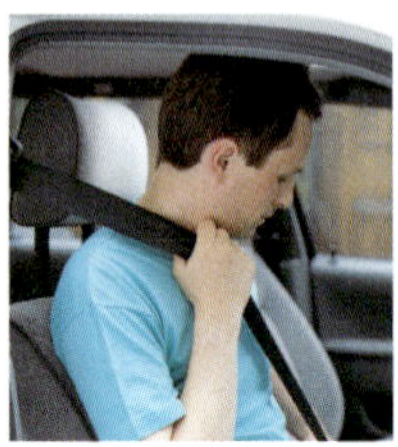

sigurnosni pojas
der Sicherheitsgurt

dječje sjedalo
der Kindersitz

vrste automobila • die Wagentypen

gradski automobil
der Kleinwagen

automobil s petorim vratima
die Fließhecklimousine

limuzina
die Limousine

karavan
der Kombiwagen

kabriolet
das Cabrio

sportski automobil
der Sportwagen

monovolumen
die Großraumlimousine

terenski automobil
der Geländewagen

stari automobil, oldtajmer
der Oldtimer

produljena limuzina
die Stretchlimousine

benzinska postaja • die Tankstelle

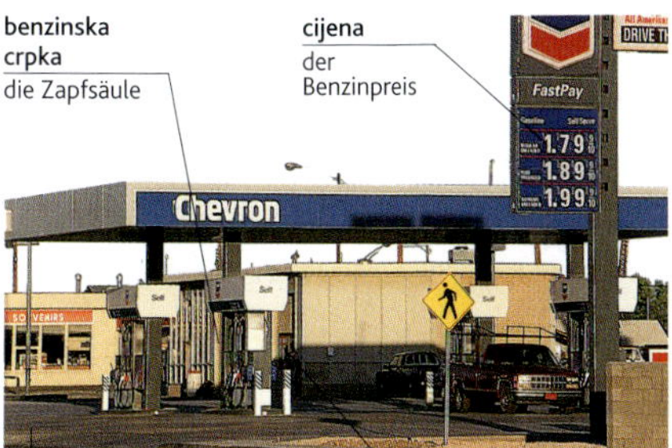

pojmovnik • Vokabular

ulje das Öl	**olovni** verbleit	**autopraonica** die Autowaschanlage
benzin das Benzin	**dizel** der Diesel	**antifriz** das Frostschutzmittel
bezolovni bleifrei	**radionica** die Werkstatt	

Napunite spremnik, molim.
Voll tanken, bitte.

automobil 2 • das Auto 2

unutrašnjost • die Innenausstattung

pojmovnik • Vokabular

dvoja vrata
zweitürig

troja vrata
dreitürig

četvera vrata
viertürig

ručni mjenjač
mit Handschaltung

automatski mjenjač
mit Automatik

uređaj za paljenje motora
die Zündung

kočnica
die Bremse

spojka
die Kupplung

papučica gasa
das Gaspedal

klimauređaj
die Klimaanlage

Kako ću stići do...?
Wie komme ich nach...?

Gdje je parking?
Wo ist hier ein Parkplatz?

Mogu li ovdje parkirati?
Kann ich hier parken?

komande automobila • die Armaturen

upravljač
das Lenkrad

truba
die Hupe

instrumentna ploča
das Armaturenbrett

svjetla upozorenja
die Warnlichter

satelitska navigacija, GPS
das GPS-System

upravljač na lijevoj strani | die Linkssteuerung

termometar
die Temperaturanzeige

brojač okretaja
der Drehzahlmesser

brzinomjer
der Tachometer

pokazivač goriva
die Kraftstoffanzeige

prekidač za svjetla
der Lichtschalter

stereouređaj
die Autostereoanlage

mjerač prijeđenih kilometara
der Kilometerzähler

komande grijača
der Heizungsregler

zračni jastuk
der Airbag

ručica mjenjača
der Schalthebel

upravljač na desnoj strani | die Rechtssteuerung

automobil 3 • das Auto 3

mehanika • die Mechanik

spremnik tekućine za staklo
der Scheiben-putzmittelbehälter
šipka za ulje
der Ölmessstab
pročistač zraka
der Luftfilter
spremnik kočničke tekućine
der Bremsflüssigkeitsbehälter
akumulator
die Batterie
karoserija
die Karosserie
spremnik rashladne tekućine
der Kühlmittelbehälter
glava cilindra
der Zylinderkopf
cijev
das Rohr

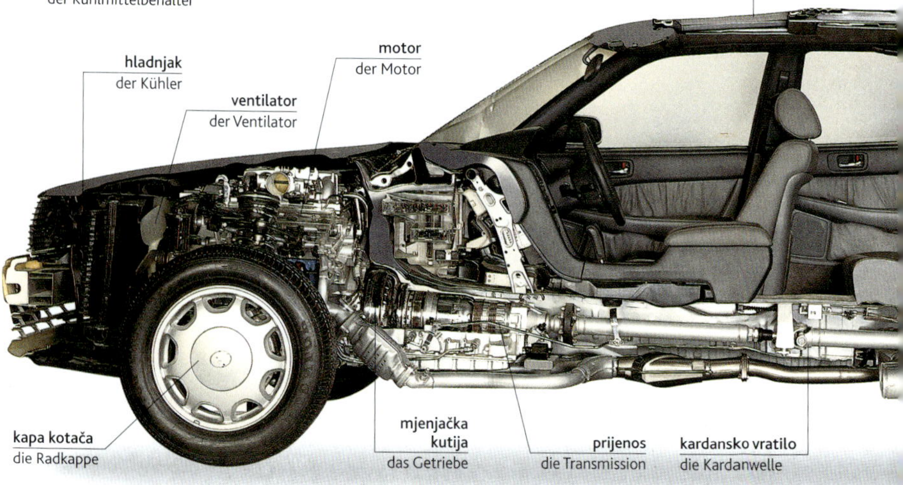
pomični krov
das Schiebedach
hladnjak
der Kühler
motor
der Motor
ventilator
der Ventilator
kapa kotača
die Radkappe
mjenjačka kutija
das Getriebe
prijenos
die Transmission
kardansko vratilo
die Kardanwelle

probušena guma • die Reifenpanne

promijeniti kotač
ein Rad wechseln

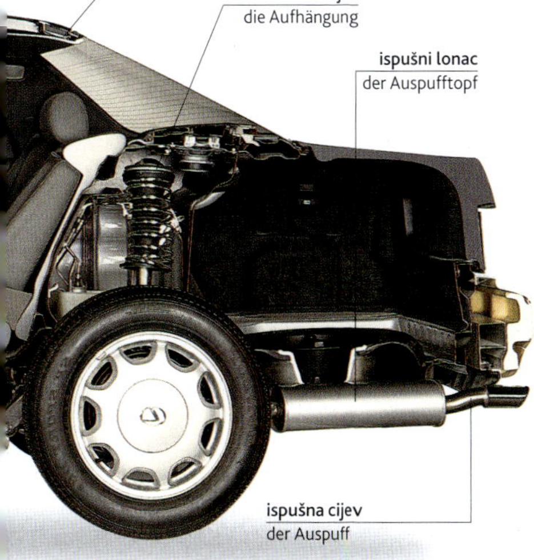

pojmovnik • Vokabular

automobilska nesreća
der Autounfall

kvar
die Panne

osiguranje
die Versicherung

vozilo za vuču
der Abschleppwagen

mehaničar
der Mechaniker

tlak u gumama
der Reifendruck

kutija s osiguračima
der Sicherungskasten

svjećica
die Zündkerze

klinasti remen
der Keilriemen

spremnik goriva
der Benzintank

paljenje
die Zündeinstellung

turbopunjač
der Turbolader

razvodnik paljenja
der Verteiler

podvozje, šasija
das Fahrgestell

ručna kočnica
die Handbremse

alternator
die Lichtmaschine

remen ventila
der Nockenriemen

Imam kvar.
Ich habe eine Panne.

Motor neće upaliti.
Mein Auto springt nicht an.

Popravljate li automobile?
Reparieren Sie Autos?

Motor se pregrijao.
Der Motor ist überhitzt.

motocikl • das Motorrad

komande
die Steuerung

prtljažnik
der Gepäckträger

vizir
das Visier

kožnato odijelo
der Lederanzug

reflektirajući remen
der Leuchtstreifen

štitnik za koljeno
der Knieschützer

odjeća | die Kleidung

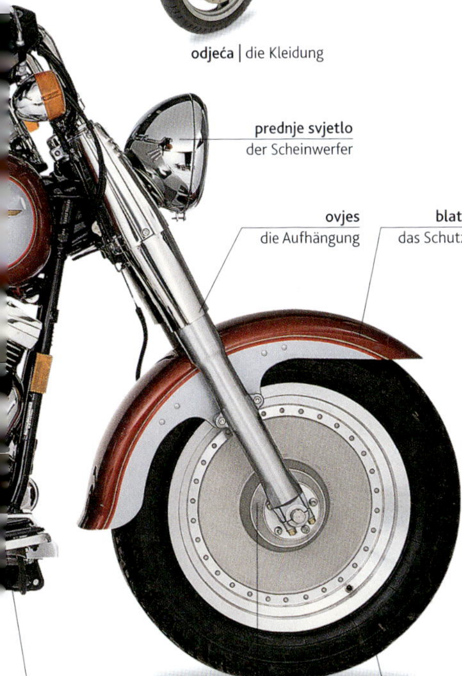

prednje svjetlo
der Scheinwerfer

ovjes
die Aufhängung

blatobran
das Schutzblech

papučica kočnice
das Bremspedal

osovina
die Achse

guma
der Reifen

vrste motocikala • die Typen

trkaći motocikl | die Rennmaschine

vjetrobran
die Windschutzscheibe

motocikl za krstarenja | der Tourer

terenski motocikl | das Geländemotorrad

potporanj, nožica
der Motorradständer

skuter | der Roller

bicikl • das Fahrrad

tandem
das Tandem

trkaći bicikl
das Rennrad

brdski bicikl
das Mountainbike

turistički bicikl
das Tourenfahrrad

cestovni bicikl
das Straßenrad

biciklistička staza | der Fahrradweg

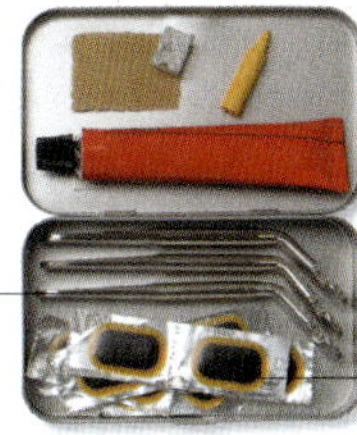

alat za popravljanje
der Reparaturkasten

pumpa
die Luftpumpe

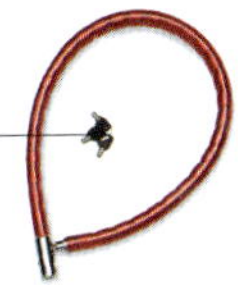

brava
das Fahrradschloss

zračnica
der Schlauch

dječje sjedalo
der Kindersitz

pojmovnik • Vokabular

svjetlo die Fahrrad-lampe	**potporanj, nogar** der Ständer	**kočna pločica** die Bremsbacke	**košara** der Korb	**klipser** der Rennbügel	**kočiti** bremsen
stražnje svjetlo das Rücklicht	**stalak za bicikl** der Fahrradständer	**kabel** das Kabel	**dinamo** der Dynamo	**remen za stopala** der Riemen	**voziti** Rad fahren
mačje oko der Rückstrahler	**pomoćni kotači** die Stützräder	**lančanik** das Kettenzahnrad	**probušena guma** die Reifenpanne	**pedalirati** treten	**mijenjati brzinu** schalten

vlak • der Zug

željeznički kolodvor | der Bahnhof

vrste vlakova • die Zugtypen

parna lokomotiva
die Dampflokomotive

dizelska lokomotiva | die Diesellokomotive

električna lokomotiva
die Elektrolokomotive

vlak velike brzine
der Hochgeschwindigkeitszug

jednotračna željeznica
die Einschienenbahn

podzemna željeznica
die U-Bahn

tramvaj
die Straßenbahn

teretni vlak
der Güterzug

odlagalište prtljage
die Gepäckablage

prozor
das Zugfenster

vrata
die Tür

odjeljak
das Abteil

kolosijek
das Gleis

ulazna prepreka
die Eingangssperre

sjedalo
der Sitz

vagon-restoran | der Speisewagen

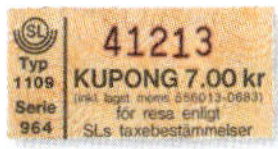

vozna karta
die Fahrkarte

razglas
der Lautsprecher

vozni red
der Fahrplan

kolodvorska dvorana | die Bahnhofshalle

spavaći odjeljak
das Schlafabteil

pojmovnik • Vokabular

željeznička mreža das Bahnnetz	**plan podzemne željeznice** der U-Bahnplan	**blagajna** der Fahrkartenschalter	**tračnica pod naponom** die Strom führende Schiene
međugradski vlak der Intercity	**kašnjenje** die Verspätung	**kondukter** der Schaffner	**signal** das Signal
vrijeme gužve, "špica" die Stoßzeit	**cijena** der Fahrpreis	**presjesti** umsteigen	**poluga za slučaj opasnosti** die Notbremse

zrakoplov • das Flugzeug

putnički zrakoplov • das Verkehrsflugzeug

kabina • die Kabine

balon s vrućim zrakom
der Heißluftballon

ultralaki zrakoplov
das Ultraleichtflugzeug

jedrilica
das Segelflugzeug

dvokrilac
der Doppeldecker

propeler, elisa
der Propeller

laki zrakoplov
das Leichtflugzeug

hidroavion
das Wasserflugzeug

privatni mlažnjak
der Privatjet

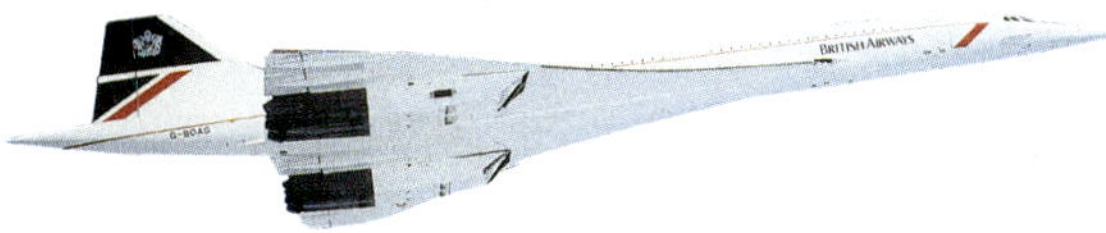

nadzvučni mlažnjak
das Überschallflugzeug

elisa
das Rotorblatt

helikopter
der Hubschrauber

bombarder
der Bomber

raketa
die Rakete

lovac
das Jagdflugzeug

pojmovnik • Vokabular

pilot, kapetan zrakoplova
der Pilot

kopilot
der Kopilot

poletjeti
starten

letjeti
fliegen

sletjeti
landen

visina
die Höhe

turistički razred
die Economyclass

poslovni razred
die Businessclass

ručna prtljaga
das Handgepäck

sigurnosni pojas
der Sicherheitsgurt

zračna luka • der Flughafen

stajanka
das Vorfeld

prikolica za prtljagu
der Gepäckanhänger

terminal
der Terminal

servisno vozilo
das Versorgungsfahrzeug

putnički most
die Fluggastbrücke

putnički zrakoplov | das Verkehrsflugzeug

pojmovnik • Vokabular

poletno-sletna staza
die Start- und Landebahn

međunarodni let
der Auslandsflug

domaći let
der Inlandsflug

veza
die Flugverbindung

broj leta
die Flugnummer

provjera putovnica
die Passkontrolle

carina
der Zoll

višak prtljage
das Übergepäck

vrpca za prtljagu
das Gepäckband

osiguranje
die Sicherheitsvorkehrungen

rendgen za prtljagu
die Gepäckröntgenmaschine

turistički prospekt
der Urlaubsprospekt

odmor, praznici
der Urlaub

prijaviti se za let
einchecken

kontrolni toranj
der Kontrollturm

rezervirati let
einen Flug buchen

ručna prtljaga
das Handgepäck

prtljaga
das Gepäck

kolica
der Kofferkuli

šalter za prijavu
der Abfertigungsschalter

viza
das Visum

putovnica | der Pass

provjera putovnica
die Passkontrolle

propusnica za ulaz
die Bordkarte

karta
das Flugticket

broj izlaza
die Gatenummer

čekaonica
die Abflughalle

odredište
das Reiseziel

dolasci
die Ankunft

odlasci
der Abflug

zaslon s informacijama
die Fluginformationsanzeige

bescarinska prodavaonica
der Duty-free-Shop

preuzimanje prtljage
die Gepäckausgabe

stajalište taksija
der Taxistand

unajmljivanje automobila
der Autoverleih

brod • das Schiff

prekooceanski putnički brod | der Ozeandampfer

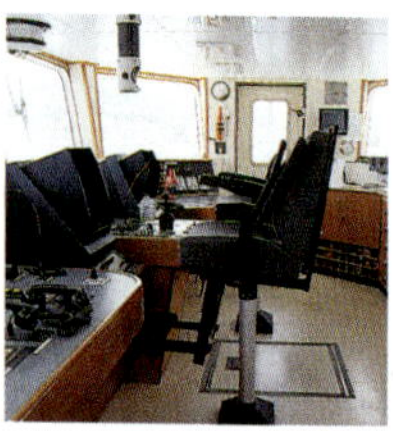

komandni most
die Kommandobrücke

strojarnica
der Maschinenraum

kabina
die Kabine

brodska kuhinja
die Kombüse

pojmovnik • Vokabular

dok
das Dock

luka
der Hafen

brodske stube, mostić
die Landungsbrücke

sidro
der Anker

privezna bitva, kolona
der Poller

motovilo
die Ankerwinde

kapetan
der Kapitän

motorni čamac
das Rennboot

čamac na vesla
das Ruderboot

kanu
das Kanu

ostala plovila • andere Schiffe

trajekt
die Fähre

izvanbrodski motor
der Außenbordmotor

čamac na napuhavanje
das Schlauchboot

hidrokrilni brod
das Tragflügelboot

jahta
die Jacht

katamaran
der Katamaran

remorker
der Schleppdampfer

lebdjelica
das Luftkissenboot

kontejnerski brod
das Containerschiff

oputa
die Takelung

jedrilica
das Segelboot

teretni prostor
der Frachtraum

teretni brod
das Frachtschiff

tanker
der Öltanker

nosač zrakoplova
der Flugzeugträger

ratni brod
das Kriegsschiff

komandni toranj
der Kommandoturm

podmornica
das U-Boot

luka • der Hafen

kontejnerska luka | der Containerhafen

putnička luka | der Passagierhafen

ribarska luka | der Fischereihafen

marina | der Jachthafen

luka | der Hafen

gat | der Pier

pristanište
der Landungssteg

brodogradilište
die Werft

svjetionik
der Leuchtturm

plutača
die Boje

pojmovnik • Vokabular

obalna straža
die Küstenwache

lučki kapetan
der Hafenmeister

baciti sidro
den Anker werfen

suhi dok
das Trockendock

vezati se
festmachen

pristati
anlegen

ukrcati se
an Bord gehen

iskrcati se
von Bord gehen

podići jedra
auslaufen

ULTRA
3
DUNLOP
DDH III
4
DUNLOP
MOLITOR
TOUR
EDITION
1
ProStaff
4
BANFF SPRINGS
GOLF CLUB
4
TOP-FLITE
HOT XL
ProStaff
4
RAM TOUR
1
MAXFLI
TOP-FLITE
STRATA
3
DISTANCE

DISTANCE 110+
2
TOP-FLITE
XL
Staff
TITANIUM
4
PRO 3
2
DUNLOP
65i
3
ULTRA 500
TOUR BALATA
3
Pinnacle
4
ATTACK

sport
der Sport

američki nogomet • der Football

vratnica
der Torpfosten

bočna crta
die Seitenlinie

pomoćni sudac
der Linienrichter

crta vrata
die Torlinie

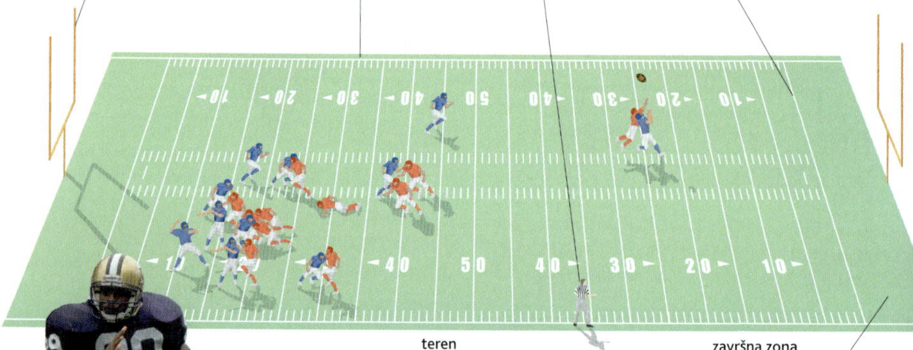

teren
das Football-Spielfeld

završna zona
die Endzone

lopta
der Football

kopačka
der Stiefel

nogometaš
der Footballspieler

štitnici
das Schutzpolster

kaciga
der Helm

napasti
angreifen

dodati
einen Pass spielen

uhvatiti
fangen

pojmovnik • Vokabular

tajm-aut
die Auszeit

ispuštena lopta
der Fumble

momčad
die Mannschaft

napad
der Angriff

obrana
die Verteidigung

rezultat
der Spielstand

navijačica
die Cheerleader

zgoditak
der Touchdown

Kakav je rezultat?
Wie ist der Stand?

Tko pobjeđuje?
Wer gewinnt?

ragbi • das Rugby

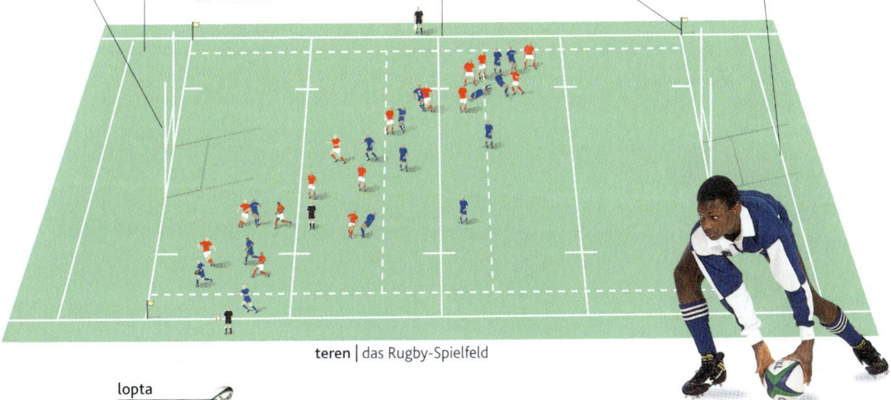

teren | das Rugby-Spielfeld

baciti
werfen

ispucati
kicken

dodati
den Ball abgeben

napasti
angreifen

pokušaj
der Versuch

otvoreni skup | das offene Gedränge

skup | das Gedränge

nogomet • der Fußball

nogometna lopta
der Fußball

dres
der Dress

nogometaš
der Fußballspieler

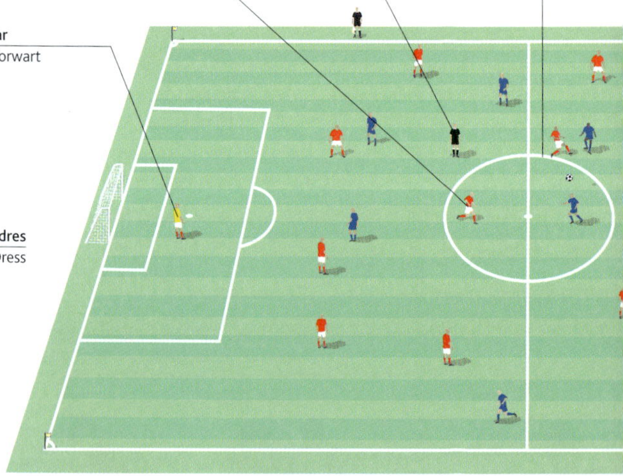

vratar
der Torwart

napadač
der Mittelstürmer

sudac
der Schiedsrichter

središnji krug
der Mittelkreis

nogometni teren
das Fußballfeld

vratnica
der Torpfosten

mreža
das Tornetz

prečka
die Querlatte

vrata | das Tor

driblati | dribbeln

udariti glavom
köpfen

živi zid
die Mauer

slobodni udarac | der Freistoß

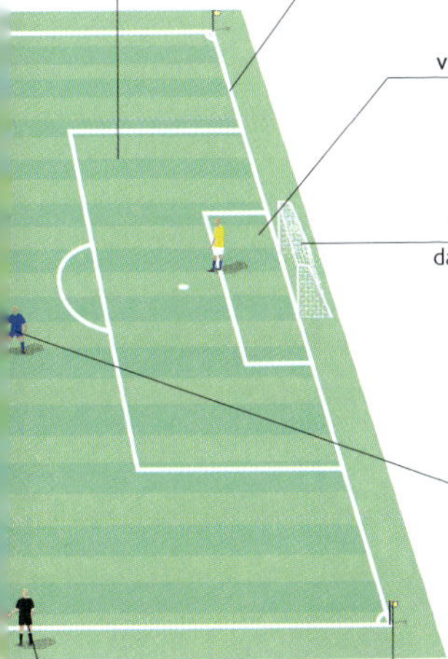

ubaciti | der Einwurf

udariti | kicken

dodati
den Ball abgeben

pucati
schießen

obraniti
halten

napasti
angreifen

pojmovnik • Vokabular

stadion
das Stadion

postići zgoditak
ein Tor schießen

jedanaesterac
der Elfmeter

prekršaj
das Foul

udarac iz kuta
der Eckball

crveni karton
die rote Karte

žuti karton
die gelbe Karte

zaleđe
das Abseits

isključenje
der Platzverweis

liga
die Liga

neriješeno
das Unentschieden

poluvrijeme
die Halbzeit

produžetak
die Verlängerung

rezervni igrač
der Ersatzspieler

zamjena
die Auswechslung

hokej • das Hockey

hokej na ledu • das Eishockey

hokejaš | der Eishockeyspieler

hokej na travi • Feldhockey

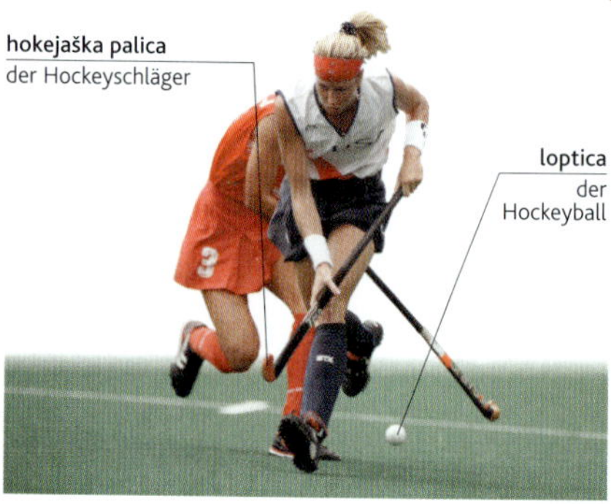

sklizati
Schlittschuh laufen

udariti
schlagen

kriket • das Kricket

vrata
das Krickettor

udarač
der Schlagmann

udaračka crta
die Wurflinie

granica terena
die Spielfeldgrenze

teren
die Spielbahn

štitnik za lice
die Gesichtsschutzmaske

štap
der Stab

palica
das Schlagholz

štitnik za nogu
der Schienbeinschutz

igrač kriketa
der Kricketspieler

bacač
der Werfer

bacati
werfen

udarati
schlagen

loptica za kriket
der Kricketball

hvatati
fangen

hvatač
der Torwart

pojmovnik • Vokabular

aut	**semafor**	**sudac**
aus	die Anzeigetafel	der Schiedsrichter

košarka • der Basketball

igralište | das Spielfeld

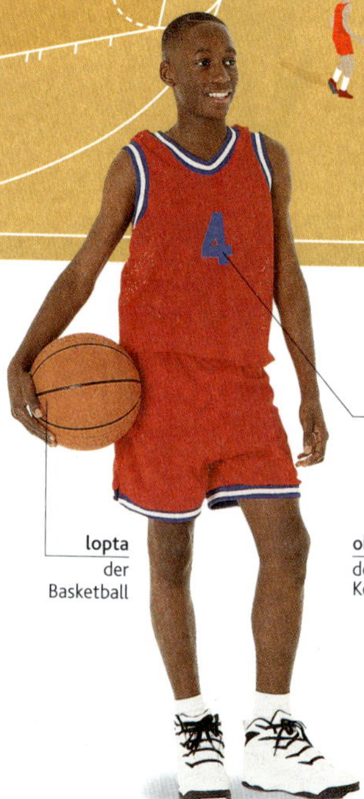

košarkaš | der Basketballspieler

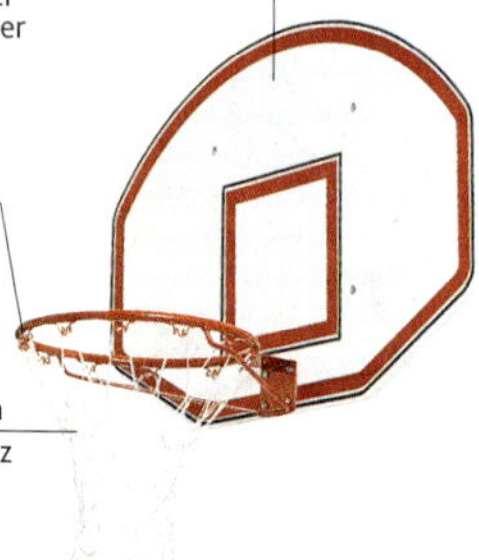

koš
der Korb

pojmovnik • Vokabular

dodavanje der Pass	**ubacivanje** der Einwurf
prekršaj das Foul	**podbacivanje** der Sprungball
odskok der Rebound	**aut** aus

akcije • die Aktionen

bacati
werfen

hvatati
fangen

pucati
zielen

skakati
springen

pokriti
decken

blokirati
blocken

driblati
dribbeln

zakucati
einen Dunk spielen

odbojka • der Volleyball

blokirati
blocken

mreža
das Netz

podići
baggern

sudac
der Schiedsrichter

štitnik za koljeno
der Knieschützer

igralište | das Spielfeld

bejzbol • der Baseball

igralište • das Spielfeld

pojmovnik • Vokabular

izmjena das Inning	**siguran** in Sicherheit	**loša lopta** der ungültige Schlag
trčanje der Lauf	**aut** aus	**loš udarac** der Schlagfehler

rukavica | der Handschuh

maska | die Schutzmaske

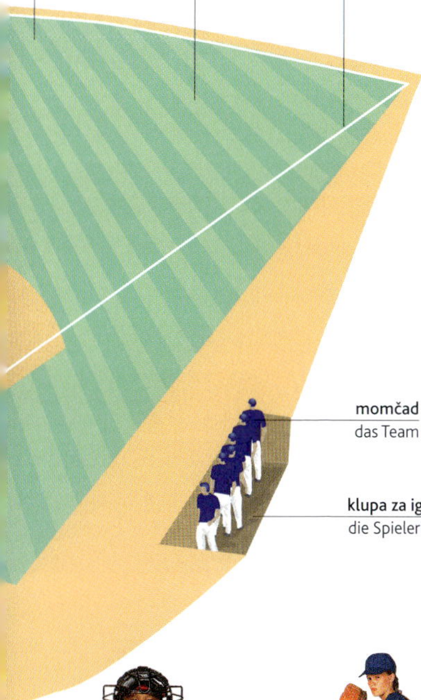

hvatač | der Catcher

bacač | der Pitcher

akcije • actions

baciti | werfen

uhvatiti | fangen

trčati
rennen

hvatati
als Fänger spielen

slijediti | taggen

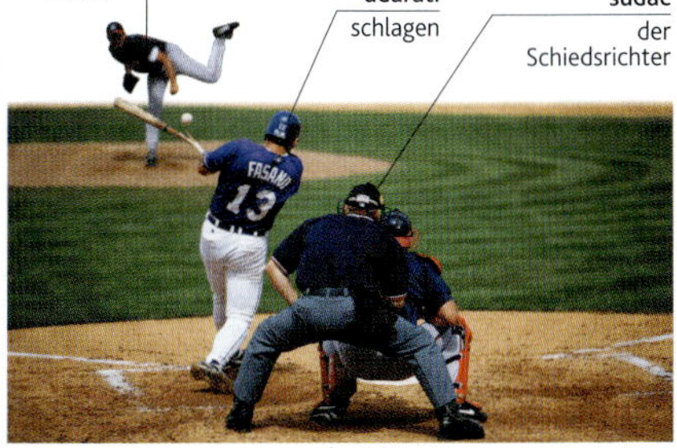

igrati | spielen

tenis • das Tennis

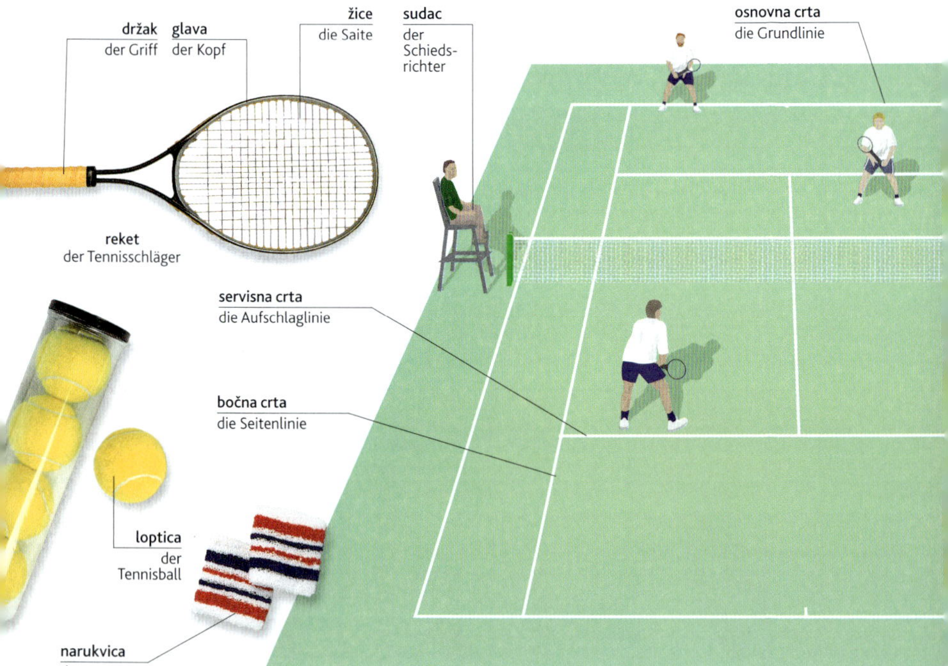

igralište | der Tennisplatz

pojmovnik • Vokabular

pojedinačno das Einzel	**set** der Satz	**izjednačenje** der Einstand	**pogreška** der Fehler	**rezana lopta** der Slice	**spin, rotacija** der Spin
parovi das Doppel	**meč** das Match	**prednost** der Vorteil	**as** das Ass	**promjena loptica** der Ballwechsel	**linijski sudac** der Linienrichter
gem das Spiel	**tajbrejk** der Tiebreak	**nula** null	**spuštena lopta** der Stoppball	**mreža!** Netz!	**prvenstvo** die Meisterschaft

tenisač | der Tennisspieler

udarci • die Schläge

servis
der Aufschlag

volej
der Volley

vraćanje
der Return

lob
der Lob

forhend
die Vorhand

bekhend
die Rückhand

igre s reketom • die Schlägerspiele

badminton
das Badminton

stolni tenis
das Tischtennis

skvoš
das Squash

reketbol
das Racquetball

golf • das Golf

teren za golf
der Golfplatz

golfer | der Golfspieler

klupska kuća | das Klubhaus

oprema • die Ausrüstung

loptica za golf
der Golfball

tee
das Tee

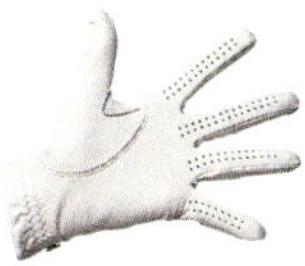

rukavica
der Handschuh

kišobran
der Schirm

torba za golf
die Golftasche

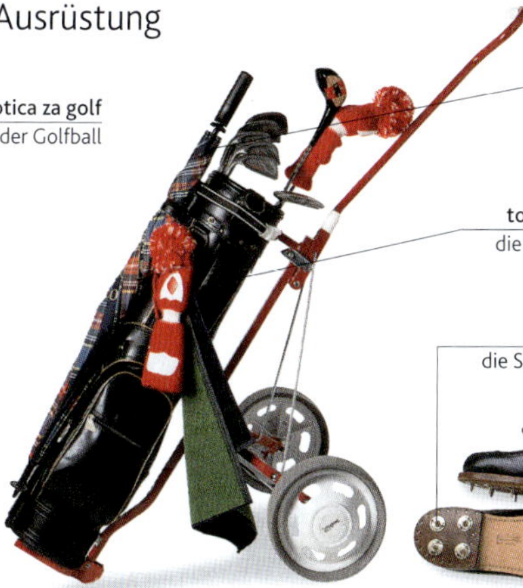

kolica za golf
der Trolley

šiljci
die Spikes

cipela za golf
der Golfschuh

udarci • die Aktionen

početi
vom Abschlag spielen

ispucati
driven

ubaciti u rupu
einlochen

nisko udariti
chippen

palice za golf • die Golfschläger

wood
das Holz

putter
der Putter

iron
das Eisen

wedge
das Wedge

pojmovnik • Vokabular

par das Par	**iznad para** über Par	**hendikep** das Handicap	**nosač palica** der Caddie	**backswing** der Durchschwung	**udarac** der Schlag
ispod para unter Par	**pogodak isprva** das Hole-In-One	**turnir** das Golf-turnier	**gledatelji** die Zuschauer	**pokusni udarac** der Übungsschwung	**crta igre** die Spielbahn

atletika • die Leichtathletik

staza
die Bahn

trkalište
die Rennbahn

crta cilja
die Ziellinie

crta starta
die Startlinie

teren
das Feld

startni blok
der Startblock

sprinter
der Sprinter

bacanje diska
das Diskuswerfen

atletičarka
die Leichtathletin

bacanje kugle
das Kugelstoßen

bacanje koplja
das Speerwerfen

pojmovnik • Vokabular

utrka
das Rennen

vrijeme
die Zeit

rekord
der Rekord

oboriti rekord
einen Rekord brechen

fotofiniš
das Fotofinish

maraton
der Marathon

skok s motkom
der Stabhochsprung

osobni rekord
die persönliche Bestleistung

kronometar, štoperica
die Stoppuhr

palica
der Stab

štafetna utrka
der Staffellauf

letvica
die Latte

skok uvis
der Hochsprung

skok udalj
der Weitsprung

utrka s preponama
der Hürdenlauf

gimnastika • das Turnen

konj
das Pferd

premet
der Sprung

odskočna daska
das Sprungbrett

salto
der Salto

strunjača
die Matte

vježbe na tlu
das Bodenturnen

gimnastičarka
die Turnerin

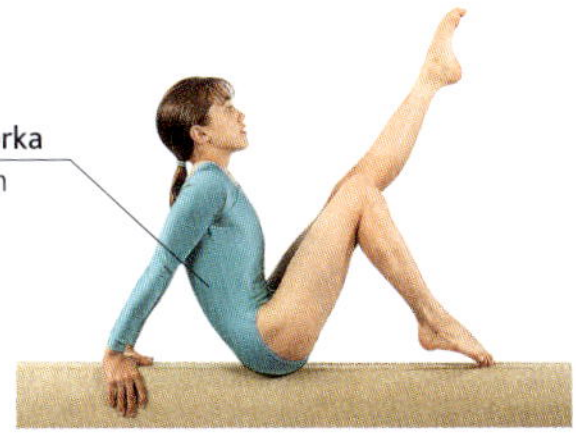

greda | der Schwebebalken

zvijezda
der Überschlag

vrpca
das Gymnastikband

ritmička gimnastika
die rhythmische Gymnastik

pojmovnik • Vokabular

preča, vratilo das Reck	**konj s hvataljkama** das Seitpferd	**karike** die Ringe	**odličja** die Medaillen	**srebro** das Silber
ruče, razboj der Barren	**dvovisinske ruče** der Stufenbarren	**postolje** das Siegerpodium	**zlato** das Gold	**bronca** die Bronze

borilački sportovi • der Kampfsport

taekwondo | das Taekwondo

karate | das Karate

judo | das Judo

aikido | das Aikido

kendo | das Kendo

kung-fu | das Kung-Fu

tajlandski boks | das Kickboxen

hrvanje | das Ringen

boks | das Boxen

tehnike • die Techniken

obaranje | das Fallen

držanje | der Griff

bacanje | der Wurf

sputavanje | das Fesseln

udarac nogom
der Seitfußstoß

udarac šakom | der Stoß

napad | der Angriff

udarac bridom dlana
der Schlag

skok | der Sprung

blokada | der Block

pojmovnik • Vokabular

boksački ring der Boxring	**runda** die Runde	**šaka** die Faust	**crni pojas** der schwarze Gürtel	**capoeira** das Capoeira
boksačke rukavice die Boxhandschuhe	**borba** der Kampf	**nokaut** der Knock-out	**samoobrana** die Selbstverteidigung	**sumo hrvanje** das Sumo
štitnik za usta der Mundschutz	**sparing** das Sparring	**vreća za udaranje** der Sandsack	**borbene vještine** die Kampfsportarten	**tai chi** das Tai-Chi

plivanje • das Schwimmen

oprema • die Ausrüstung

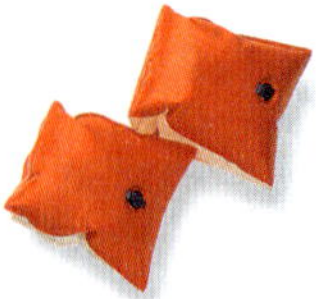

narukvica za plivanje
der Schwimmflügel

nosna štipaljka
die Nasenklemme

naočale
die Schwimmbrille

daska za plivanje
das Schwimmbrett

kupaći kostim
der Badeanzug

staza
die Bahn

voda
das Wasser

startni blok
der Startblock

bazen | das Schwimmbecken

kapa
die Badekappe

kupaće gaćice
die Badehose

plivač | der Schwimmer

odskočna daska
das Sprungbrett

skakač
der Springer

skakati | springen

plivati | schwimmen

okret | die Wende

plivački stilovi • die Schwimmstile

slobodni | das Kraulen

prsni | das Brustschwimmen

leđni | das Rückenschwimmen

leptir | der Schmetterling

autonomno ronjenje • das Tauchen

pojmovnik • Vokabular

skok der Sprung	**gacati kroz vodu** Wasser treten	**ormarići** die Schließfächer	**vaterpolo** der Wasserball	**plitka voda** der flache Bereich	**grč** der Krampf
skok s tornja der Turmsprung	**startni skok** der Startsprung	**spasilac** der Bademeister	**duboka voda** der tiefe Bereich	**sinkronizirano plivanje** das Synchron-schwimmen	**utapati se** ertrinken

jedrenje • der Segelsport

kompas
der Kompass

sidro
der Anker

ploviti | navigieren

jahta | die Segeljacht

sigurnost • die Sicherheit

signalna raketa
die Leuchtrakete

pojas za spašavanje
der Rettungsring

prsluk za spašavanje
die Schwimmweste

splav za spašavanje
das Rettungsboot

sportovi na vodi • der Wassersport

veslati | rudern

kajaking
der Kanusport

jedrenje na dasci | das Windsurfing

daskanje
das Wellenreiten

skijanje na vodi
das Wasserski

utrkivanje čamcima
der Motorbootsport

rafting
das Rafting

utrke vodenim skuterima
das Jetskifahren

pojmovnik • Vokabular

skijaš na vodi der Wasserskifahrer	**posada** die Crew	**vjetar** der Wind	**udaranje valova** die Brandung	**škota** die Schot	**peraja** das Schwert
daskaš der Surfer	**kositi** kreuzen	**val** die Welle	**brzaci** das Wildwasser	**kormilo** das Ruder	**prevrnuti** kentern

jahanje • der Reitsport

potkova
das Hufeisen

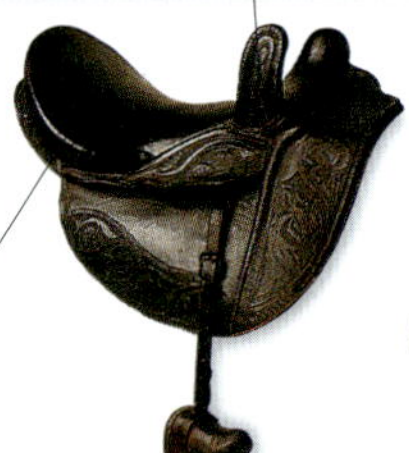

ženski sedlo
der Damensattel

uzda | das Zaumzeug

jahaći bič | die Reitgerte

discipline • die Veranstaltungen

trkaći konj
das Rennpferd

konjska utrka
das Pferderennen

prepreka
das Hindernis

preponska utrka
das Jagdrennen

kasačka utrka
das Trabrennen

rodeo
das Rodeo

preskakivanje prepona
das Springreiten

utrka kočija
das Zweispännerrennen

treking | der Wanderritt

dresurno jahanje | das Dressurreiten

polo | das Polo

pojmovnik • Vokabular

korak der Schritt	**lagani galop** der Kanter	**skok** der Sprung	**oglav** das Halfter	**stajski pretprostor** die Koppel	**utrka bez zapreka** das Flachrennen
kas der Trab	**galop** der Galopp	**konjušar** der Stallbursche	**staja** der Pferdestall	**parkur** der Turnierplatz	**hipodrom** die Rennbahn

ribolov • der Angelsport

uteg | das Gewicht

kukica
der Widerhaken

ušica
das Öhr

udica
der Angelhaken

mamac | der Köder

plovak
die Pose

varalica
der Blinker

mušica
die Fliege

mrežica
der Kescher

kutija za pribor
der Spinnerkasten

mreža za ulov
der Setzkescher

povraz
die Schnur

pecaljka
die Angelrute

kotur
die Rolle

ribičke čizme
die Watstiefel

ribič | der Angler

vrste ribolova • die Fischfangarten

ribolov na slatkim vodama
das Süßwasserangeln

mušičarenje
das Fliegenfischen

udičarenje s plaže
das Brandungsangeln

sportski ribolov
das Sportangeln

dubokomorski ribolov
die Hochseefischerei

aktivnosti • die Aktivitäten

baciti
auswerfen

uhvatiti
fangen

namotati povraz
einholen

uhvatiti mrežom
keschern

pustiti
loslassen

pojmovnik • Vokabular

staviti mamac
ködern

zagristi
anbeißen

ribički pribor
die Angelgeräte

kotur
die Rolle

nepromočiva odjeća
die Regenhaut

štap
die Rute

ribička dozvola
der Angelschein

morski ribolov
die Seefischerei

ribička košara
der Fischkorb

ribolov s harpunom
das Speerfischen

skijanje • der Skisport

skijaška padina
der Skihang
sedežnica
der Sessellift
žičara
der Kabinenlift
skijaški kombinezon
der Skianzug
skijaški štap
der Skistock
rukavica
der Handschuh
skijalište
die Skipiste
skijaška cipela, pancerica
der Skistiefel
zaštitna ograda
die Sicherheitssperre
skija
der Ski
rub
die Kante
skijašica
die Skiläuferin
vrh
die Spitze

discipline • die Disziplinen

spust
der Abfahrtslauf

slalom
der Slalom

akrobatski skokovi
der Skisprung

skijaško trčanje
der Langlauf

zimski sportovi • der Wintersport

penjanje po ledu
das Eisklettern

sklizanje
das Eislaufen

umjetničko sklizanje
der Eiskunstlauf

daskanje na snijegu
das Snowboarding

bob-saonice
der Bobsport

natjecateljsko sanjkanje
das Rennrodeln

snježni skuter
das Schneemobil

sanjkanje
das Schlittenfahren

pojmovnik • Vokabular

alpska kombinacija
die alpine Kombination

veleslalom
der Riesenslalom

izvan staze
abseits der Piste

curling
das Curling

sanjkanje s psećom vučom
das Hundeschlittenfahren

brzo sklizanje
der Eisschnelllauf

biatlon
das Biathlon

lavina
die Lawine

ostali sportovi • die anderen Sportarten

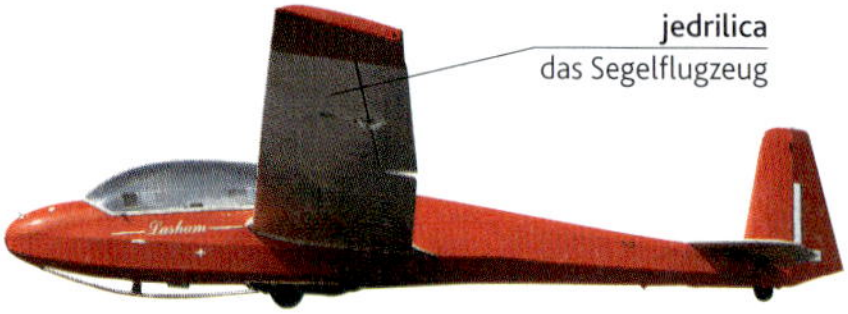

jedriličarstvo
das Segelfliegen

zmajarstvo
das Drachenfliegen

slobodno penjanje
das Klettern

padobranstvo
das Fallschirmspringen

padobransko letenje
das Gleitschirmfliegen

sportsko padobranstvo
das Fallschirmspringen

spuštanje na užetu
das Abseilen

bungee skakanje
das Bungeejumping

reli
das Rallyefahren

vozač
der Rennfahrer

automobilizam
der Rennsport

motokros
das Motocross

motociklizam
das Motorradrennen

daska koturaljka
das Skateboard

daskanje
das Skateboardfahren

koturaljka
der Rollschuh

koturaljkanje
das Rollschuhfahren

palica
der Lacrosse-schläger

lakros
das Lacrosse

maska
die Maske

floret
das Florett

mačevanje
das Fechten

čunj
der Kegel

kugla
die Bowlingkugel

kuglanje
das Bowling

lûk
der Bogen

strelica
der Pfeil

tobolac
der Köcher

streličarstvo
das Bogenschießen

meta
die Ziel-scheibe

streljaštvo
das Scheibenschießen

bilijar
das Poolbillard

karambol
das Snooker

fitnes • die Fitness

fitnes dvorana
das Fitnesscenter

stroj za veslanje
die Rudermaschine

pokretna vrpca
das Laufband

crosstrainer
der Crosstrainer

trenerica
die private Fitnesstrainerin

stroj za koračanje
der Stepper

bazen
das Schwimmbecken

sauna
die Sauna

tjelovježba • die Übungen

istezanje
das Strecken

iskorak počučnjem
der Ausfallschritt

tajice
die Gymnastikhose

sklek
der Liegestütz

čučanj
die Kniebeuge

trbušnjak
das Rumpfheben

bućice
die Hantel

vježba bicepsa
die Bizepsübung

vježba nogu
der Beinstütz

vježba prsnih mišića
die Brustübung

tenisice
die Sportschuhe

šipka s utezima
die Gewichtstange

vježba snage
das Krafttraining

majica
das Hemd

džogiranje
das Jogging

aerobik
das Aerobic

pojmovnik • Vokabular

trenirati
trainieren

zagrijavati se
sich aufwärmen

trčati na mjestu
auf der Stelle joggen

pregibati
beugen

protezati
ausstrecken

podizati se
hochziehen

pilates vježbe
die Pilates-Übungen

boksačka gimnastika
die Boxgymnastik

trening u krugu
das Zirkeltraining

preskakivanje konopa
das Seilspringen

slobodno vrijeme
die Freizeit

kazalište • das Theater

pozornica | die Bühne

gledalište | die Bestuhlung

pojmovnik • Vokabular

podjela uloga die Besetzung	**scenarij** das Rollenheft	**premijera** die Premiere
glumac der Schauspieler	**pozadina** der Prospekt	**stanka** die Pause
glumica die Schauspielerin	**redatelj** der Regisseur	**program** das Programm
kazališni komad das Theaterstück	**producent** der Produzent	**prostor za orkestar** der Orchestergraben

koncert | das Konzert

mjuzikl | das Musical

kazališni kostim
das Theaterkostüm

balet | das Ballett

opera | die Oper

pojmovnik • Vokabular

razvođač
der Platzanweiser

klasična glazba
die klassische Musik

partitura
die Noten

zvučni zapis
der Soundtrack

pljeskati
applaudieren

dodatak
die Zugabe

Kada počinje predstava?
Um wieviel Uhr beginnt die Aufführung?

Želio bih dvije karte za večerašnju predstavu.
Ich möchte zwei Karten für die Aufführung heute Abend.

kino • das Kino

kokice
das Popcorn

predvorje
das Foyer

blagajna
die Kasse

plakat
das Plakat

kinodvorana
der Kinosaal

ekran, platno
die Leinwand

pojmovnik • Vokabular

komedija
die Komödie

triler
der Thriller

film strave
der Horrorfilm

vestern
der Western

romantična komedija
der Liebesfilm

znanstveno-fantastični film
der Science-Fiction-Film

pustolovni film
der Abenteuerfilm

animirani film
der Zeichentrickfilm

orkestar • das Orchester

žičana glazbala • die Saiteninstrumente

glasovir | das Klavier

notni zapis | die Notation

pojmovnik • Vokabular

uvertira
die Ouvertüre

sonata
die Sonate

znak stanke
das Pausenzeichen

povisilica
das Kreuz

razrješilica
das Auflösungszeichen

ljestvica
die Tonleiter

simfonija
die Symphonie

glazbala
die Musikinstrumente

ton
die Tonhöhe

snizilica
das B

takt
der Takt

dirigentski štapić
der Taktstock

drvena puhačka glazbala • die Holzblasinstrumente

mala flauta, pikolo
die Pikkoloflöte

flauta
die Querflöte

oboa
die Oboe

engleski rog
das Englischhorn

klarinet
die Klarinette

bas klarinet
die Bassklarinette

fagot
das Fagott

kontrafagot
das Kontrafagott

saksofon
das Saxofon

udaraljke • die Schlaginstrumente

timpan
die Kesselpauke

gong
der Gong

bongo
die Bongos

mali bubanj
die kleine Trommel

činele
das Becken

tamburin
das Tamburin

vibrafon
das Vibrafon

trokutić
der Triangel

marake
die Maracas

limena puhačka glazbala • die Blechblasinstrumente

truba
die Trompete

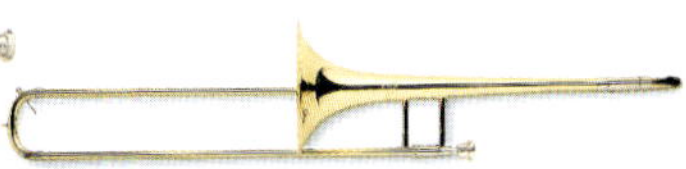

trombon
die Posaune

rog
das Horn

tuba
die Tuba

koncert • das Konzert

rock koncert | das Rockkonzert

glazbala • die Instrumente

bas gitara
die Bassgitarre

klavijatura
das Keyboard

električna gitara
die elektrische Gitarre

bubnjevi
das Schlagzeug

vrste glazbe • die Musikstile

jazz | der Jazz

blues | der Blues

punk | der Punk

folk | der Folk

pop | die Popmusik

dance | die Tanzmusik

rap | der Rap

heavy metal | der Heavy Metal

klasična glazba | die klassische Musik

pojmovnik • Vokabular

pjesma
das Lied

tekst, stihovi
der Text

melodija, glazba
die Melodie

ritam
der Rhythmus

reggae
der Reggae

country glazba
die Countrymusik

reflektor
der Scheinwerfer

turistički obilazak • die Besichtigungstour

turist
der Tourist

turistička znamenitost | die Touristenattraktion

raspored obilaska
die Route

otvoren krov
mit offenem Oberdeck

turistički autobus | der Stadtrundfahrtbus

turistički vodič
die Fremdenführerin

obilazak s vodičem
die Führung

kip
die Figur

suveniri
die Andenken

pojmovnik • Vokabular

otvoreno
geöffnet

zatvoreno
geschlossen

cijena ulaznice
das Eintrittsgeld

vodič (knjiga)
der Reiseführer

film
der Film

baterije
die Batterien

videokamera
der Camcorder

fotoaparat
die Kamera

smjerokazi
die Richtungsangaben

lijevo
links

desno
rechts

ravno
geradeaus

Gdje je ...?
Wo ist ...?

Izgubio sam se.
Ich habe mich verlaufen.

Možete li mi reći kako doći do ...?
Können Sie mir sagen, wie ich nach ... komme?

znamenitosti • die Sehenswürdigkeiten

slika
das Gemälde

izložak
das Ausstellungsstück

umjetnička galerija
die Kunstgalerie

spomenik
das Monument

izložba
die Ausstellung

muzej
das Museum

poznata ruševina
die berühmte Ruine

povijesna građevina
das historische Gebäude

kockarnica
das Kasino

park
der Park

nacionalni park
der Nationalpark

informacije • die Information

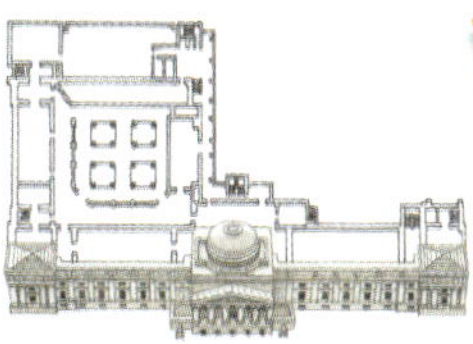

tlocrt
der Grundriss

karta, plan
der Stadtplan

vrijeme
die Zeiten

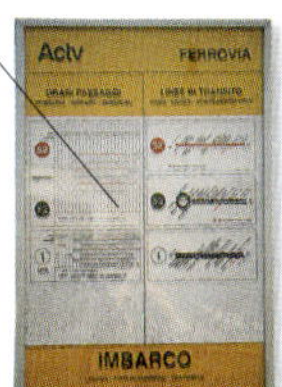

vozni red
der Fahrplan

turističke informacije
die Touristeninformation

aktivnosti na otvorenom • die Aktivitäten im Freien

pješačka staza
der Fußweg

sunčani sat
die Sonnenuhr

kafić
das Café

park | der Park

trava
das Gras

klupa
die Bank

arhitektonski vrt
die Gartenanlagen

vlakić smrti
die Achterbahn

zabavni park
der Jahrmarkt

tematski zabavni park
der Vergnügungspark

safari park
der Safaripark

zoološki vrt
der Zoo

aktivnosti • die Aktivitäten

biciklizam
das Radfahren

trčanje, džogiranje
das Jogging

daskanje
das Skateboardfahren

koturaljkanje
das Inlinerfahren

jahaća staza
der Reitweg

promatranje ptica
die Vogelbeobachtung

jahanje
das Reiten

pješačenje
das Wandern

košara za piknik
der Picknickkorb

piknik
das Picknick

igralište • der Spielplatz

pješčanik
der Sandkasten

dječji bazen
das Planschbecken

ljuljačka
die Schaukel

klackalica | die Wippe

tobogan | die Rutsche

okvir za penjanje | das Klettergerüst

plaža • der Strand

hotel
das Hotel
suncobran
der Sonnenschirm
kabina
das Strandhäuschen
pijesak
der Sand
val
die Welle
more
das Meer

torba za plažu
die Strandtasche
bikini
der Bikini
sunčati se | sonnenbaden

spasilac
der Rettungsschwimmer

spasilački toranj
der Rettungsturm

vjetrobran
der Windschutz

šetalište, promenada
die Promenade

ležaljka
der Liegestuhl

sunčane naočale
die Sonnenbrille

slamnati šešir
der Sonnenhut

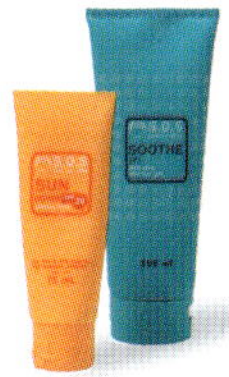

krema za sunčanje
die Sonnenmilch

krema za potpunu zaštitu od sunca
der Sonnenblocker

lopta na napuhavanje
der Wasserball

kolut za plivanje
der Schwimmreifen

ručnik za plažu
das Strandtuch

kupaći kostim
der Badeanzug

lopatica
die Schaufel

kantica
der Eimer

pješčani dvorac
die Sandburg

školjka
die Muschel

kampiranje • das Camping

kamping, teren za kampiranje | der Campingplatz

pojmovnik • Vokabular

kampirati
zelten

uprava kampa
die Campingplatzverwaltung

slobodna mjesta
Zeltplätze frei

puno
voll

mjesto za šator
Platz

podići šator
ein Zelt aufschlagen

štap šatora
die Zeltstange

poljski krevet
das Faltbett

klupa za piknik
die Picknickbank

mreža za spavanje
die Hängematte

kamping vozilo
das Wohnmobil

kamp-kućica
der Wohnwagen

drveni ugljen
die Holzkohle

upaljač
der Feueranzünder

zapaliti vatru
ein Feuer machen

logorska vatra
das Lagerfeuer

okvir
das Gestänge

dno šatora
der Zeltboden

naprtnjača
der Rucksack

termos-boca
die Thermosflasche

boca za vodu, čuturica
die Wasserflasche

šator
das Zelt

sprej protiv kukaca
das Insektenspray

džepna svjetiljka
die Taschenlampe

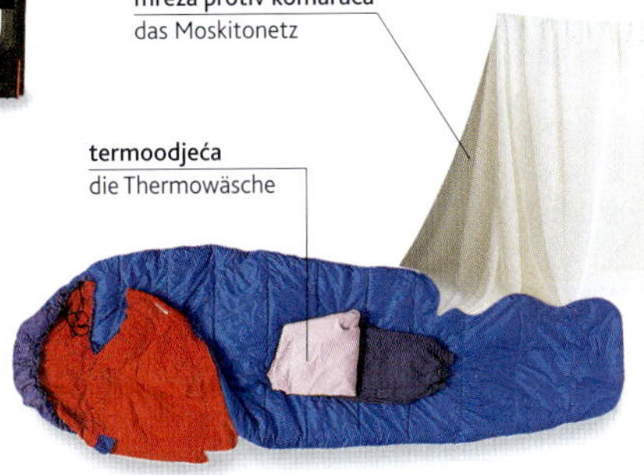

mreža protiv komaraca
das Moskitonetz

termoodjeća
die Thermowäsche

vreća za spavanje
der Schlafsack

planinarske cipele
die Wanderschuhe

kišna kabanica i kapa
die Regenhaut

plinsko kuhalo
der Gasbrenner

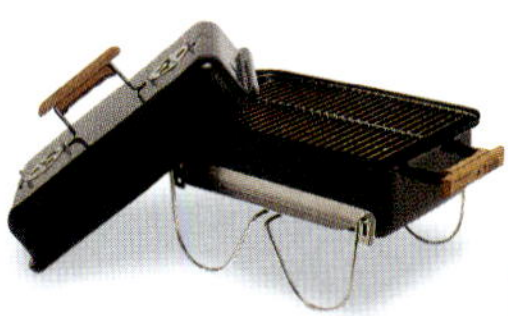

roštilj
der Grill

prostirka za spavanje
die Isomatte

zračni madrac | die Luftmatratze

zabavna elektronika • die Unterhaltungselektronik

diskman
der Discman

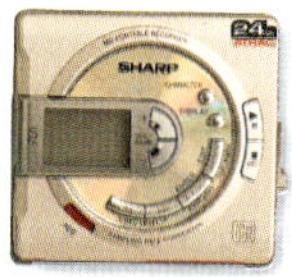

mini disk snimač
der Minidiskrekorder

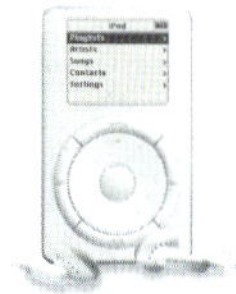

MP3 reproduktor
der MP3-Spieler

DVD
die DVD

DVD čitač
der DVD-Spieler

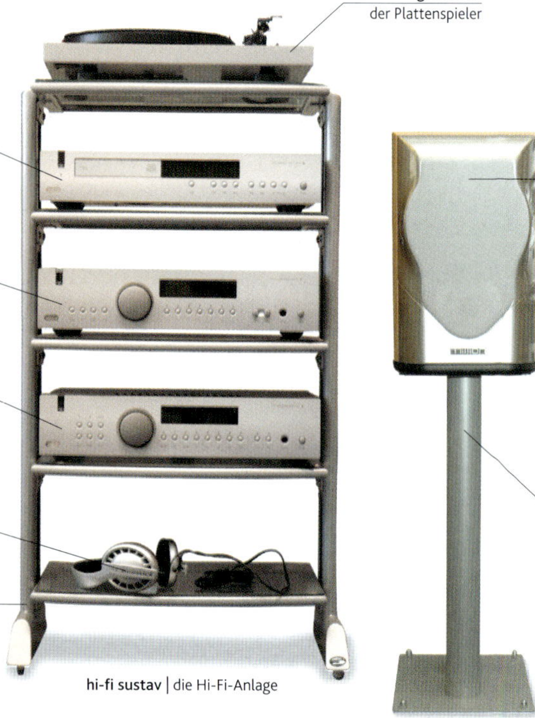

gramofon
der Plattenspieler

CD reproduktor
der CD-Spieler

radio
das Radio

pojačalo
der Verstärker

slušalice
die Kopfhörer

polica
das Regal

zvučnik
die Laut-
sprecherbox

stalak za zvučnik
der Ständer

hi-fi sustav | die Hi-Fi-Anlage

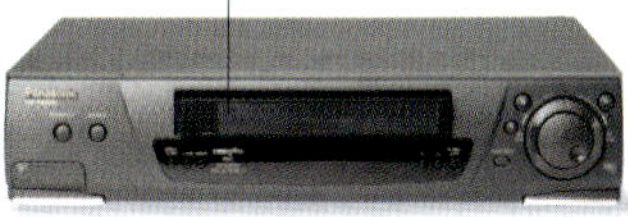

videorekorder
der Videorekorder

videokamera, kamkorder
der Camcorder

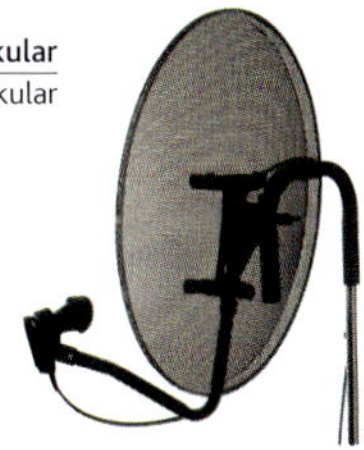

satelitska antena
die Satellitenschüssel

videoigra | das Videospiel

daljinski upravljač | die Fernbedienung

pojmovnik • Vokabular

kompakt-disk
die CD

audiokaseta
die Kassette

kasetofon
der Kassettenrekorder

igrani film
der Spielfilm

oglašavanje
die Werbung

digitalno
digital

program
das Programm

stereo
stereo

kabelska televizija
das Kabelfernsehen

kanal s naplatom
der Pay-Kanal

promijeniti program
den Kanal wechseln

uključiti televizor
den Fernseher einschalten

gledati televiziju
fernsehen

isključiti televizor
den Fernseher abschalten

ugoditi postaju
das Radio einstellen

fotografija • die Fotografie

jednooki refleksni fotoaparat | die Spiegelreflexkamera

filtar
der Filter

poklopac objektiva
die Schutzkappe

elektronička bljeskalica
der Elektronenblitz

svjetlomjer
der Belichtungsmesser

zum-objektiv
das Zoom

stativ
das Stativ

vrste fotoaparata • die Fotoapparattypen

digitalni fotoaparat
die Digitalkamera

APS fotoaparat
die Kamera für APS-Film

polaroid-fotoaparat
die Sofortbildkamera

jednokratni fotoaparat
die Einwegkamera

fotografirati • fotografieren

kalem filma
die Filmspule

film
der Film

izoštravati
einstellen

razvijati
entwickeln

negativ
das Negativ

krajolik (vodoravna kompozicija)
Querformat

portret (uspravna kompozicija)
Hochformat

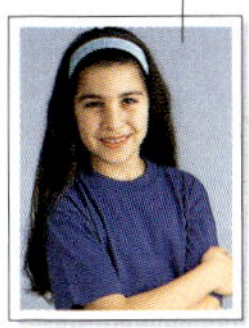

fotografija | das Foto

fotoalbum
das Fotoalbum

okvir za fotografiju
der Fotorahmen

poteškoće • die Probleme

podeksponirano
unterbelichtet

preeksponirano
überbelichtet

neoštro
unscharf

crvenilo očiju
die roten Augen

pojmovnik • Vokabular

tražilo
der Bildsucher

torbica za fotoaparat
die Kameratasche

ekspozicija
die Belichtung

tamna komora
die Dunkelkammer

fotografija (razvijena)
der Abzug

mat
matt

sjajna
hochglanz

povećanje
die Vergrößerung

Želio bih razviti ovaj film.
Bitte lassen Sie diesen Film entwickeln.

igre • die Spiele

šahovska ploča
das Schachbrett

crno
schwarz

bijelo
weiß

kraljica
die Dame

kralj
der König

lovac
der Läufer

pješak
der Bauer

konj
der Springer

kula
der Turm

šah
das Schach

polje
das Feld

pločica
der Stein

dame
das Damespiel

pločica
der Stein

scrabble | das Scrabble

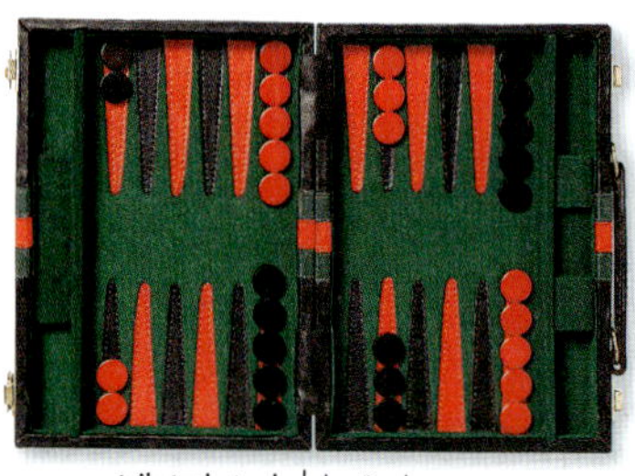

trik-trak, tavla | das Backgammon

kockica
der Würfel

figura
die Spielfigur

monopoli
das Monopoly

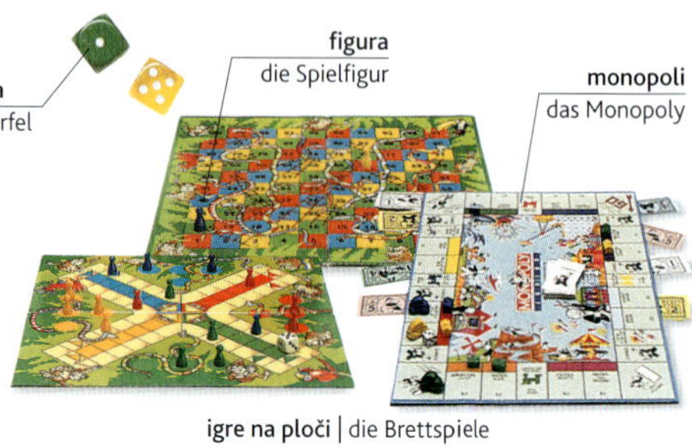

igre na ploči | die Brettspiele

filatelija
das Briefmarkensammeln

slagalica | das Puzzle

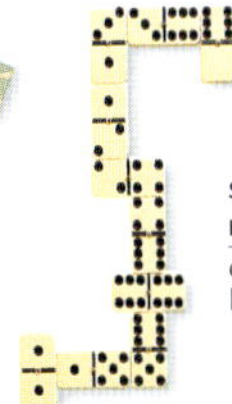

domino | das Domino

pikado | das Darts

karte | die Karten

miješati | mischen

dijeliti | geben

pojmovnik • Vokabular

potez
der Zug

igrati
spielen

igrač
der Spieler

pobijediti
gewinnen

pobjednik
der Gewinner

izgubiti
verlieren

pobijeđeni
der Verlierer

igra
das Spiel

oklada
die Wette

bod
der Punkt

rezultat
das Spielergebnis

poker
das Poker

bridž
das Bridge

snop karata
das Kartenspiel

boja (kartaška)
die Farbe

Baci kockicu.
Würfle.

Tko igra?
Wer ist dran?

Na potezu si.
Du bist dran.

umjetnost i vještine 1 • das Kunsthandwerk 1

slikanje | die Malerei

boje • die Farben

crvena | rot

plava | blau

žuta | gelb

zelena | grün

narančasta
orange

ljubičasta | lila

bijela | weiß

crna | schwarz

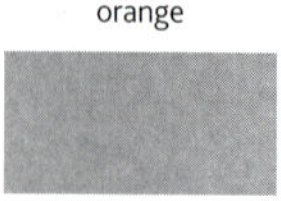

siva | grau

ružičasta | rosa

smeđa | braun

indigo | indigoblau

boje • die Farben

uljene boje
die Ölfarben

vodene boje
die Aquarellfarbe

pastele
die Pastellstifte

akrilne boje
die Acrylfarbe

plakatne boje
die Plakatfarbe

druge vještine • andere Kunstfertigkeiten

blok za skiciranje der Skizzenblock

skica die Skizze

olovka der Bleistift

ugljeni štapić der Kohlestift

crtanje | das Zeichnen

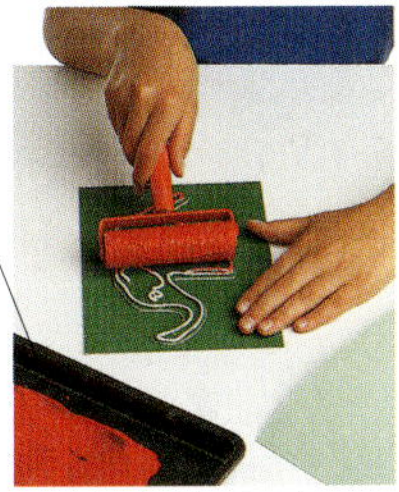

tiskarska boja die Druckfarbe

tiskanje | das Drucken

graviranje | das Gravieren

kamen der Stein

čekić der Schlegel

klesanje
die Bildhauerei

dlijeto der Stechbeitel

drvo das Holz

obrađivanje drva
die Holzarbeit

drvo za oblikovanje das Modellierholz

lončarsko kolo die Töpferscheibe

glina der Ton

lončarija | die Töpferei

karton die Pappe

ljepilo der Klebstoff

kolaž | die Collage

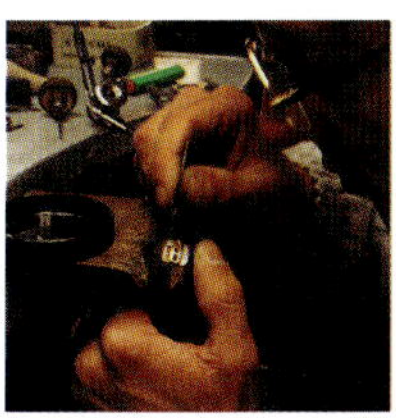

izrada nakita
die Juwelierarbeit

papirmaše
das Pappmaschee

origami
das Origami

modelarstvo
der Modellbau

umjetnost i vještine 2 • das Kunsthandwerk 2

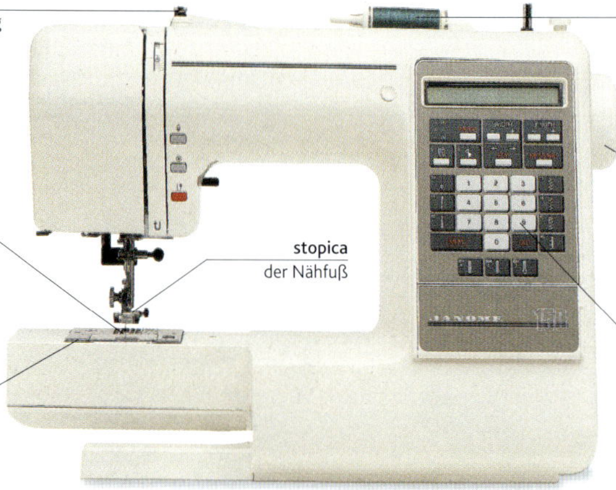

vodilica konca
die Fadenführung

kalem
der Spuler

igla
die Nadel

zamašnjak
das Handrad

stopica
der Nähfuß

birač boda
die Stichwahltaste

pločica
die Stichplatte

šivaći stroj | die Nähmaschine

škare
die Schere

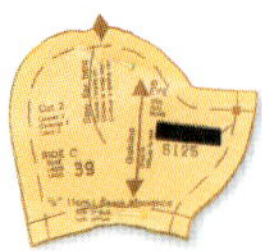

kroj
das Schnittmuster

jastučić za igle
das Nadelkissen

pribadača
die Stecknadel

šivaća košara
der Nähkorb

krojački metar
das Zentimetermaß

tkanina
der Stoff

konac
das Garn

kalem konca
die Spule

ušica
die Öse

kukica
der Haken

naprstak
der Fingerhut

krojačka kreda
die Schneiderkreide

krojačka lutka
die Schneiderpuppe

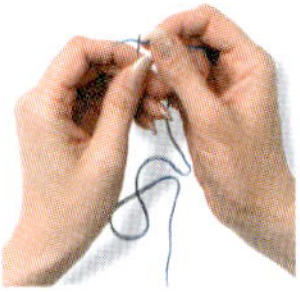

udjenuti konac u iglu
einfädeln

bod, šav
der Stich

šiti
nähen

krpati
stopfen

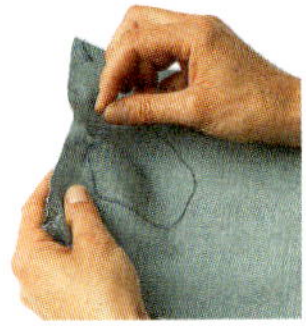

jemčiti
heften

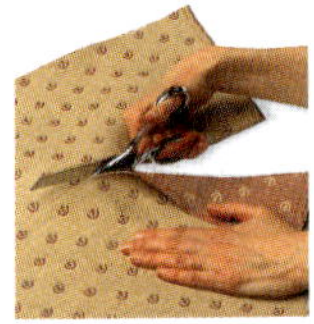

rezati
schneiden

tapiserija
die Tapisserie

vez
die Stickerei

kačkalica
der Häkelhaken

kukičanje
das Häkeln

makrame
das Makramee

krparija
das Patchwork

podstavljanje popluna
das Wattieren

kalemi za čipku
der Klöppel

izrada čipke
die Spitzenklöppelei

tkalački stan
der Webstuhl

tkanje
die Weberei

pletaće igle
die Stricknadel

pletenje
das Stricken

vuna
die Wolle

klupko | der Strang

pojmovnik • Vokabular

ošiti auftrennen	**najlon** das Nylon
tkanina der Stoff	**svila** die Seide
pamuk die Baumwolle	**modni kreator** der Modedesigner
lan das Leinen	**moda** die Mode
poliester das Polyester	**patentni zatvarač** der Reißverschluss

okoliš
die Umwelt

svemir • der Weltraum

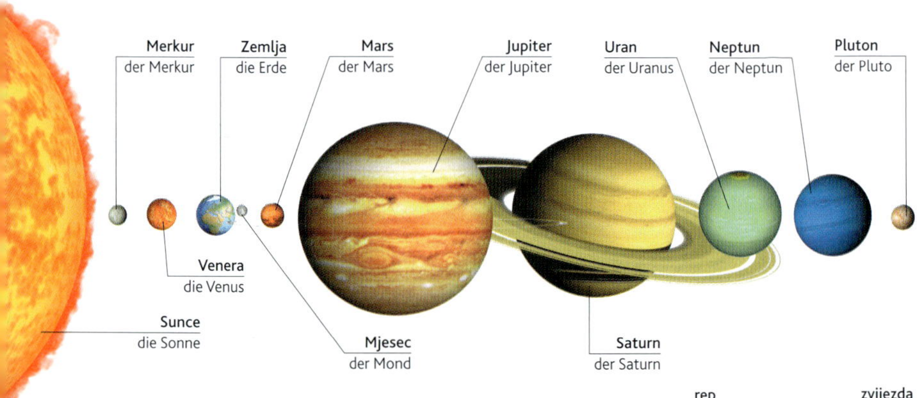

Sunčev sustav | das Sonnensystem

galaktika
die Galaxie

maglica
der Nebelfleck

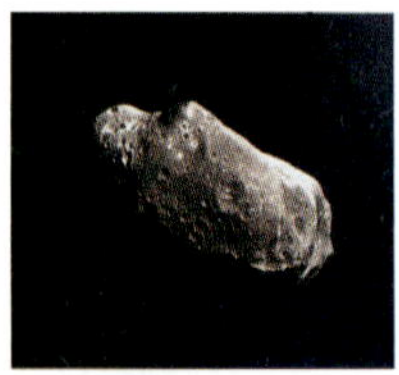

planetoid, asteroid
der Asteroid

komet
der Komet

pojmovnik • Vokabular

svemir das Universum	**crna rupa** das Schwarze Loch	**pun Mjesec** der Vollmond
staza, putanja die Umlaufbahn	**planet** der Planet	**mlađak** der Neumond
gravitacija die Schwerkraft	**meteor** der Meteor	**Mjesečev srp** die Mondsichel

pomrčina | die Finsternis

istraživanje svemira • die Raumforschung

raketoplan
die Raumfähre

raketa
der Beschleuniger

lansirna rampa
die Abschussrampe

lansiranje
der Abschuss

svemirsko odijelo
der Raumanzug

astronaut | der Astronaut

potisnik
die Steuerrakete

radar
der Radar

vrata
die Besatzungsluke

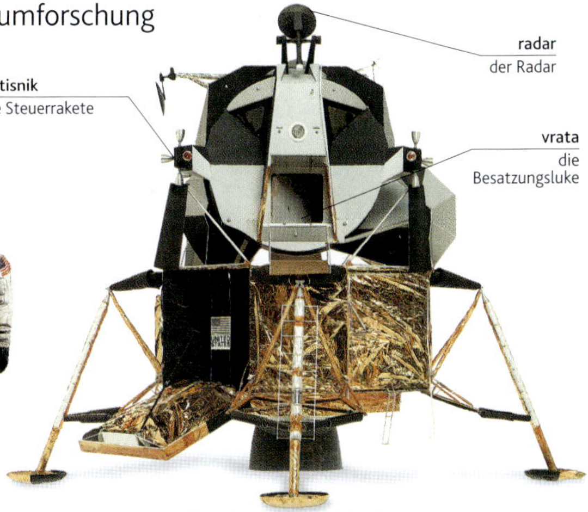

Mjesečev modul | die Mondfähre

satelit
der Satellit

svemirska postaja
die Raumstation

astronomija • die Astronomie

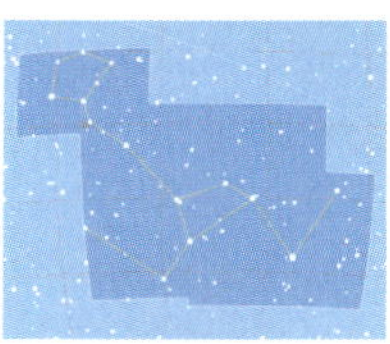

zviježđe
das Sternbild

dvogled, dalekozor
das Fernglas

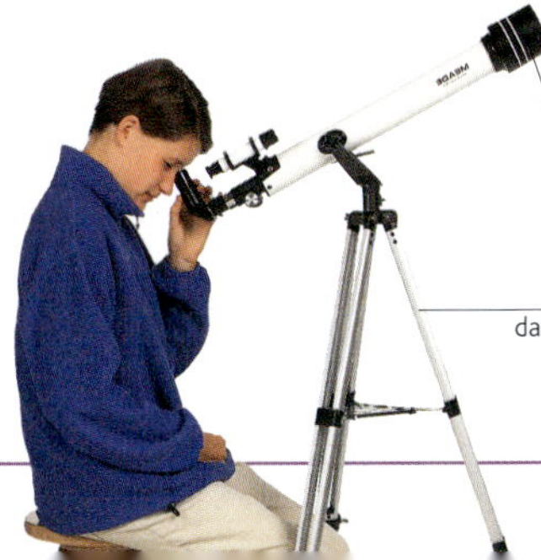

teleskop
das Teleskop

stativ
das Stativ

Zemlja • die Erde

planet | der Planet

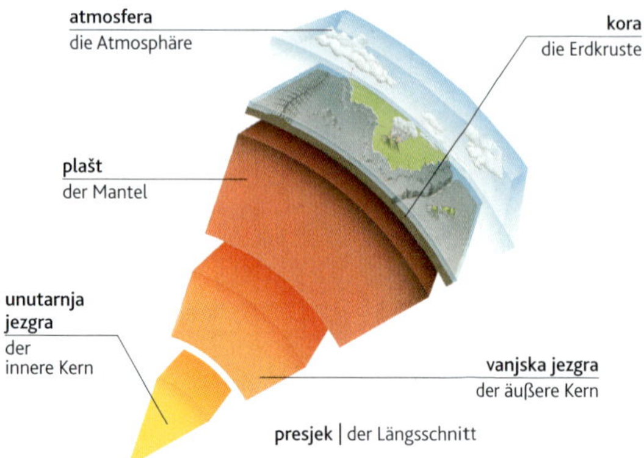

presjek | der Längsschnitt

zone | die Erdzonen

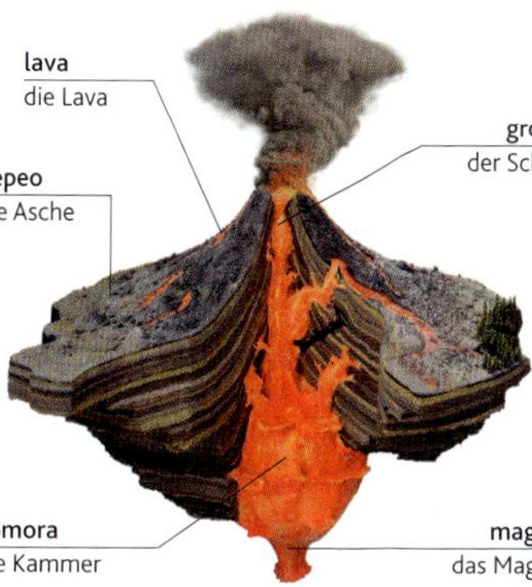

vulkan | der Vulkan

krater | der Krater

pojmovnik • Vokabular

potres
das Erdbeben

tektonska ploča
die Platte

erumpirati
ausbrechen

podrhtavanje
das Beben

krajolik • die Landschaft

planina
der Berg

obronak
der Hang

obala
das Ufer

rijeka
der Fluss

brzaci
die Strom-
schnellen

stijene
die Felsen

ledenjak
der Gletscher

dolina | das Tal

brdo
der Hügel

ravnjak
das Plateau

klanac
die Schlucht

špilja
die Höhle

ravnica | die Ebene

pustinja | die Wüste

šuma | der Wald

drveće | der Wald

kišna šuma
der Regenwald

močvara
der Sumpf

livada
die Wiese

travnjačka ravnica
das Grasland

slap
der Wasserfall

potok
der Bach

jezero
der See

gejzir
der Geysir

obala
die Küste

hrid
die Klippe

koraljni greben
das Korallenriff

ušće
die Flussmündung

vremenske prilike • das Wetter

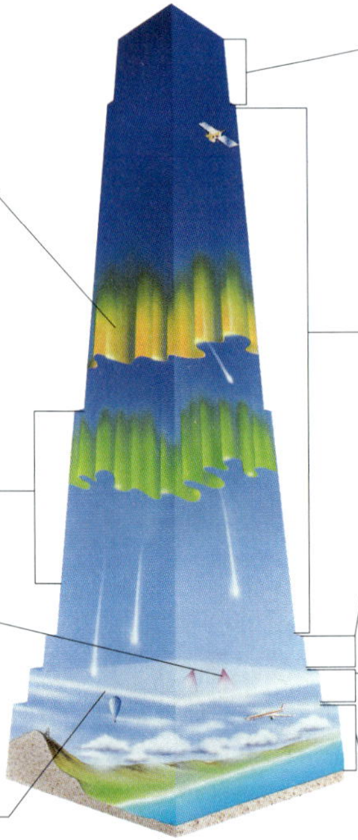

atmosfera | die Atmosphäre

Sunčeva svjetlost | der Sonnenschein

vjetar | der Wind

pojmovnik • Vokabular

susnježica der Schneeregen	**pljusak** der Schauer	**vruće** heiß	**suho** trocken	**vjetrovito** windig	**Vruće/hladno mi je.** Mir ist heiß/kalt.
tuča der Hagel	**sunčano** sonnig	**hladno** kalt	**mokro** nass	**oluja** der Sturm	**Kiši.** Es regnet.
grom der Donner	**oblačno** bewölkt	**toplo** warm	**vlažno** feucht	**temperatura** die Temperatur	**... je stupnjeva.** Es sind ... Grad.

oblak | die Wolke

kiša | der Regen

munja
der Blitz

oluja | das Gewitter

maglica | der feine Nebel

magla | der dichte Nebel

dúga | der Regenbogen

snijeg | der Schnee

mraz | der Raureif

siga
der Eiszapfen

led | das Eis

smrzavica | der Frost

uragan | der Hurrikan

tornado | der Tornado

monsun | der Monsun

poplava | die Überschwemmung

stijene • das Gestein

vulkanske • eruptiv

granit
der Granit

opsidijan
der Obsidian

bazalt
der Basalt

plavučac
der Bimsstein

taložne • sedimentär

pješčenjak
der Sandstein

vapnenac
der Kalkstein

kreda
die Kreide

kremen, kresivo
der Feuerstein

konglomerat
das Konglomerat

ugljen
die Kohle

metamorfne • metamorph

škriljevac
der Schiefer

šist
der Glimmerschiefer

gnajs
der Gneis

mramor
der Marmor

drago kamenje • die Schmucksteine

rubin
der Rubin

akvamarin
der Aquamarin

ametist
der Amethyst

dijamant
der Diamant

žad
der Jade

gagat
der Gagat

smaragd
der Smaragd

opal
der Opal

safir
der Saphir

mjesečev kamen
der Mondstein

granat
der Granat

topaz
der Topas

turmalin
der Turmalin

minerali • die Mineralien

kvarc
der Quarz

tinjac
der Glimmer

sumpor
der Schwefel

hematit
der Hämatit

kalcit
der Kalzit

malahit
der Malachit

tirkiz
der Türkis

oniks
der Onyx

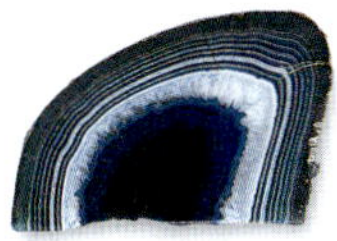

ahat
der Achat

grafit
der Graphit

metali • die Metalle

zlato
das Gold

srebro
das Silber

platina
das Platin

nikal
das Nickel

željezo
das Eisen

bakar
das Kupfer

kositar
das Zinn

aluminij
das Aluminium

živa
das Quecksilber

cink
das Zink

životinje 1 • die Tiere 1

sisavci • die Säugetiere

kunić
das Kaninchen

hrčak
der Hamster

miš
die Maus

štakor
die Ratte

jež
der Igel

vjeverica
das Eichhörnchen

šišmiš
die Fledermaus

rakun
der Waschbär

lisica
der Fuchs

vuk
der Wolf

pas
der Hund

mačka
die Katze

vidra
der Otter

tuljan
die Robbe

morski lav
der Seelöwe

morž
das Walross

kit
der Wal

delfin, pliskavica
der Delfin

jelen
der Hirsch

zebra
das Zebra

žirafa
die Giraffe

deva
das Dromedar

vodenkonj
das Flusspferd

slon
der Elefant

nosorog
das Nashorn

tigar
der Tiger

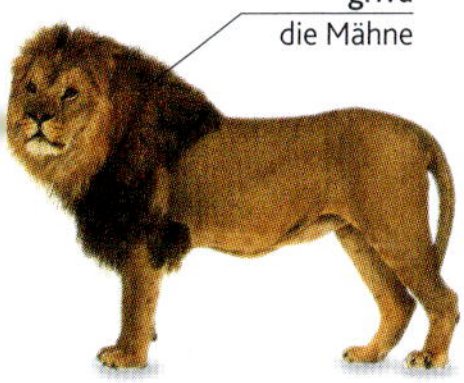

lav
der Löwe

majmun
der Affe

gorila
der Gorilla

koala
der Koalabär

klokan
das Känguru

medvjed
der Bär

sjeverni medvjed
der Eisbär

panda
panda

životinje 2 • die Tiere 2

ptice • die Vögel

kanarinac
der Kanarienvogel

vrabac
der Spatz

kolibri
der Kolibri

lastavica
die Schwalbe

vrana
die Krähe

golub
die Taube

žuna
der Specht

sokol
der Falke

sova
die Eule

galeb
die Möwe

orao
der Adler

nesit
der Pelikan

plamenac
der Flamingo

roda
der Storch

ždral
der Kranich

pingvin
der Pinguin

noj
der Strauß

guska | die Gans

labud
der Schwan

paun
der Pfau

fazan
der Fasan

puran
der Truthahn

kakadu
der Kakadu

papiga
der Papagei

gmazovi • die Reptilien

aligator
der Alligator

gušter
die Eidechse

leguan
der Leguan

morska kornjača
die Wasserschildkröte

kopnena kornjača
die Schildkröte

zmija
die Schlange

krokodil
das Krokodil

životinje 3 • die Tiere 3

vodozemci • die Amphibien

žaba
der Frosch

krastača
die Kröte

punoglavac
die Kaulquappe

daždevnjak
der Salamander

ribe • die Fische

jegulja
der Aal

morski pas
der Haifisch

morski konjic
das Seepferdchen

žutulja
der Glattrochen

raža
der Rochen

zlatna ribica
der Goldfisch

sabljarka | der Schwertfisch

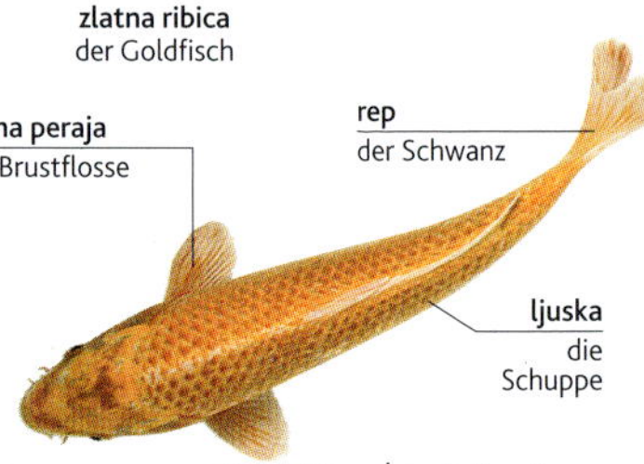

kineski šaran | der Koikarpfen

beskralješnjaci • die Wirbellosen

mrav
die Ameise

termit
die Termite

pčela
die Biene

osa
die Wespe

buba
der Käfer

žohar
die Schabe

noćni leptir
der Nachtfalter

leptir
der Schmetterling

kukuljica
der Kokon

gusjenica
die Raupe

cvrčak | die Grille

skakavac
die Heuschrecke

bogomoljka
die Gottesanbeterin

štipavac, škorpion
der Skorpion

stonoga
der Tausendfüßer

vilin konjic
die Libelle

muha
die Fliege

komarac
die Stechmücke

bubamara
der Marienkäfer

pauk
die Spinne

puž balavac, golać
die Nacktschnecke

puž
die Schnecke

crv | der Wurm

morska zvijezda
der Seestern

dagnja
die Muschel

rakovica
der Krebs

hlap | der Hummer

hobotnica
der Krake

lignja
der Tintenfisch

meduza | die Qualle

biljke • die Pflanzen

drvo • der Baum

hrast | die Eiche

vrba
die Weide

jablan
die Pappel

eukaliptus
der Eukalyptus

ariš
die Lärche

bukva
die Buche

breza
die Birke

bor
die Kiefer

cedar
die Zeder

javor
der Ahorn

brijest
die Ulme

lipa
die Linde

božikovina
die Stechpalme

palma
die Palme

cvjetnice • die blühende Pflanze

jedić
der Hahnenfuß

ivančica
das Gänseblümchen

stričak
die Distel

maslačak
der Löwenzahn

vrijesak
das Heidekraut

mak
der Klatschmohn

naprstak
der Fingerhut

kozja krv
das Geißblatt

suncokret
die Sonnenblume

djetelina
der Klee

zvončić
die Sternhyazinthen

jaglac
die Schlüsselblume

vučika
die Lupinen

kopriva
die Nessel

grad • die Stadt

ulica
die Straße
rubnik
der Bordstein
ugao ulice
die Straßenecke
trgovina
der Laden
križanje
die Kreuzung
jednosmjerna ulica
die Einbahnstraße
pločnik
der Bürgersteig
uredski blok
das Bürogebäude
stambeni blok
der Wohnblock
uličica
die Gasse
parkiralište
der Parkplatz
prometni znak
das Straßenschild
stupić
der Poller
ulična svjetiljka
die Straßenlaterne

građevine • die Gebäude

gradska vijećnica
das Rathaus

knjižnica
die Bibliothek

kino
das Kino

kazalište
das Theater

sveučilište
die Universität

škola
die Schule

neboder
der Wolkenkratzer

područja • die Gebiete

industrijska zona
das Industriegebiet

središte grada
die Innenstadt

predgrađe
die Vorstadt

selo
das Dorf

pojmovnik • Vokabular

pješačka zona
die Fußgängerzone

avenija
die Allee

pobočna ulica
die Seitenstraße

trg
der Platz

kanalizacijski otvor
der Kanalschacht

autobusna postaja
die Bushaltestelle

žlijeb
der Rinnstein

tvornica
die Fabrik

crkva
die Kirche

odvod
der Kanal

arhitektura • die Architektur

građevine i strukture • die Gebäude und Strukturen

neboder
der Wolkenkratzer

dvorac
die Burg

crkva
die Kirche

džamija
die Moschee

hram
der Tempel

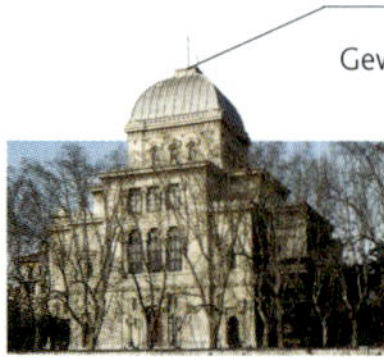

sinagoga
die Synagoge

brana
der Staudamm

most
die Brücke

katedrala | die Kathedrale

arhitektonski stilovi • die Baustile

gotika | gotisch

arhitrav
der Architrav

renesansa
Renaissance

barok
barock

lûk
der Bogen

friz
der Fries

kontrafor
der Strebepfeiler

kor
der Chor

rokoko
Rokoko

zabat
das Giebeldreieck

stup
die Säule

neoklasicizam
klassizistisch

secesija
der Jugendstil

art deco
Art-déco

opći podaci
die Information

vrijeme • die Uhrzeit

ura
die Uhr

pojmovnik • Vokabular

sekunda die Sekunde	**sad** jetzt	**četvrt sata** eine Viertelstunde
minuta die Minute	**kasnije** später	**dvadeset minuta** zwanzig Minuten
sat die Stunde	**pola sata** eine halbe Stunde	**četrdeset minuta** vierzig Minuten

Koliko je sati?
Wie spät ist es?

Tri su sata.
Es ist drei Uhr.

jedan i pet
fünf nach eins

jedan i deset
zehn nach eins

jedan i četvrt
Viertel nach eins

jedan i dvadeset
zwanzig nach eins

jedan i dvadeset pet
fünf vor halb zwei

jedan i trideset
halb zwei

jedan i trideset pet
fünf nach halb zwei

jedan i četrdeset
zwanzig vor zwei

tri četvrt dva
Viertel vor zwei

dva za deset
zehn vor zwei

dva za pet
fünf vor zwei

dva sata
zwei Uhr

noć i dan • die Nacht und der Tag

ponoć | die Mitternacht

izlazak Sunca
der Sonnenaufgang

zora | die Morgendämmerung

jutro | der Morgen

zalazak Sunca
der Sonnenuntergang

podne
der Mittag

suton | die Abenddämmerung

večer | der Abend

poslijepodne | der Nachmittag

pojmovnik • Vokabular

rano
früh

na vrijeme
pünktlich

kasno
spät

Uranio si.
Du bist früh dran.

Zakasnio si.
Du hast dich verspätet.

Uskoro ću stići.
Ich werde bald dort sein.

Molim, budite točni.
Sei bitte pünklich.

Do viđenja.
Bis später.

U koliko sati počinje?
Wann fängt es an?

U koliko sati završava?
Wann ist es zu Ende?

Kasno je.
Es ist schon spät.

Koliko traje?
Wie lange dauert es?

kalendar • der Kalender

mjesec
der Monat

godina
das Jahr

siječanj
Januar

2011

dan
der Tag

ponedjeljak Montag | **utorak** Dienstag | **srijeda** Mittwoch | **četvrtak** Donnerstag | **petak** Freitag | **subota** Samstag | **nedjelja** Sonntag

radni dani
der Werktag

tjedan
die Woche

nadnevak
das Datum

1	2	3	4	5	6	7
8	9	10	11	12	13	14
15	16	17	18	19	20	21

jučer
gestern

danas
heute

sutra
morgen

vikend
das Wochenende

pojmovnik • Vokabular

siječanj Januar	**ožujak** März	**svibanj** Mai	**srpanj** Juli	**rujan** September	**studeni** November
veljača Februar	**travanj** April	**lipanj** Juni	**kolovoz** August	**listopad** Oktober	**prosinac** Dezember

godine • die Jahre

1900 **tisuću devetstota** • neunzehnhundert

1901 **tisuću devetsto prva** • neunzehnhunderteins

1910 **tisuću devetsto deseta** • neunzehnhundertzehn

2000 **dvije tisućita** • zweitausend

2001 **dvije tisuće prva** • zweitausendeins

godišnja doba • die Jahreszeiten

proljeće
der Frühling

ljeto
der Sommer

jesen
der Herbst

zima
der Winter

pojmovnik • Vokabular

stoljeće
das Jahrhundert

desetljeće
das Jahrzehnt

tisućljeće
das Jahrtausend

dva tjedna
zwei Wochen

ovaj tjedan
diese Woche

prošli tjedan
letzte Woche

sljedeći tjedan
nächste Woche

prekjučer
vorgestern

prekosutra
übermorgen

tjedno
wöchentlich

mjesečno
monatlich

godišnje
jährlich

Koji je danas datum?
Welches Datum haben wir heute?

Danas je sedmi veljače dvije tisuće jedanaeste godine.
Heute ist der siebte Februar zweitausendelf.

brojevi • die Zahlen

0	**nula, ništica** • null
1	**jedan** • eins
2	**dva** • zwei
3	**tri** • drei
4	**četiri** • vier
5	**pet** • fünf
6	**šest** • sechs
7	**sedam** • sieben
8	**osam** • acht
9	**devet** • neun
10	**deset** • zehn
11	**jedanaest** • elf
12	**dvanaest** • zwölf
13	**trinaest** • dreizehn
14	**četrnaest** • vierzehn
15	**petnaest** • fünfzehn
16	**šesnaest** • sechzehn
17	**sedamnaest** • siebzehn
18	**osamnaest** • achtzehn
19	**devetnaest** • neunzehn
20	**dvadeset** • zwanzig
21	**dvadeset jedan** • einundzwanzig
22	**dvadeset dva** • zweiundzwanzig
30	**trideset** • dreißig
40	**četrdeset** • vierzig
50	**pedeset** • fünfzig
60	**šezdeset** • sechzig
70	**sedamdeset** • siebzig
80	**osamdeset** • achtzig
90	**devedeset** • neunzig
100	**sto** • hundert
110	**sto deset** • hundertzehn
200	**dvjesto** • zweihundert
300	**tristo** • dreihundert
400	**četiristo** • vierhundert
500	**petsto** • fünfhundert
600	**šesto** • sechshundert
700	**sedamsto** • siebenhundert
800	**osamsto** • achthundert
900	**devetsto** • neunhundert

1 000 tisuću • tausend

10 000 deset tisuća • zehntausend

20 000 dvadeset tisuća • zwanzigtausend

50 000 pedeset tisuća • fünfzigtausend

55 500 pedeset pet tisuća petsto • fünfundfünfzigtausendfünfhundert

100 000 sto tisuća • hunderttausend

1 000 000 milijun • eine Million

1 000 000 000 milijarda • eine Milliarde

četvrti • vierter

peti • fünfter

šesti • sechster

sedmi • siebter

osmi • achter

deveti • neunter

deseti • zehnter

jedanaesti • elfter

dvanaesti • zwölfter

trinaesti • dreizehnter

četrnaesti • vierzehnter

petnaesti • fünfzehnter

šesnaesti • sechzehnter

sedamnaesti • siebzehnter

osamnaesti • achtzehnter

devetnaesti • neunzehnter

dvadeseti • zwanzigster

dvadeset prvi • einundzwanzigster

dvadeset drugi • zweiundzwanzigster

dvadeset treći • dreiundzwanzigster

trideseti • dreißigster

četrdeseti • vierzigster

pedeseti • fünfzigster

šezdeseti • sechzigster

sedamdeseti • siebzigster

osamdeseti • achtzigster

devedeseti • neunzigster

stoti • hundertster

mjere i utezi • die Maße und Gewichte

površina • die Fläche

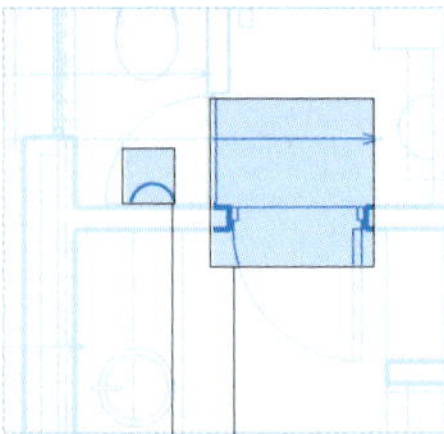

udaljenost • die Entfernung

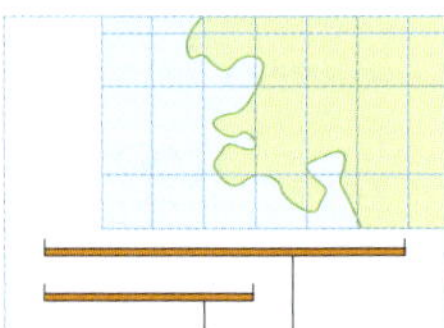

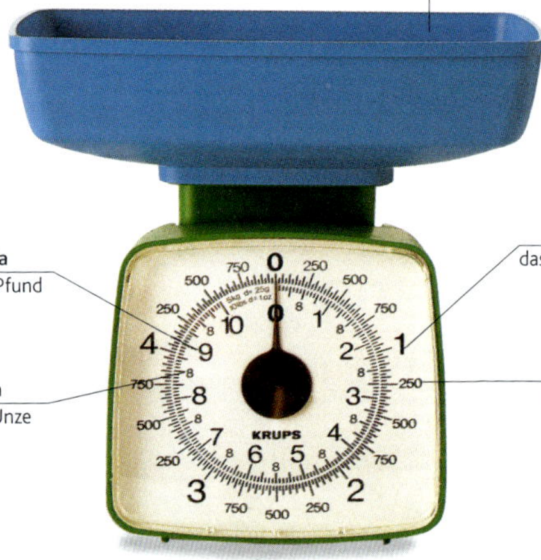

vaga | die Waage

pojmovnik • Vokabular

jard das Yard	**tona** die Tonne	**mjeriti** messen
metar der Meter	**miligram** das Milligramm	**vagati** wiegen

duljina • die Länge

zapremina • das Fassungsvermögen

pola litre
der halbe Liter

pinta
das Pint

obujam
das Volumen

mililitra
der Milliliter

posuda za mjerenje | der Messbecher

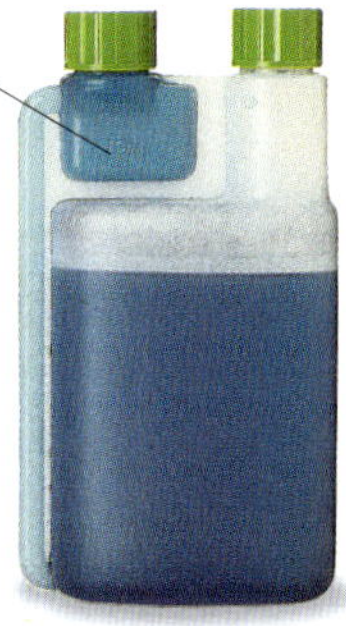

mjera za tekućine | das Flüssigkeitsmaß

pojmovnik •
Vokabular

galon
die Gallone

kvart, četvrt galona
das Quart

litra
der Liter

ambalaža • der Behälter

vrećica
der Beutel

kutija
die Tüte

paketić
das Päckchen

boca
die Flasche

kadica | der Becher

staklenka | das Glas

limenka
die Dose

limenka | die Büchse

štrcaljka | der Sprühbehälter

komad
das Stück

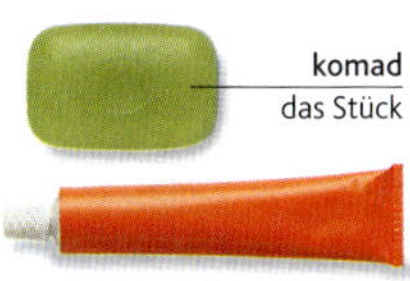

tuba
die Tube

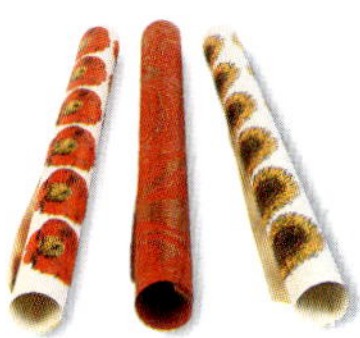

smotak
die Rolle

paketić
das Päckchen

posuda za sprej
die Sprühdose

zemljovid svijeta • die Weltkarte

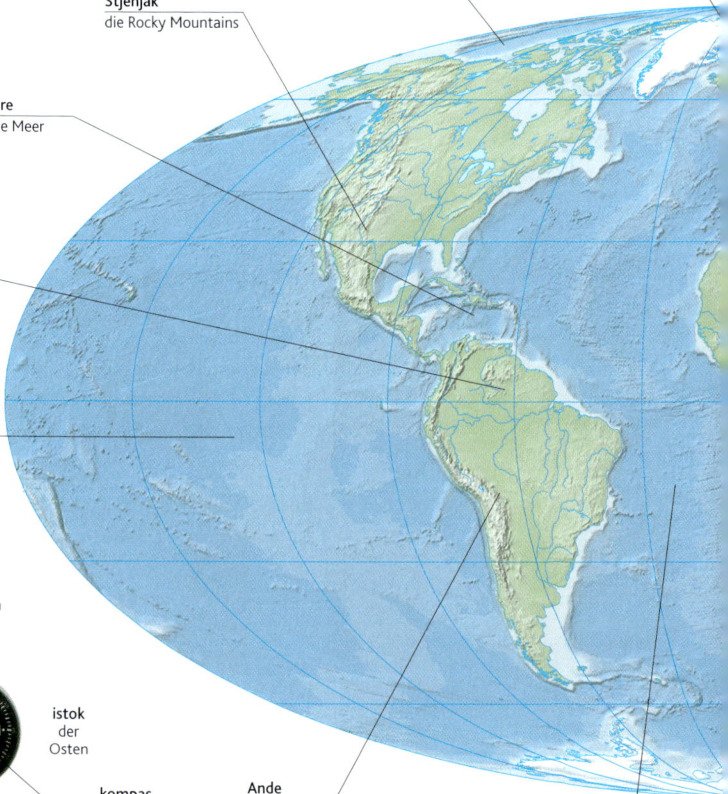
Sjeverno more
die Nordsee
Sjeverno ledeno more
das Nordpolarmeer
Stjenjak
die Rocky Mountains
Karipsko more
das Karibische Meer
Amazonija
Amazonien
Tihi ocean
der Pazifische Ozean
Ande
die Anden
Atlantski ocean
der Atlantische Ozean

sjever
der Norden
zapad
der Westen
istok
der Osten
kompas
der Kompass
jug
der Süden

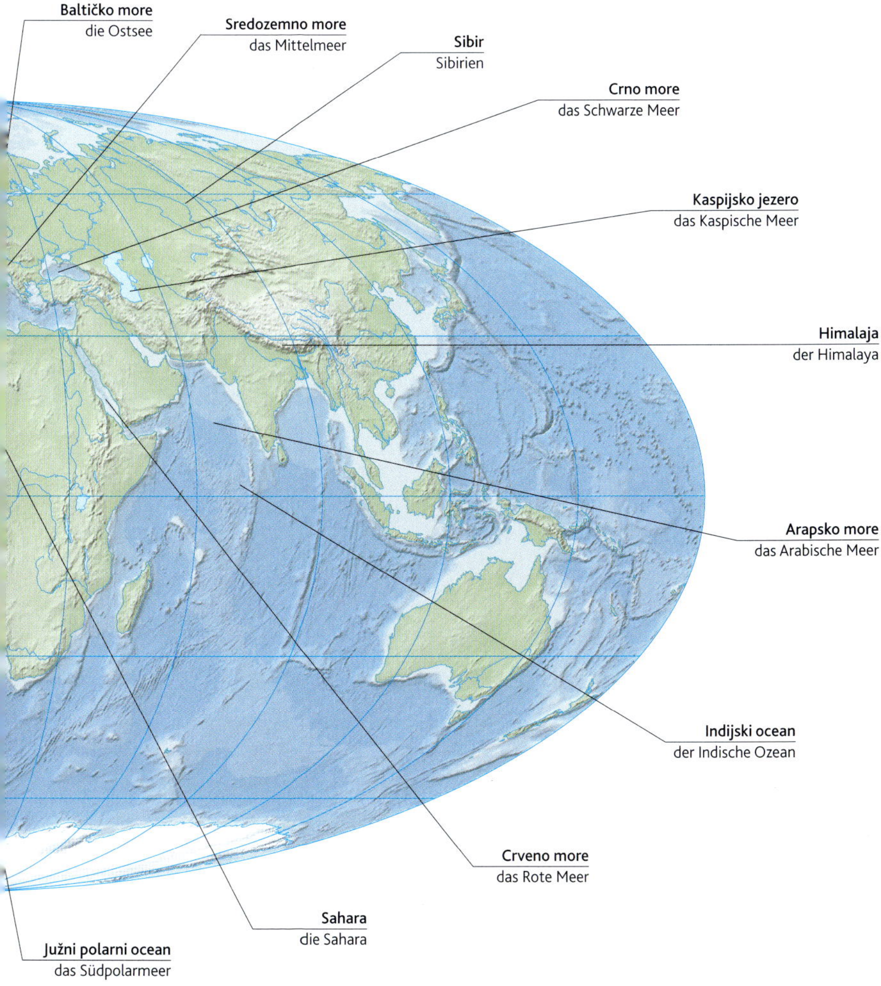
Baltičko more
die Ostsee
Sredozemno more
das Mittelmeer
Sibir
Sibirien
Crno more
das Schwarze Meer
Kaspijsko jezero
das Kaspische Meer
Himalaja
der Himalaya
Arapsko more
das Arabische Meer
Indijski ocean
der Indische Ozean
Crveno more
das Rote Meer
Sahara
die Sahara
Južni polarni ocean
das Südpolarmeer

Sjeverna i Srednja Amerika • Nord- und Mittelamerika

1 **Aljaska** • Alaska

2 **Kanada** • Kanada

3 **Grenland** • Grönland

4 **Sjedinjene Američke Države** • die Vereinigten Staaten

5 **Meksiko** • Mexiko

6 **Gvatemala** • Guatemala

7 **Belize** • Belize

8 **Salvador** • El Salvador

9 **Honduras** • Honduras

10 **Nikaragva** • Nicaragua

11 **Kostarika** • Costa Rica

12 **Panama** • Panama

13 **Kuba** • Kuba

14 **Bahami** • die Bahamas

15 **Jamajka** • Jamaika

16 **Haiti** • Haiti

17 **Dominikanska Republika** • die Dominikanische Republik

18 **Portoriko** • Puerto Rico

19 **Barbados** • Barbados

20 **Trinidad i Tobago** • Trinidad und Tobago

21 **Sv. Kristofer i Nevis** • Saint Kitts und Nevis

22 **Antigva i Barbuda** • Antigua und Barbuda

23 **Dominika** • Dominica

24 **Sv. Lucija** • Saint Lucia

25 **Sv. Vincent i Grenadini** • Saint Vincent und die Grenadinen

26 **Grenada** • Grenada

Južna Amerika • Südamerika

1 **Venezuela** • Venezuela
2 **Kolumbija** • Kolumbien
3 **Ekvador** • Ecuador
4 **Peru** • Peru
5 **Galapagosko otočje** • die Galapagos-Inseln
6 **Gvajana** • Guyana
7 **Surinam** • Suriname
8 **Francuska Gijana** • Französisch-Guayana
9 **Brazil** • Brasilien
10 **Bolivija** • Bolivien
11 **Čile** • Chile
12 **Argentina** • Argentinien
13 **Paragvaj** • Paraguay
14 **Urugvaj** • Uruguay
15 **Falklandsko otočje** • die Falkland-Inseln

pojmovnik • Vokabular

zemlja das Land	**pokrajina** die Provinz	**zona** die Zone
nacija die Nation	**teritorij** das Territorium	**okrug** der Bezirk
država der Staat	**kolonija** die Kolonie	**regija** die Region
kontinent der Kontinent	**kneževina** das Fürstentum	**glavni grad** die Hauptstadt

Europa • Europa

1 **Irska** • Irland
2 **Ujedinjeno Kraljevstvo** • Großbritannien
3 **Portugal** • Portugal
4 **Španjolska** • Spanien
5 **Baleari** • die Balearen
6 **Andora** • Andorra
7 **Francuska** • Frankreich
8 **Belgija** • Belgien
9 **Nizozemska** • die Niederlande
10 **Luksemburg** • Luxemburg
11 **Njemačka** • Deutschland
12 **Danska** • Dänemark
13 **Norveška** • Norwegen
14 **Švedska** • Schweden
15 **Finska** • Finnland
16 **Estonija** • Estland
17 **Latvija** • Lettland
18 **Litva** • Litauen
19 **Kalinjingrad** • Kaliningrad
20 **Poljska** • Polen
21 **Češka** • Tschechien
22 **Austrija** • Österreich
23 **Lihtenštajn** • Liechtenstein
24 **Švicarska** • die Schweiz
25 **Italija** • Italien
26 **Monako** • Monaco
27 **Korzika** • Korsika
28 **Sardinija** • Sardinien
29 **San Marino** • San Marino
30 **Vatikan** • die Vatikanstadt
31 **Sicilija** • Sizilien
32 **Malta** • Malta
33 **Slovenija** • Slowenien
34 **Hrvatska** • Kroatien
35 **Mađarska** • Ungarn
36 **Slovačka** • die Slowakei
37 **Ukrajina** • die Ukraine
38 **Bjelorusija** • Weißrussland
39 **Moldavija** • Moldawien
40 **Rumunjska** • Rumänien
41 **Srbija** • Serbien
42 **Bosna i Hercegovina** • Bosnien und Herzegowina
43 **Albanija** • Albanien
44 **Makedonija** • Mazedonien
45 **Bugarska** • Bulgarien
46 **Grčka** • Griechenland
47 **Kosovo** • Kosovo
48 **Crna Gora** • Montenegro

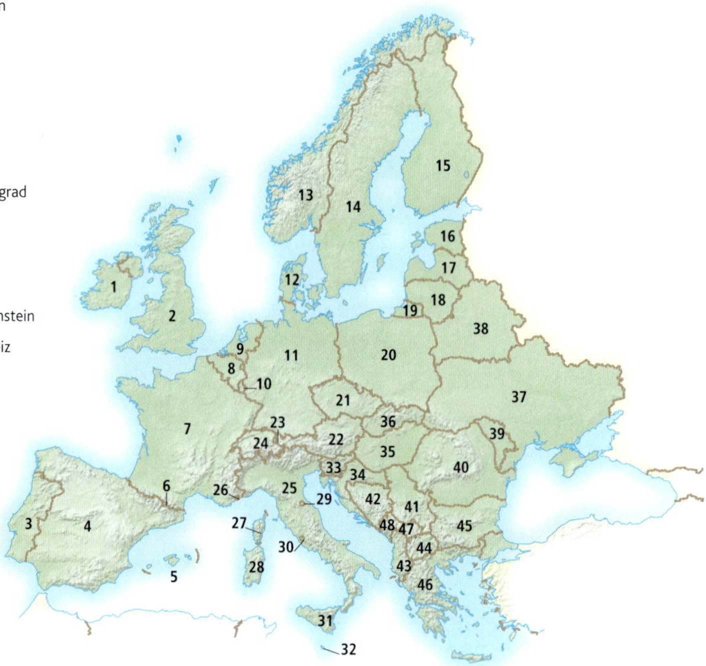

Afrika • Afrika

1 **Maroko** • Marokko

2 **Zapadna Sahara** • Westsahara

3 **Mauretanija** • Mauretanien

4 **Senegal** • Senegal

5 **Gambija** • Gambia

6 **Gvineja Bisao** • Guinea-Bissau

7 **Gvineja** • Guinea

8 **Sijera Leone** • Sierra Leone

9 **Liberija** • Liberia

10 **Obala Bjelokosti** • Elfenbeinküste

11 **Burkina Faso** • Burkina Faso

12 **Mali** • Mali

13 **Alžir** • Algerien

14 **Tunis** • Tunesien

15 **Libija** • Libyen

16 **Niger** • Niger

17 **Gana** • Ghana

18 **Togo** • Togo

19 **Benin** • Benin

20 **Nigerija** • Nigeria

21 **San Tome i Prinsipe** • São Tomé und Principe

22 **Ekvatorijalna Gvineja** • Äquatorial-Guinea

23 **Kamerun** • Kamerun

24 **Čad** • Tschad

25 **Egipat** • Ägypten

26 **Sudan** • der Sudan

27 **Eritreja** • Eritrea

28 **Džibuti** • Dschibuti

29 **Etiopija** • Äthiopien

30 **Somalija** • Somalia

31 **Kenija** • Kenia

32 **Uganda** • Uganda

33 **Srednjoafrička Republika** • die Zentralafrikanische Republik

34 **Gabon** • Gabun

35 **Kongo** • Kongo

36 **Kabinda** • Kabinda

37 **Demokratska Republika Kongo** • die Demokratische Republik Kongo

38 **Ruanda** • Ruanda

39 **Burundi** • Burundi

40 **Tanzanija** • Tansania

41 **Mozambik** • Mozambique

42 **Malavi** • Malawi

43 **Zambija** • Sambia

44 **Angola** • Angola

45 **Namibija** • Namibia

46 **Bocvana** • Botsuana

47 **Zimbabve** • Simbabwe

48 **Južnoafrička Republika** • Südafrika

49 **Lesoto** • Lesotho

50 **Svazi** • Swasiland

51 **Komori** • die Komoren

52 **Madagaskar** • Madagaskar

53 **Mauricijus** • Mauritius

Azija • Asien

1 **Turska** • die Türkei

2 **Cipar** • Zypern

3 **Ruska Federacija** • die Russische Föderation

4 **Gruzija** • Georgien

5 **Armenija** • Armenien

6 **Azerbajdžan** • Aserbaidschan

7 **Iran** • der Iran

8 **Irak** • der Irak

9 **Sirija** • Syrien

10 **Libanon** • der Libanon

11 **Izrael** • Israel

12 **Jordan** • Jordanien

13 **Saudijska Arabija** • Saudi-Arabien

14 **Kuvajt** • Kuwait

15 **Bahrein** • Bahrain

16 **Katar** • Katar

17 **Ujedinjeni Arapski Emirati** • Vereinigte Arabische Emirate

18 **Oman** • Oman

19 **Jemen** • der Jemen

20 **Kazahstan** • Kasachstan

21 **Uzbekistan** • Usbekistan

22 **Turkmenistan** • Turkmenistan

23 **Afganistan** • Afghanistan

24 **Tadžikistan** • Tadschikistan

25 **Kirgistan** • Kirgisistan

26 **Pakistan** • Pakistan

27 **Indija** • Indien

28 **Maldivi** • die Malediven

29 **Šri Lanka** • Sri Lanka

30 **Kina** • China

31 **Mongolija** • die Mongolei

32 **Sjeverna Koreja** • Nordkorea

33 **Južna Koreja** • Südkorea

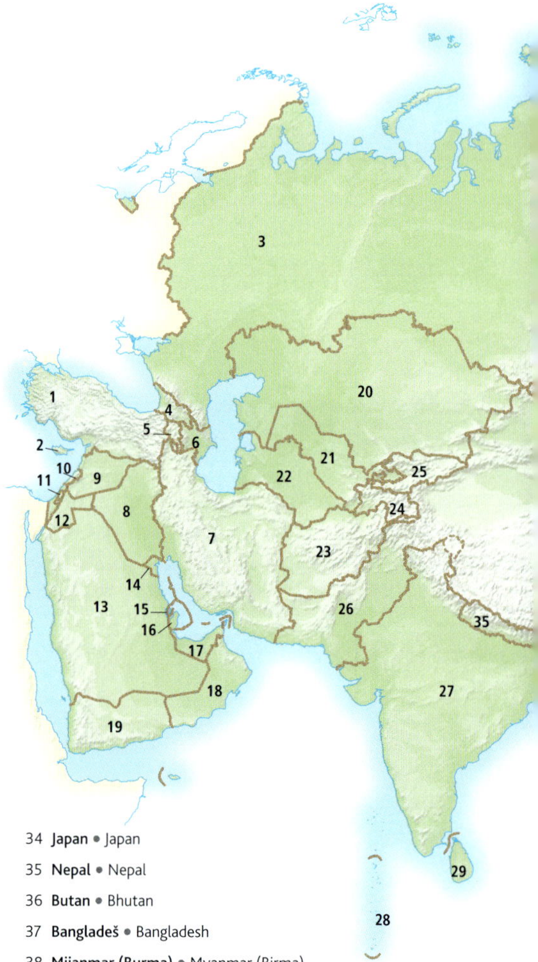

34 **Japan** • Japan

35 **Nepal** • Nepal

36 **Butan** • Bhutan

37 **Bangladeš** • Bangladesh

38 **Mijanmar (Burma)** • Myanmar (Birma)

39 **Tajland** • Thailand

40 **Laos** • Laos

41 **Vijetnam** • Vietnam

Australija i Oceanija • Australien und Ozeanien

1 **Australija** • Australien

2 **Tasmanija** • Tasmanien

3 **Novi Zeland** • Neuseeland

42 **Kambodža** • Kambodscha

43 **Malezija** • Malaysia

44 **Singapur** • Singapur

45 **Indonezija** • Indonesien

46 **Brunej** • Brunei

47 **Filipini** • die Philippinen

48 **Istočni Timor** • Timor-Leste

49 **Papua Nova Gvineja** • Papua-Neuguinea

50 **Solomonski otoci** • die Salomonen

51 **Vanuatu** • Vanuatu

52 **Fidži** • Fidschi

riječce i antonimi • Partikeln und Antonyme

k, prema zu, nach	**od** von, aus
preko über	**ispod** unter
ispred vor	**iza** hinter
na auf	**u** in
u in	**iz** aus
iznad über	**ispod** unter
unutra innerhalb	**izvan** außerhalb
gore hinauf	**dolje** hinunter
kod an, bei	**iza** jenseits
kroz durch	**oko** um
povrh, na auf	**pokraj** neben
između zwischen	**nasuprot** gegenüber
blizu nahe	**daleko** weit
ovdje hier	**tamo** dort

za für	**prema** zu… hin
uz entlang	**preko** über
s, sa mit	**bez** ohne
prije vor	**poslije** nach
do bis	**do** bis
rano früh	**kasno** spät
sada jetzt	**kasnije** später
uvijek immer	**nikada** nie
često oft	**rijetko** selten
jučer gestern	**sutra** morgen
prvi erste	**zadnji** letzte
svaki jede	**nešto** etwas
protiv gegen	**točno** genau
malo ein wenig	**mnogo** viel

veliko
groß

malo
klein

široko
breit

usko
schmal

dugačko
groß

kratko
kurz

visoko
hoch

nisko
niedrig

debelo
dick

tanko
dünn

lagano
leicht

teško
schwer

tvrdo
hart

mekano
weich

vlažno
nass

suho
trocken

dobro
gut

loše
schlecht

brzo
schnell

polako
langsam

ispravno
richtig

pogrešno
falsch

čist
sauber

prljav
schmutzig

lijep
schön

ružno
hässlich

skupo
teuer

jeftino
billig

tiho
leise

glasno
laut

vruće
heiß

hladno
kalt

otvoreno
offen

zatvoreno
geschlossen

puno
voll

prazno
leer

novo
neu

staro
alt

svijetlo
hell

tamno
dunkel

lagano
leicht

teško
schwierig

slobodno
frei

zauzeto
besetzt

jako
stark

slabo
schwach

debelo
dick

tanko
dünn

mlado
jung

staro
alt

bolje
besser

gore, lošije
schlechter

crno
schwarz

bijelo
weiß

zanimljivo
interessant

dosadno
langweilig

bolesno
krank

zdravo
gesund

početak
der Anfang

svršetak
das Ende

praktične fraze • praktische Redewendungen

važne fraze • wichtige Redewendungen

Da
Ja

Ne
Nein

Možda
Vielleicht

Molim
Bitte

Hvala
Danke

Molim
Bitte sehr

Oprostite
Entschuldigung

Žao mi je
Es tut mir Leid

Ne
Nicht

U redu
Okay

U redu
In Ordnung

Tako je.
Das ist richtig.

Nije tako.
Das ist falsch.

pozdravljanje • Begrüßungen

Dobar dan
Guten Tag

Do viđenja
Auf Wiedersehen

Dobro jutro
Guten Morgen

Dobar dan
Guten Tag

Doba večer
Guten Abend

Laku noć
Gute Nacht

Kako ste?
Wie geht es dir?

Zovem se ...
Ich heiße ...

Kako se zovete?
Wie heißen Sie?

Kako mu/joj je ime?
Wie heißt er/sie?

Mogu li predstaviti ...
Darf ich ... vorstellen

To je ...
Das ist ...

Drago mi je
Angenehm

Do viđenja
Bis später

znakovi • Schilder

Turističke informacije
Touristen-Information

Ulaz
Eingang

Izlaz
Ausgang

Izlaz za nuždu
Notausgang

Gurni
Drücken

Opasnost
Lebensgefahr

Zabranjeno pušenje
Rauchen verboten

U kvaru
Außer Betrieb

Radno vrijeme
Öffnungszeiten

Ulaz besplatan
Eintritt frei

Otvoreno cijeli dan
Durchgehend geöffnet

Popust
Reduziert

Prodaja
Ausverkauf

Pokucajte prije ulaska
Bitte anklopfen

Ne gazite travu
Betreten des Rasens verboten

pomoć • Hilfe

Možete li mi pomoći?
Können Sie mir helfen?

Ne razumijem.
Ich verstehe nicht.

Ne znam.
Ich weiß nicht.

Govorite li engleski, hrvatski, njemački ...?
Sprechen Sie Englisch, Kroatisch, Deutsch ...?

Govorim engleski, hrvatski, njemački ...
Ich spreche Englisch, Kroatisch, Deutsch ...

Molim, govorite sporije.
Sprechen Sie bitte langsamer.

Molim Vas zapišite mi.
Schreiben Sie es bitte für mich auf.

Izgubio/Izgubila sam ...
Ich habe ... verloren.

smjerovi • Richtungsangaben

Izgubio/Izgubila sam se
Ich habe mich verlaufen.

Gdje je ...?
Wo ist der/die/das ...?

Gdje je najbliži/najbliža ...?
Wo ist der/die/das nächste ...?

Gdje je zahod?
Wo sind die Toiletten?

Kako ću doći do ...?
Wie komme ich nach ...?

Desno
Nach rechts

Lijevo
Nach links

Ravno
Geradeaus

Koliko je daleko ...?
Wie weit ist ...?

prometni znakovi • die Verkehrsschilder

Svi smjerovi
Alle Richtungen

Pozor
Achtung

Zabranjen ulaz
Keine Zufahrt

Vozite polako
Langsam fahren

Zaobilazak
Umleitung

Vozite desno
Rechts fahren

Autocesta
Autobahn

Zabranjeno parkiranje
Parkverbot

Slijepa ulica
Sackgasse

Jednosmjerna ulica
Einbahnstraße

Ostali smjerovi
Andere Richtungen

Samo za stanare
Anlieger frei

Cestogradnja
Baustelle

Opasan zavoj
Gefährliche Kurve

smještaj • Unterkunft

Imam rezervaciju.
Ich habe ein Zimmer reserviert.

Gdje je blagovaonica?
Wo ist der Speisesaal?

Broj moje sobe je ...
Meine Zimmernummer ist ...

Kad je doručak?
Wann gibt es Frühstück?

Vratit ću se oko ... sati.
Ich bin um ... Uhr wieder da.

Odlazim sutra.
Ich reise morgen ab.

jedenje i pijenje • Essen und Trinken

Živjeli!
Zum Wohl!

Odlično/Loše je.
Es ist köstlich/scheußlich.

Ne pijem/pušim.
Ich trinke/rauche nicht.

Ne jedem meso.
Ich esse kein Fleisch.

Dosta mi je, hvala.
Nichts mehr, danke.

Mogu li dobiti još?
Könnte ich noch etwas mehr haben?

Možemo li dobiti račun?
Wir möchten bitte zahlen.

Želio bih potvrdu.
Ich hätte gerne eine Quittung.

Za nepušače
Nichtraucherbereich

zdravlje • die Gesundheit

Ne osjećam se dobro.
Ich fühle mich nicht wohl.

Osjećam se loše.
Mir ist schlecht.

Koji je telefonski broj najbližeg liječnika?
Wie ist die Telefonnummer des nächsten Arztes?

Ovdje me boli.
Es tut hier weh.

Imam groznicu.
Ich habe Fieber.

Ja sam u ... mjesecu trudnoće.
Ich bin im ... Monat schwanger.

Trebam recept za ...
Ich brauche ein Rezept für ...

Ja obično ...
Ich nehme normalerweise ...

Alergičan sam na ...
Ich bin allergisch gegen ...

hrvatski

hrvatsko kazalo • kroatisches Register

A
Adamova jabučica *ž* 19
adresa *ž* 98
adresa e-pošte *ž* 177
aduki grah *m* 131
aerobik *m* 251
Afganistan *m* 318
Afrika *ž* 317
agencija nekretnina *ž* 115
agrumi 126
ahat *m* 288, 289
Ahilova tetiva *ž* 16
aikido *m* 236
ajurvedska medicina *ž* 55
ajvar *m* 135
akacija *ž* 110
akademije 169
akademski stupanj *m* 169
akcije 227, 229
akrilne boje 274
akrobatski skokovi 247
aktivnosti 162, 263
aktivnosti na otvorenom 262
aktovka *ž* 37
akumulator *m* 78, 202
akumulatorska bušilica *ž* 78
akupresura *ž* 55
akupunktura *ž* 55
akvamarin *m* 288
alat *m* 187, 207, 275
Albanija *ž* 316
alergija *ž* 44
aligator *m* 293
alkoholna pića 145
alpska kombinacija *ž* 247
alpski vrt *m* 84
alternativne terapije 54
alternator *m* 203
aluminij *m* 289
Alžir *m* 317
Aljaska *ž* 314
Amazonija *ž* 312
ambalaža *ž* 311
ambulanta *ž* 168
ambulanta hitne pomoći *ž* 48
američki nogomet *m* 220
ametist *m* 288
amniocenteza *ž* 52
amper *m* 60
analgetici 47
analiza krvi *ž* 48
analiza *ž* 49
ananas *m* 128
Ande *ž* 312
Andora *ž* 316
anesteziolog *m* 48
Angola *ž* 317
animirani film *m* 178, 255
anis *m* 122, 133
antifriz *m* 199
Antigva i Barbuda 314
antiseptički ubrus *m* 47
antiseptik *m* 47
antonimi i riječce 320
aparat *m* 99
aparat sa stlačenim zrakom *m* 199
aparat za gašenje požara *m* 95
aparat za kavu *m* 65, 148, 150
aparat za klamanje *m* 173
aparat za pripremu hrane *m* 66
aparatić za zube *m* 50
aperitiv *m* 153
aplikacija *ž* 176
APS fotoaparat *m* 270
aranžmani 111
Arapsko more *s* 313
arbun *m* 120
Argentina *ž* 315
arhitekt *m* 190
arhitektonski stilovi 301
arhitektonski vrt *m* 84, 262
arhitektura *ž* 300
arhitrav *m* 301
ariš *m* 296
aritmetika *ž* 165
Armenija *ž* 318
aromaterapija *ž* 55
aromatizirano ulje *s* 134
art deco m 301
arterija *ž* 19
artičoka *ž* 124
as *m* 230, 273
asfalt *m* 187
asistentica *ž* 24
asteroid *m* 280
astigmatizam *m* 51
astma *ž* 44
astronaut *m* 281
astronomija *ž* 281
Atlantski ocean *m* 312
atletičarka *ž* 234
atletika *ž* 234
atmosfera *ž* 282, 286
atrij *m* 104
audiokaseta *ž* 269
Australija *ž* 319
Australija i Oceanija 319
Austrija *ž* 316
aut *m* 225, 228
autobus *m* 196
autobus na kat *m* 196
autobusna postaja *ž* 197, 299
autobusni kolodvor *m* 197
autocesta *ž* 194
autokarta *ž* 195
automatska vrata *ž* 196
automatski mjenjač *m* 200
automobil *m* 198, 200, 202
automobil *s* petorim vratima *m* 199
automobilizam *m* 249
automobilska nesreća *ž* 203
autonomno ronjenje *s* 239
autopraonica *ž* 199
avenija *ž* 299
avokado *m* 128
Azerbajdžan *m* 318
Azija *ž* 318

B
bacač *m* 225, 229
bacačev humak *m* 228
bacanje diska *s* 234
bacanje koplja *s* 234
bacanje kugle *s* 234
bacanje *s* 237
bacati 225, 227, 229
baciti 221, 229, 245
baciti sidro 217
badem *m* 129
bademi 151
bademovo ulje *s* 134
badminton *m* 231
bager *m* 187
Bahami *m* 314
bajc *m* 79
bajonetno grlo *s* 60
bajtovi 176
baka *ž* 22
bakalar *m* 120
bakar *m* 289
bake 23
bala *ž* 184
Baleari *m* 316
balerina *ž* 191
balet *m* 255
baletna suknjica *ž* 191
balkon *m* 59, 254
balon *s* vrućim zrakom *m* 211
Baltičko more *s* 313
bambus *m* 86, 122
bamija *ž* 122
banana *ž* 128
banana punđa *ž* 39
Bangladeš *m* 318
banka *ž* 96
bankina *ž* 194
bankomat *m* 97
bar *m* 150
bar micva *ž* 26
Barbados *m* 314
barok *m* 301
barski stolac *m* 150
bas gitara *ž* 258
bas gitarist *m* 258
bas klarinet *m* 257
bas ključ *m* 256
bat za meso *m* 68
batak *m* 119
baterija *ž* 167
baterije 260
batić *m* 167
baza *ž* 164
bazalt *m* 288
bazen *m* 101, 238, 250
bazna stanica *ž* 99
bedrena kost *ž* 17
bedro *s* 12
bejzbol *m* 228
bekhend *m* 231
Belgija *ž* 316
Belize *m* 314
Benin *m* 317
benzin *m* 199
benzinska crpka *ž* 199
benzinska postaja *ž* 199
bescarinska prodavaonica *ž* 213
beskralješnjaci 295
beskvasni kruh *m* 139
betonski blok *m* 187
bez 320
bez kostiju 121
bez kože 121
bez krljušti 121
bez leda 151
bez ljuske 129
bez masnoće 137
bez naramenica 34
bez rukava 34
bez sjemenki 127
bez svijesti 47
bezalkoholna pića 15, 144
bezolovni 199
bežični telefon *m* 99
biatlon *m* 247
bicikl *m* 206
bicikl za vježbanje *m* 250
biciklistička staza *ž* 206
biciklizam *m* 263
bide *m* 72
bife *m* 152
bife za doručak *m* 156
bifokalno 51
bijela 39, 274
bijela čokolada *ž* 113
bijela kava *ž* 148
bijela štruca *ž* 139
bijeli grah *m* 131
bijeli kruh *m* 138
bijeli ribiz *m* 127
bijelo 145, 272
bijelo meso *s* 118
bik *m* 185
bikini *m* 264
bilijar *m* 249
bilješke 175, 191
bilježiti 163
bilježnica *ž* 163, 172
biljka za sjenu *ž* 87
biljke 296
biljna spužva *ž* 73
biljno ulje *s* 135
biologija *ž* 162
biološki otpad *m* 61
birač boda *m* 276
birati 99
biserna ogrlica *ž* 36
biskvitni kolač *m* 140
bistra juha *ž* 158
bjelanjak *m* 137
Bjelorusija *ž* 316
blagajna *ž* 106, 150, 209, 216, 255
blagajnik *m* 96, 106
blagovaonica *ž* 64
blanja *ž* 81
blanjati 79
blatobran *m* 205
blejzer *m* 33
blitva *ž* 123
blizanci 23
blizu 320
blok za pisanje *m* 173
blok za skiciranje *m* 275
blokada *ž* 237
blokirati 227
blond, plava 39
blues m 259
bluza *ž* 34
bluza trenirke *ž* 33
bljeskalica *ž* 270
bob *m* 122, 131
bobica *ž* 296
bobice i lubenice 127
bob-saonice *ž* 247
boca *ž* 61, 135, 311
boca *s* vodom *ž* 206
boca sa zrakom *ž* 239
boca za vodu *ž* 267
Bocvana *ž* 317
bočica *ž* 75
bočna crta *ž* 220, 221, 226, 230
bočna paluba *ž* 240
bočno zrcalo *s* 198
bod *m* 273, 277
bodljikava smokva *ž* 128
bogomoljka *ž* 295
boja *ž* 39, 83, 274
boja (kartaška) *ž* 273
boja za kosu *ž* 40
bojica *ž* 163
bojler *m* 61
bok *m* 121
boks *m* 236
boksačka gimnastika *ž* 251
boksačke rukavice 237
boksački ring *m* 237
bokserice *ž* 33

bol u želucu ž44
bolest ž 44
Bolivija ž 315
bolnica ž 48
bolničar m 94
bolnička soba ž 48
bombarder m 211
bomboni 113
bombonijera ž 113
bongo m 257
bor m 296
bora ž 15
borba ž 237
borbene vještine 237
borilački sportovi 236
borovnica ž 127
bosiljak m 133
Bosna i Hercegovina 316
Božić m 27
božikovina ž 296
božur m 111
bračni krevet m 71
brada ž 14
brajda ž 84
brana ž 300
branič m 223
branik m 198
brašno za dizano tijesto s 139
brat m 22
brati 91
brava ž 59
brazda ž 183
Brazil m 315
brazilski orah m 129
brci 290
brdo s 284
brdski bicikl m 206
breskva ž 126, 128
breza ž 296
bridž m 273
brie m 142
brijač m 39, 188
brijaći aparat m 73
brijanje s 73
brijest m 296
brioš m 157
brisač m 198
brisati prašinu 77
britvica ž 73
brod m 214
brodogradilište s 217
brodska kuhinja ž 214
brodske stube 214
broj m 226, 308
broj izlaza m 213
broj leta m 212
broj linije m 196
broj perona m 208
broj računa m 96
broj sobe m 100
brojač okretaja m 201
brojač snimaka m 270
brojiti 165
brojnik m 165
brokula ž 123
bronca ž 235
broš m 36
brtva ž 61
Brunej m 319
brus m 81
brusilica ž 78
brusiti 82
brusni papir m 81, 83
brusnica ž 127
brza cesta ž 195
brza linija ž 197
brzaci 241, 284
brzine 206
brzinomjer m 201, 204
brzo 321
brzo pečeno jelo s 158
brzo klizanje s 247
bubamara ž 295
bubanj m 258
bubnjar m 258
bubnjevi 258
bubreg m 18, 119
bubrežnjak m 119
buča ž 124, 125
bučice 251
budilica ž 70
Bugarska ž 316
buket m 35, 111
bukva ž 296
bundeva ž 125
bungalov m 58
bungee skakanje s 248
bunker m 232
Bunsenov plamenik m 166
Burkina Faso ž 317
Burma ž 318
Burundi m 317
burza ž 97
burzovni mešetar m 97
bušaća svrdla 80
bušaće svrdlo s 78
bušilica ž 50
bušiti 79
but m 119
Butan m 318
butik m 115

C
caklina ž 50
camembert m 142
capoeira ž 237
carina ž 212
carinarnica ž 216
carski rez m 52
CD reproduktor m 268
cecelj m 123
cedar m 296
celer listaš m 122
cement m 186
centimetar m 310
centrifuga ž 76
centrifugirati 76
ceste 194
cestovne oznake 194
cestovni bicikl m 206
cestovni radovi 187
cheddar m 142
chutney m 135
cigara ž 112
cigarete 112
cijelo 132
cijena ž 152, 199, 209
cijena dionice ž 97
cijena karte ž 197
cijena ulaznice ž 260
cijepljenje s 45
cijev ž 202
cijevni ključ m 80
cijevni nastavak m 80
cikla ž 125
cikorija ž 122
cimet m 133
cink m 289
Cipar m 316
cipela na vezivanje ž 37
cipela s visokom petom ž 37
cipela za golf ž 233
cipele 34, 37
cjedilo s 68
cjenik m 154
country glazba ž 259
crijep m 58, 187
crijevo s 89, 95
crkva ž 299, 300
crna 39, 274
Crna Gora ž 316
crna kava ž 148
crna maslina ž 143
crna rupa ž 280
crni čaj m 149
crni kruh m 139, 149
crni pojas m 237
crni ribiz m 127
crno 145, 272
Crno more s 313
crno-bijeli grah m 131
crosstrainer m 250
crta baze ž 229
crta cilja ž 234
crta igre ž 233
crta mrtve lopte ž 221
crta slobodnih bacanja ž 226
crta starta ž 234
crta triju točaka ž 226
crta vratiju ž 220, 223, 224
crtanje s 275
crtati 162
crte 165
crtovlje s 256
crv m 295
crvena 274
crvena leća ž 131
crveni feferon m 132
crveni grah m 131
crveni karton m 223
crveni list m 120
crveni ribiz m 127
crvenilo očiju s 271
crveno meso s 118
Crveno more s 313
crvuljak m 18
CT slika ž 48
curling m 247
cvijeće s 110
cvijet m 297
cvjećarica ž 188
cvjećarnica ž 110
cvjetača ž 124
cvjetić m 122
cvjetna gredica ž 90
cvjetna lijeha ž 85
cvjetni grm m 87
cvjetnice 297
cvrčak m 295

Č
Čad m 317
čaj m 144, 149, 156, 184
čaj od mente m 149
čaj s limunom m 149
čaj s mlijekom m 149
čajna vrećica ž 144
čajna žličica ž 65
čajnik m 65
čamac na napuhavanje m 215
čamac na vesla m 214
čamac za spašavanje m 214
čarape 33, 35
časopis m 112
časopisi 107, 168
čaša ž 152
čaša s kljunom ž 167
čaša za vodu ž 65
čaše 150
čašica ž 17, 151
čaška ž 297
čavao m 80
ček m 96
čekaonica ž 45, 213
čekić m 80, 187, 275
čekovna knjižica ž 96
čelična vuna ž 81
čelo s 14
čeljust ž 17
čeoni mišić m 16
čeonik m 242
čep m 60, 72, 134, 166
čestitka ž 27
češalj m 38
Češka ž 316
češljati 38
češnjak m 125, 132
četinjača ž 86
četiri 308
četiristo 308
četka ž 38, 77
četka za leđa ž 73
četka za lijepljenje ž 82
četka za tapete ž 82
četka za zahod ž 72
četkati 38
četkica za obrve ž 40
četkica za zube ž 72
četrdeset 308
četrdeset minuta 304
četrdeseti 309
četrnaest 308
četrnaest dana 307
četrnaesti 309
četvera vrata 200
četveroglavi mišić m 16
četvorna stopa ž 310
četvorni metar m 310
četvrt galona 311
četvrt sata 304
četvrta baza ž 228
četvrtak m 306
četvrti 309
Čile m 315
činele 257
čipka ž 35
čips m 113, 151
čistač m 188
čistiti 77
čistiti zubnim koncem 50
čisto rublje s 76
čitaonica ž 168
čitati 162
čokoladna kuglica ž 113
čokoladna tabla ž 113
čokoladni kolač m 140
čokoladni namaz m 135
čokoladni preljev m 140
čučanj m 251
čunj m 187, 249
čupava deka ž 74
čuturica ž 267
čuvar baze m 228

Ć
ćelav 39
ćelija ž 94, 181

D
da 322
dagnja ž 121, 295
daleko 320
dalekovidnost ž 51
daljinski upravljač m 269
dama ž 273
dame 272
dan m 306
Dan zahvalnosti m 27
danas 306
dance m 259
Danska ž 316
dar m 27
daska ž 241
daska koturaljka ž 249
daska za glačanje ž 76
daska za plivanje ž 61, 238, 244
daska za rezanje ž 68
daska za valove ž 241
daskanje s 241, 249, 263
daskanje na snijegu s 247
daskaš m 241
daščani pod m 85
datoteka ž 177
datulja ž 129
daždevnjak m 294
debelo 321

debelo crijevo *s* 18
debitna kartica *ž* 96
deblenjak *m* 240
deblo *s* 296
dečko *m* 24, 273
deka *ž* 71, 74
delikatese 107, 142
deltoidni mišić *m* 16
Demokratska Republika Kongo *ž* 317
denominacija *ž* 97
deodorant *m* 73
deodoranti 108
depilacija *ž* 41
dermatologija *ž* 49
desert *m* 153
desertni tanjurić *m* 65
deset 308
deset tisuća 309
deseti 309
desetljeće *s* 307
desktop *m* 177
desno 260, 323
desno polje *s* 229
detektiv *m* 94
deterdžent *m* 77
deva *ž* 291
devedeset 308
devedeseti 309
devet 308
deveti 309
devetnaest 308
devetnaesti 309
devetsto 308
dezinfekcijsko sredstvo *s* 51
digitalni fotoaparat *m* 270
digitalno 269
dijabetes *m* 44
dijafragma *ž* 21
dijagonala *ž* 164
dijamant *m* 288
dijeliti 165, 273
dijeljeno 165
dijete *s* 23, 31
dim *m* 95
dimenzije 165
dimljena haringa *ž* 157
dimljena riba *ž* 143
dimljeno 118, 121, 143, 159
dimnjak *m* 58, 214
dinamo *m* 207
dinja *ž* 127
dio za nepušače *m* 152
dio za pušače *m* 152
dionice 97
dioptrija *ž* 51
diploma *ž* 169
diplomantica *ž* 169
diplomirati 26
direktor banke *m* 96
dirigent *m* 256
dirigentski štapić *m* 256
disalica *ž* 239
disanje *s* 47
discipline 243, 247
disertacija *ž* 169
disketa *ž* 176
diskman *m* 268
dišni sustav *m* 19
Divali *m* 27
dividenda *ž* 97
divlja riža *ž* 130
divljač *ž* 118, 119
dizajnerica *ž* 191
dizalica kamere *ž* 178
dizalica *ž* 187, 216
dizalo *s* 59, 100, 104
dizati se (tijesto) 139
dizel 199
dizelska lokomotiva *ž* 208
DJ *m* 179
djeca *ž* 23
dječak *m* 23
dječja čaša *ž* 75
dječja kadica *ž* 74
dječja kolica *ž* 75
dječja noćna posuda *ž* 74
dječja odjeća *ž* 30
dječja soba *ž* 74
dječje sjedalo *s* 198, 207
dječji bazen *m* 263
dječji obrok *m* 153
dječji odjel *m* 48, 104
dječji stolac *m* 75
djed *m* 22
djedovi 23
djelatnica putničke agencije *ž* 190
djelomično obrano mlijeko *s* 136
djetelina *ž* 297
djevojčica *ž* 23
djevojka *ž* 24
dlan *m* 15
dlanovnik *m* 175
dlijeto *s* 81, 275
dnevna soba *ž* 62
dnevni red *m* 174
dno šatora *s* 267
do 320
dob *ž* 23
dobiti dijete 26
dobro 321
dodaci 36
dodatak *m* 177, 255
dodati 220, 221, 223
dodavanje *s* 226
događaji u životu 26
dogovoreni sastanak *m* 175
dogovoreno vrijeme *s* 45
dogradnja *ž* 58
dojavnik dima *m* 95
dojenče *s* 23, 30
dojenje *s* 53
dojiti 53
dojka *ž* 12
dok *m* 214, 216
dokaz *m* 181
doktorat *m* 169
dokumentarni film *m* 178
dolasci 213
dolazna pošta *ž* 177
dolina *ž* 284
dolje 320
domaći let *m* 212
domaći uradak *m* 163
domaćica *ž* 64, 210
domaćica zrakoplova *ž* 190
domaćin *m* 64
Dominika *ž* 314
Dominikanska Republika *ž* 314
domino *m* 273
donje rublje *s* 32, 35, 105
donji dio torte *m* 141
dopisni prijatelj *m* 24
doručak *m* 64, 156
dosađivati se 25
dostava u kuću *ž* 154
dostavna služba *ž* 99
dovod *m* 61
dovodna cijev *ž* 61
doziranje *s* 109
dragi kamen *m* 36
drago kamenje 288
draguljar *m* 188
draguljarnica *ž* 114
dragun *m* 128
dražica *ž* 20
drenaža *ž* 91
dres *m* 221, 222, 227
dresurno jahanje *s* 243
driblati 222
druge trgovine 114
druge vještine 275
drugi 309
drugi kat *m* 104
drveće 285
drvena greda *ž* 187
drvena puhačka glazbala 257
drvene strugotine 78
drveni ugljen *m* 266
drvo *s* 79, 296
drvo za oblikovanje *s* 275
držač za ručnik *m* 72
držak *m* 230
držanje *s* 237
država *ž* 315
dubina *ž* 165
duboka voda *ž* 239
dubokomorski ribolov *m* 245
duda *ž* 75
dúga *ž* 287
dugačko 321
dugi val *m* 179
dugme *s* 33
dugo 32
dugog zrna 130
duhan *m* 112, 184
duljina *ž* 165, 310
duljina do gležnja *ž* 34
duljina do koljena *ž* 34
dunja *ž* 128
dupin *m* 290
dupla, dvostruka 151
dušnik *m* 18
dva 308
dva sata 304
dva za deset 304
dva za pet 304
dvadeset 308
dvadeset drugi 309
dvadeset dva 308
dvadeset jedan 308
dvadeset minuta 304
dvadeset prvi 309
dvadeset tisuća 309
dvadeset treći 309
dvadeseti 309
dvanaesnik *m* 18
dvanaest 308
dvanaesti 309
DVD *m* 268
DVD čitač *m* 268
dvije tisuće prva 307
dvije tisućita 307
dvjesto 308
dvoglavi mišić *m* 16
dvogled *m* 281
dvogodišnje 86
dvoja vrata 200
dvokrevetna soba *ž* 100
dvokrilac *m* 211
dvorac *m* 300
dvorana za fitnes *ž* 101
dvorište *s* 58, 84, 182
dvostruka 151
dvostruki krov *m* 266
dvovisinske ruče 235

DŽ
džamija *ž* 300
džem *m* 156
džem od limuna *m* 134
džem od malina *m* 134
džemper *m* 33
džep *m* 32
džepna svjetiljka *ž* 267
Džibuti *m* 317
džin *m* 145
džin-tonik *m* 151
džogiranje *s* 251, 263
džoker *m* 273

Đ
đak *m* 162
đumbir *m* 125, 133

E
edamac *m* 142
Egipat *m* 317
egzosfera *ž* 286
ehografija *ž* 52
ekcem *m* 44
ekler *m* 140
ekonomija *ž* 169
ekran *m* 176, 255
eksperiment *m* 166
ekspozicija *ž* 271
Ekvador *m* 315
ekvator *m* 283
Ekvatorijalna Gvineja *ž* 317
električar *m* 188
električna bušilica *ž* 78
električna deka *ž* 71
električna glazbala 258
električna kuhinjska pomagala 66
električna lokomotiva *ž* 208
električna mreža *ž* 60
električna roba *ž* 105, 107
električna struja *ž* 60
električni priključak *m* 266
električni udar *m* 46
električno brojilo *s* 60
elektronička bljeskalica *ž* 270
elektronička pošta (e-pošta) *ž* 177
element za smeće *m* 61
elipsa *ž* 164
elisa *ž* 211
embrij *m* 52
emisija *ž* 179
emitirati 178
emulzijska boja *ž* 83
endivija *ž* 123
endokrini sustav *m* 19
endokrinologija *ž* 49
engleski doručak *m* 157
engleski rog *m* 257
engleski senf *m* 135
epiduralna anestezija *ž* 52
epiglotis *m* 19
epilepsija *ž* 44
epiziotomija *ž* 52
epruveta *ž* 166
Eritreja *ž* 317
erumpirati 283
espresso m 148
Estonija *ž* 316
estragon *m* 133
eterična ulja 55
etiketa *ž* 172
etikete 89
Etiopija *ž* 317
etui *m* 51
eukaliptus *m* 296
Europa *ž* 316

F
fagot *m* 257
faks *m* 98
fakultet *m* 168
Falklandsko otočje *s* 315
farmaceutkinja *ž* 108, 189
faza *ž* 60
fazan *m* 119, 293
feferon *m* 124, 143
feihoja *ž* 128
feng shui m 55
fetus *m* 52
Fidži *m* 319
figura *ž* 272
filatelija *ž* 273
filet *m* 119, 121
fileti lista 120
filetirano 121
Filipini *m* 319

filo tijesto *s* 140
film *m* 260, 271
film strave *m* 255
filmski set *m* 179
filozofija *ž* 169
filtar *m* 270
filtar-kava *ž* 148
filtar-papir *m* 167
financijska savjetnica *ž* 97
Finska *ž* 316
firentinac *m* 141
fitnes *m* 250
fitnes dvorana *ž* 250
fizika *ž* 162, 169
fizioterapija *ž* 49
flaster *m* 47
flaširana voda *ž* 144
flauta *ž* 257
floret *m* 249
folikul *m* 20
folk glazba *ž* 259
forhend *m* 231
fotoalbum *m* 271
fotoaparat *m* 260
fotofiniš *m* 234
fotograf *m* 191
fotografija *ž* 270, 271
fotografirati 271
fotokopirati 172
fotorobot *m* 181
Francuska Gijana *ž* 315
Francuska *ž* 316
francuski grah *m* 131
francuz *m* 138
frape *m* 137
frape od čokolade *m* 149
frape od jagoda *m* 149
frape od kave *m* 149
fraze 322
frekvencija *ž* 179
frezija *ž* 110
friz *m* 301
frizer *m* 38, 188
frizerski salon *m* 115
frizure 39
frotirska pelena *ž* 30
funta *ž* 310

G
Gabon *m* 317
gacati kroz vodu 239
gaće *ž* 33
gaćice *ž* 35
gagat *m* 288
galaktika *ž* 280
galanterija i pozamenterija 105
Galapagosko otočje *s* 315
galeb *m* 292
galerija *ž* 254
galon *m* 311
galop *m* 243
galvaniziran 79
Gambija *ž* 317
Gana *ž* 317
garaža *ž* 58
gat *m* 216, 217
gaza *ž* 47
gazirana 144
gejzir *m* 285
gel *m* 109
gel za kosu *m* 38
gel za tuširanje *m* 73
gem *m* 230
generator *m* 60
geografska dužina *ž* 283
geografska širina *ž* 283
geometrija *ž* 165
geometrijska tijela 164
geometrijski likovi 164
gerber *m* 110
gimnastičarka *ž* 235
gimnastika *ž* 235
ginekolog *m* 52
ginekologija *ž* 49
gips *m* 83
girlanda *ž* 111
gitarist *m* 258
glačalo *s* 76
glačati 76
gladan 64
gladiola *ž* 110
glasnice 19
glasnoća *ž* 179, 269
glasovir *m* 256
glasovna poruka *ž* 99
glava *ž* 12, 19, 80, 230
glava cilindra *ž* 202
glava lule *ž* 112
glava tuša *ž* 72
glava za svrdla *ž* 78
glavina *ž* 206
glavni direktor *m* 175
glavni grad *m* 315
glavni ured *m* 175
glavno jedro *s* 240
glavno jelo *s* 153
glavobolja *ž* 44
glazba *ž* 162, 259
glazbala 256, 258
glazbena akademija *ž* 169
glazbenik *m* 191
glazirati 139
glazura *ž* 141
gledalište *s* 254
gledalo rendgenskih slika *s* 45
gledatelji 233
gledati televiziju 269
gležanj *m* 13, 15
glina *ž* 85, 275
glodalica *ž* 78
glumac *m* 191, 254
glumci 179
glumica *ž* 254
gljiva *ž* 125
gmazovi 293
gnajs *m* 288
gnojiti 91
gnojivo *s* 88, 91
gnječilo za krumpir *s* 68
gnjilo 127
godina *ž* 306, 307
godišnja doba 307
godišnje 307
godišnjica *ž* 26
golać *m* 295
golf *m* 232
golfer *m* 232
golub *m* 292
goljenica *ž* 12
goljenična kost *ž* 17
gong *m* 257
gore 98, 320
gorila *ž* 291
gorka čokolada *ž* 113
gorko 124, 127
gornja cijev okvira *ž* 207
gornji dio torte *m* 141
gospodin *m* 23
gospođa *ž* 23
gospođica *ž* 23
gost *m* 64, 100, 152
gotika *ž* 301
gotova jela 107
govedina *ž* 118
govornica *ž* 99
govornik *m* 174
GPS *m* 201
grabljati 90
grablje *ž* 88
grad *m* 298
gradilište *s* 186
graditi 186
gradnja *ž* 186
gradska kuća *ž* 58
gradska vijećnica *ž* 299
gradske kuće u nizu 58
gradski automobil *m* 199
građevine 299
građevine i stilovi 300
grafit *m* 289
grafoskop *m* 163, 174
grah i grašak 131
grah trešnjevac *m* 122
gram *m* 310
gramofon *m* 268
grana *ž* 296
granat *m* 288
grančica *ž* 296
granica terena *ž* 225
granit *m* 288
grašak *m* 122, 131
graviranje *s* 275
gravitacija *ž* 280
grba *ž* 291
grč *m* 239
grčevi 44
Grčka *ž* 316
grdobina *ž* 120
greda *ž* 186, 235
gredica *s* povrćem *ž* 182
gredica sa začinskim biljem *ž* 85
grejp *m* 126
Grenada *ž* 314
Grenland *m* 314
grickalice 151
grijač *m* 61
grijalica *ž* 60
gripa *ž* 44
griva *ž* 242, 291
griz *m* 130
grkljan *m* 19
grlić maternice *m* 20, 52
grlo *s* 19
grom *m* 286
grotlo *s* 283
grožđe *s* 127
grožđica *ž* 129
grožđica bez koštica *ž* 129
grudnjak *m* 35
grudnjak za dojenje *m* 53
Gruzija *ž* 318
guava *ž* 128
gubica *ž* 293
guliti 67
guma za žvakanje *ž* 113
guma *ž* 198, 205, 206
gumb *m* 31, 32
gumb za izoštravanje *m* 167
gumb za poziv *m* 48
gumb za zaustavljanje *m* 197
gumene čizme 31, 89
gumica *ž* 163, 173
gumica za kosu *ž* 39
gurni 322
gusjenica *ž* 295
guska *ž* 119, 293
guščje jaje *s* 137
gušiti se 47
gušter *m* 293
gušterača *ž* 18
Gvajana *ž* 315
Gvatemala *ž* 314
Gvineja *ž* 317
Gvineja Bisao *ž* 317

H
Haiti *m* 314
halter *m* 35
haljina *ž* 31, 34
hamburger *m* 154, 155
hamburger *s* pomfritom *m* 154
hardver *m* 176
harfa *ž* 256
Havaji *m* 314
heavy metal *m* 259
helikopter *m* 211
hematit *m* 289
hendikep *m* 233
herbicid *m* 91, 183
herc *m* 273
hermetički zatvorena staklenka *ž* 135
hidrant *m* 95
hidratantna krema *ž* 41
hidroavion *m* 211
hidrokrilni brod *m* 215
hidroterapija *ž* 55
hi-fi sustav *m* 268
higijenski uložak *m* 108
Himalaja *ž* 313
hipnoterapija *ž* 55
hipoalergeno 41
hipodrom *m* 243
hipoteka *ž* 96
hipotenuza *ž* 164
hitan slučaj *m* 46
hitna pomoć *ž* 94
hitne službe 94
hlače *ž* 32, 34
hlače s naramenicama *s* 30
hlače trenirke *m* 33
hladno 286, 321
hladno prešano ulje *s* 135
hladnjak *m* 67, 202
hladnjak-zamrzivač *m* 67
hlap *m* 295
hljeb *m* 139
hljebovac *m* 124
hobotnica *ž* 121, 295
hodnik *m* 59
hokej *m* 224
hokej na travi *m* 224
hokejaš *m* 224
hokejaška palica *ž* 224
homeopatija *ž* 55
homogenizirano 137
Honduras *m* 314
hormon *m* 20
hot dog *m* 155
hotel *m* 100, 264
hram *m* 300
hrana *ž* 117, 149
hrana za ljubimce *ž* 107
hraniti 183
hrast *m* 296
hrčak *m* 290
hrid *ž* 285
hrkati 71
hrskavica *ž* 17
hrskavo 127
hrvanje *s* 236
Hrvatska *ž* 316
hulahupke *ž* 34, 35
hvala 322
hvatač *m* 225, 229
hvataljka *ž* 167, 240
hvatati 225, 227, 229

I
ići spavati 71
identifikacijska narukvica *ž* 53
identifikacijska značka *ž* 189
igla za kravatu *ž* 36
igla *ž* 60, 109
igra *ž* 273
igrač *m* 221, 273
igrač kriketa *m* 225
igračka *ž* 75
igračke 105
igralište *s* 226, 227, 228, 230, 263
igrani film *m* 269
igrati 75, 229, 273

igre 272
igre na ploči 272
igre s reketom 231
ikona ž 177
ilovača ž 85
impotentan 20
inbus ključ m 80
inč m 310
indigo 274
Indija ž 318
Indijski ocean m 313
indijski orah m 129
indijski orasi 151
Indonezija ž 319
industrijska zona ž 299
infarkt m 44
infekcija ž 44
informacije 99, 168, 261
infuzija ž 53
inhalator m 44, 109
inkubator m 53
inspektor m 94
instalirati 177
instrumentna ploča ž 201
integralni kruh m 139
integralno 130
integralno brašno s 138
interfon m 59
Internet m 177
intervju m 179
invalidska kolica ž 48
inzulin m 109
injekcija ž 48, 167
ionosfera ž 286
Irak m 318
Iran m 318
Irska ž 316
iseliti 26
iskaznica knjižnice ž 168
isključenje s 223
isključiti televizor 269
iskorak počučnjem m 251
iskrcati se 217
ispirati 38, 76
ispisati 172
ispit m 163
isplatni listić m 96
ispod 320
ispod para 233
ispravno 323
ispred 320
ispucani vrhovi 39
ispucati 221, 233
ispuniti 82
ispušna cijev ž 203, 204
ispušni lonac m 203, 204
ispuštena lopta ž 220
istezanje s 251
Istočni Timor m 319
istok m 312
istosmjerna struja ž 60
istovarivač m 187
istraga ž 94
istraživanje s 169
istraživanje svemira s 281
istuširati se 72
iščašenje s 46
Italija ž 316
ivančica ž 110, 297
iver m 17
iverica ž 79
iz 320
iza 320
izbjeljivač m 77
izbornik m 177
izbornik alata m 177
izdavanje s 168
izgubiti 273
izjava ž 180
izjednačenje s 230
izlaganje s 174
izlaz m 194, 210, 322
izlaz u nuždi m 210, 322
izlazak m 75
izlazak Sunca m 305
izložak m 261
izložba ž 261
između 320
izmjena ž 228
izmjenična struja ž 60
iznad 320
iznad para 233
iznajmljivati 58
iznenađena s 25
iznos m 96
iznutrice 118
izolacija ž 61
izolacijska vrpca ž 81
izoštravati 271
izrada čipke ž 277
izrada nakita ž 275
Izrael m 318
izravnati 39
izrez m 34
izvan 320
izvan staze 247
izvan terena 226
izvana 198
izvanbrodski motor m 215
izvješće s 174
izvršni rukovoditelj m 174

J
jablan m 296
jabučni ocat m 135
jabuka ž 126
jabukovača ž 145
jaglac m 297
jagoda ž 127
jahač m 242
jahaća čizma ž 242
jahaća kapa ž 242
jahaća staza ž 263
jahaće hlače s 242
jahaći bič m 242
jahanje s 242, 263
jahta ž 215, 240
jaja 137
jajašce s 20
jajnik m 20
jajovod m 20
jakna ž 34
jako 321
jakovska kapica ž 121
jam m 125
Jamajka ž 314
jamčevina ž 181
jamica ž 15
janje s 185
janjetina ž 118
Japan m 318
japanka ž 37
jarak m 300
jarbol m 240
jard m 310
jastog m 121
jastučić m 15, 35
jastučić s tintom m 173
jastučić za pribadače m 276
jastučić za pudranje m 40
jastučići 53
jastučnica ž 71
jastuk m 62, 70
javiti se 99
javni tužitelj m 180
javor m 296
javorov sirup m 134
jazz m 259
ječam m 130, 184
jedaći pribor m 64
jedan 308
jedan i četrdeset 304
jedan i četvrt 304
jedan i deset 304
jedan i dvadeset 304
jedan i dvadeset pet 304
jedan i pet 304
jedan i trideset 304
jedan i trideset pet 304
jedanaest 308
jedanaesterac m 223
jedanaesti 309
jedenje i pijenje 323
jedić m 297
jednadžba ž 165
jednako 165
jednogodišnje 86
jednokratna britvica ž 73
jednokratna pelena ž 30
jednokratni fotoaparat m 270
jednokrevetna soba ž 100
jednooki refleksni fotoaparat m 270
jednosmjerna cesta ž 194
jednosmjerna ulica ž 298
jednotračna željeznica ž 208
jednjak m 19
jedrenje s 240
jedrenje na dasci s 241
jedrilica ž 211, 215, 248
jedriličar na dasci m 241
jedriličarstvo s 248
jedro s 241
jelen m 291
jelo s 64
jelovnik m 148, 153, 154
jemčiti 277
Jemen m 318
jesen ž 31, 307
jesti 64, 75
jesti unutra 154
jesti vani 147
jetra ž 18, 118
jezerce s 85
jezero s 285
jezgra ž 122, 127, 129
jezici 162
jezik m 19, 37, 118
jež m 290
joga ž 54
jogurt m 137
Jordan m 318
jučer 306
judo m 236
jug m 312
juha ž 153, 158
Jupiter m 280
jutro s 305
Južna Amerika ž 315
Južna Koreja ž 318
južna obratnica ž 283
južna polukugla ž 283
Južno ledeno more s 313
Južnoafrička Republika ž 317

K
k 320
kabanica ž 31, 32
kabel m 79, 207
kabelska televizija ž 269
kabina ž 95, 210, 214, 264
kabina strojovođe ž 208
Kabinda ž 317
kabine za probu 104
kabriolet m 199
kaciga ž 95, 204, 206, 220, 228
kačkalica ž 277
kada ž 72
kadica ž 311
kadrovski odjel m 175
kadulja ž 133
kafić m 148, 262
kajak m 241
kajaking m 241
kajgana ž 157
kakadu m 293
kakao prah m 148
kaktus m 87
kalcij m 109
kalcit m 289
kalem m 276
kalem filma m 271
kalem konca m 276
kalemi za čipku 277
kalendar m 306
kalifornijska pastrva ž 120
kalkulator m 165
kalorifer m 60
kalup za kolač m 69
kalup za mafine m 69
kalup za nabujak m 69
kalup za pitu m 69
kalup za voćni kolač m 69
Kaljiningrad m 316
kamatna stopa ž 96
Kambodža ž 319
kamen m 36, 275
kamen plovučac m 73
kamenjar m 84
kamera ž 178
Kamerun m 317
kamilica ž 149
kamin m 63
kamion m 194
kamiš m 112
kamkorder m 269
kampari m 145
kamping m 266
kamping vozilo s 266
kampiranje s 266
kampirati 266
kamp-kućica ž 266
kampus m 168
Kanada ž 314
kanal m 178
kanal s naplatom m 269
kanalizacijski otvor m 299
kanarinac m 292
kandirano voće s 129
kandža ž 293
kanta s ledom ž 150
kanta za polijevanje ž 89
kanta za smeće ž 61, 67
kante za smeće 266
kantica ž 265
kanu m 214
kap ž 44
kapa kotača ž 202
kapa ž 36, 238
kapak m 51, 58
kapaljka ž 109, 167
kapari m 143
kapetan m 214
kapi 109
kapija ž 182
kapska boba ž 128
kapsula ž 109
kapučino m 148
kapuljača ž 31
kaput m 32
karambol m 249
karambola ž 128
karamel-puding m 141
karamela ž 113
karanfili 110
karate m 236
karavan m 199
kardamon m 132
kardansko vratilo s 202
kardiologija ž 49
kari m 158
kari u prahu m 132
karijes m 50
karika ž 36
karike 235
Karipsko more s 312
karneval m 27
karo m 273
karoserija ž 202

karta ž 213, 261
karte 273
kartica s pozdravima ž 173
karton m 275
kas m 243
kasačka utrka ž 243
kasava ž 124
kasetofon m 269
kasnije 304
kasno 305
Kaspijsko jezero s 313
kašalj m 44
kašasto 159
kašnjenje s 209
kat m 58
katalog m 168
katamaran m 215
Katar m 318
katedrala ž 300
kateter m 53
kauč m 62
kava u zrnu ž 144
kava ž 144, 148, 153, 156, 184
Kazahstan m 318
kazališni komad m 254
kazališni kostim m 255
kazalište s 254, 299
kazna ž 181
kazneni prostor m 223
kažiprst m 15
kći ž 22
kečap m 135, 154
kečke 39
keks m 113
keksi 141
kelj m 123
kelj pupčar m 123
kemija ž 162
kemijska čistionica ž 115
kemijska olovka ž 163
kendo m 236
Kenija ž 317
kenoa ž 130
keramička ploča za kuhanje ž 67
keramička pločica ž 66
keramički lonac m 69
kesten m 129
kestenjastocrvena 39
kihanje 44
kikiriki m 129, 151
kilogram m 310
kilometar m 310
Kina ž 318
kineska naranča ž 126
kineski kelj m 123
kineski šaran m 294
kino m 255, 299
kinodvorana ž 255
kip m 260
kipar m 191
Kirgistan m 318
kiropraktika ž 54
kirurg m 48
kirurgija ž 49
kiselica ž 123
kiselo vrhnje s 137
kist m 40, 83, 274
kist za kolače m 69
kist za puder m 40
kist za usne m 40
kiša ž 287
kišna kabanica i kapa 267
kišna šuma ž 285
kišobran m 36
"kišobran" kolica ž 75
kit m 290
kit za fuge m 83
kita ž 111
kivi m 128
klackalica ž 263
klamerice 173
klanac m 284
klapa ž 179
klarinet m 257
klasična glazba ž 255, 259
klavijatura ž 258
klementina ž 126
klesanje s 275
klijent m 96, 104, 175, 180
kliješta ž 167
kliješta ž, "forceps" m 53
kliješta za cijevi ž 81
kliješta za led ž 150
kliješta za rezanje žice ž 81
kliješta za skidanje izolacije ž 81
klimauređaj m 200
klin m 266
klinasti remen m 203
klinčići 133
klinika ž 48
klipser m 207
klokan m 291
klupa ž 162, 250, 262
klupa za igrače ž 229
klupa za piknik ž 266
klupko s 277
klupska kuća ž 232
kljova ž 291
ključ m 59, 207
ključ sobe m 100
ključ za matice m 203
ključna kost ž 17
kljun m 293
kneževina ž 315
knjigovođa m 97
knjiga ž 168
knjiga gostiju ž 100
knjigovođa m 190
knjižara ž 115
književnost ž 162, 169
knjižnica ž 168, 299
knjižničar m 190
knjižničarka ž 168
koala ž 291
kobasica ž 155, 157
kobasice 118
kobilica ž 214
kocka ž 164
kocka leda ž 151
kockarnica ž 261
kockica ž 272
kočiti 207
kočna pločica ž 207
kočnica ž 200, 204, 206
kod 320
kokice 255
kokos m 129
kokoš ž 185
kokošinjac m 185
kokošje jaje s 137
koktel m 151
koktel-rajčica ž 124
kola ž 144
kolac m 90
kolač m 149
kolač s grožđicama m 140
kolači 140
kolači i deserti 140
kolan m 242
kolaž m 275
kolega m 24
koleraba ž 125
kolibri m 292
kolica za deserte ž 152
kolica ž 100, 106, 208, 213, 232
kolica za golf ž 233
kolodvorska dvorana ž 209
kolonija ž 315
kolosijek m 209
kolovoz m 306
Kolumbija ž 315
kolut za plivanje m 265
koljak m 120
koljeno s 12
komad m 311
komadić čokolade m 141
komande 201, 204
komande grijača 201
komandni most m 214
komandni toranj m 215
komarac m 295
kombajn m 182
kombine m 35
kombinezon m 83
kombinirana kliješta ž 80
komedija ž 255
komet m 280
komoda ž 70
komora ž 283
komorač m 122, 133
Komori m 317
kompakt-disk m 269
kompas m 240, 312
kompost m 85
komunikacija 98
konac m 276
koncert m 255, 258
kondenzirano mlijeko s 136
kondukter m 209
konglomerat m 288
Kongo m 317
konobar m 148, 152
konobarica ž 191
konop za rublje m 76
kontaktne leće 51
kontejner m 216
kontejnerski brod m 215
kontinent m 282, 315
kontrabas m 256
kontracepcija ž 21
kontrafagot m 257
kontrafor m 301
kontrola vida ž 51
kontrolni toranj m 212
konzerve 107
konzola ž 269
konj m 185, 235, 242, 272
konj s hvataljkama m 235
konjić m 258
konjska utrka ž 243
konjski rep m 39
konjušar m 243
kopačka ž 220, 223
kopar m 133
kopati 90
kopča ž 36, 37
kopilot m 211
kopito s 242, 291
kopnena kornjača ž 293
kopno s 282
kopriva ž 297
kor m 301
kora ž 126, 127, 128, 136, 139, 142, 282, 296
koraba ž 123
korak m 243
koraljni greben m 285
korektor m 40
korijander m 133
korijen m 50, 124, 296
korijeni 39
korijenski celer m 124
korinta ž 129
korisne fraze 322
korisnički račun e-pošte m 177
korito s 183
kormilo s 210, 241
korov m 86
korzet m 35
korzet s halterima m 35
Korzika ž 316
kosa ž 14, 38
kosilica ž 88, 90
kositar m 289
kositi 90, 241
kosorez m 81
Kosovo s 316
kost ž 17, 119, 121
Kostarika ž 314
kosti šake 17
kostur m 17
koš m 226
koš za otpatke m 172
košara ž 74, 95, 207
košara voća ž 126
košara za čisto rublje ž 76
košara za igračke ž 75
košara za piknik ž 263
košara za prljavo rublje ž 76
košarica ž 106
košarka ž 226
košarkaš m 226
koštano brašno s 88
koštica ž 122, 127
koštuničavo voće s 126
košulja ž 32
kotač m 198, 207
kotlet m 119
kotrljan m 295
kotur m 244, 245
koturaljka ž 249
koturaljkanje s 249, 263
kovanica ž 97
kovrčalo s, "figaro" m 38
kovrčava kosa ž 39
koza ž 185
kozica ž 121
kozja krv ž 297
kozje mlijeko s 136
kozji sir m 142
kozlić m 185
kozmetički proizvodi 105, 107
koža ž 14
koža na glavi ž 39
kožica ž 15, 119
kožnata cipela ž 37
kožnate cipele 32
kožnato odijelo s 205
kožurica ž 119
krajolik (vodoravna kompozicija slike) m 271
krajolik m 284
kralj m 272
kralješnica ž 17
kraljica ž 272
krastača ž 294
krastavac m 125
krater m 283
kratka kosa ž 39
kratke hlače ž 30, 33
kratki val m 179
kratko 32, 321
kratkog zrna 130
kratkovidnost ž 51
krava ž 185
kravata ž 32
kravlje mlijeko s 136
kreda ž 85, 162, 288
kredenc m 62
kreditna kartica ž 96
kreker m 139
krekeri 156
krema ž 109
krema protiv osipa od pelena ž 74
krema za lice ž 73
krema za zaštitu od sunca ž 265
krema za samotamnjenje ž 41
krema za sunčanje ž 108, 265
kremen m 288
krenuti u školu 26
kresivo s 288

krevet *m* 70
krevet za jednu osobu *m* 71
kriket *m* 225
krilce *s* 60, 210
krilo *s* 119, 210, 293
kriminalni dosje *m* 181
kristalizirani med *m* 134
kriška *ž* 126, 139, 140
kriv 181
krizantema *ž* 110
križa *ž* 13
križna ruža *ž* 300
križanje *s* 298
križni odvijač *m* 80
krljušt *ž* 121
krma *ž* 240
krmena paluba *ž* 214
kroasan *m* 156
kroj *m* 276
krojač *m* 191
krojačica *ž* 191
krojačka kreda *ž* 276
krojačka lutka *ž* 276
krojačka radionica *ž* 115
krojački metar *m* 276
krokodil *m* 293
krokodilske hvataljke 167
kronometar *m* 234
krov *m* 58, 203
krov kolica *m* 75
krovna greda *ž* 186
krovni nosač *m* 198
krovni vrt *m* 84
kroz 320
krpa za prašinu *ž* 77
krparija *ž* 277
krpati 277
krštenje *s* 26
krtina *ž* 118
krug *m* 164
krug bulija 224
kruh i brašno 138
kruh *m* 157
kruh od kiselog tijesta *m* 139
kruh s grožđicama *m* 139
kruh sa sjemenkama *m* 139
kruh sa sodom *m* 139
krumpir *m* 124
kruna *ž* 50
krupica *ž* 130
kruška *ž* 126
krušne mrvice 139
kružna pila *ž* 78
kružni tôk *m* 195
krvarenje *s* 46
krvarenje iz nosa *s* 44
krvavica *ž* 157
krvni tlak *m* 44
krvožilni sustav *m* 19
Kuba *ž* 314
kuća *ž* 57, 58
kuća za igru *ž* 75
kuća za lutke *ž* 75
kućanski proizvodi 107
kuće sa zajedničkim zidom 58
kućna haljina *ž* 35
kućna vrata *ž* 58
kućne instalacije 60
kućni ogrtač *m* 31, 32, 35, 73
kućno zvono *s* 59
kugla *ž* 164, 249
kuglanje *s* 249
kuglica *ž* 149
kuhača *ž* 68
kuhalo za vodu *s* 66
kuhano jaje *s* 137, 157
kuhano meso *s* 118
kuhano tijesto *s* 140
kuhanje *s* 67
kuhar *m* 152, 190
kuharska kapa *ž* 190
kuhati 67
kuhati na pari 67
kuhinja *ž* 66, 152
kuhinjske potrepštine 105
kuhinjski nož *m* 68
kuhinjski pribor *m* 68
kuk *m* 12
kuka *ž* 187
kuka za meso *ž* 118
kukica *ž* 244, 276
kukičanje *s* 277
kukuljica *ž* 295
kukuruz *m* 122, 130, 184
kukuruzni kruh *m* 139
kula *ž* 272, 300
kulisa *ž* 254
kultivator *m* 182
kumin *m* 132
kung fu *m* 236
kunić *m* 290
kupac *m* 104, 106
kupaće gaćice *s* 238
kupaći kostim *m* 238, 265
kupaonica *ž* 72
kupaonska prostirka *ž* 72
kupati se 72
kupina *ž* 127
kupnja *ž* 103
kupola *ž* 300
kurkuma *ž* 132
kuskus *m* 130
kut *m* 164
kutija *ž* 311
kutija cigareta *ž* 112
kutija s osiguračima *ž* 203
kutija s osiguračima *ž* 60
kutija s papirnatim rupčićima *ž* 70
kutija za alat *ž* 80
kutija za mlijeko *ž* 136
kutija za nakit *ž* 36
kutija za pribor *ž* 244
kutija za prvu pomoć *ž* 47
kutijica za leće *ž* 51
kutljača *ž* 68
kutna zastavica *ž* 223
kutnjak *m* 50
kutomjer *m* 165
Kuvajt *m* 318
kvačica *ž* 76
kvačica za papir *ž* 173
kvadrat *m* 164
kvar *m* 203
kvarc *m* 289
kvart *m* 311
kvasac *m* 138
kvasno pecivo *s* 139

L
laboratorij *m* 166
labud *m* 293
ladanjski vrt *m* 84
ladica *ž* 66, 70, 172
ladica za papir *ž* 172
ladičar *m* 172
ladinka *ž* 121
lagani galop *m* 243
lagano 321
lak *m* 79, 83
lak za kosu *m* 38
lak za nokte *m* 41
lakat *m* 13
lakatna kost *ž* 17
laki zrakoplov *m* 211
lako za kuhanje 130
lakros *m* 249
laksativ *m* 109
laktoza *ž* 137
lan *m* 184, 277
lanac *m* 206
lanac za vrata *m* 59
lančanik *m* 207
lančić *m* 36
lansiranje *s* 281
lansirna rampa *ž* 281
Laos *m* 318
lastavica *ž* 292
laštilo *s* 77
laštiti 77
latica *ž* 297
Latvija *ž* 316
lav *m* 291
lava *ž* 283
lavina *ž* 247
lebdjelica *ž* 215
leci 96
leća *ž* 51
leći u krevet 71
led i limun 151
led *m* 120, 287
ledena kava *ž* 148
ledeni čaj *m* 149
ledenjak *m* 284
ledomat *m* 67
leđa *ž* 13
leđna peraja *ž* 294
leđni 239
leđni mišić *m* 16
leguan *m* 293
leksikon *m* 163
lem *m* 79, 81
lemilo *s* 81
lemiti 79
lepezaste grablje *ž* 88
lepinja *ž* 139
leptir *m* 239, 295
leptir-mašna *ž* 36
lesonit *m* 79
Lesoto *m* 317
letjeti 211
letvica *ž* 235
ležaj na kotačima *m* 48
ležaljka *ž* 265
Libanon *m* 318
libela *ž* 80, 187
Liberija *ž* 317
Libija *ž* 317
lice *s* 14
liči *m* 128
ličiti 83
liga *ž* 223
ligament *m* 17
lignja *ž* 121, 295
Lihtenštajn *m* 316
liječenje kristalima *s* 55
liječnički pregled *m* 45
liječnik *m* 45, 189
lijek *m* 109
lijek protiv kašlja *m* 108
lijekovi na biljnoj osnovi 108
lijepiti zidne tapete 82
lijevak *m* 166
lijevo 260, 323
lijevo polje *s* 228
likoricija *ž* 113
likovna akademija *ž* 169
lim za kolače *m* 69
limar *m* 188
limena puhačka glazbala 257
limenka *ž* 145, 311
limenka s bojom *ž* 83
limeta *ž* 126
limfni sustav *m* 19
limun *m* 126
limunada *ž* 144
limunska trava *ž* 133
limuzina *ž* 199
linijski sudac *m* 230
lipa *ž* 296
lipanj *m* 306
lisica *ž* 290
lisičine *ž* 94
lisna kost *ž* 17
lisnati kelj *m* 123
lisnato tijesto *s* 140
lisni mišić *m* 16
list *m* 13, 120, 122, 296
listići čaja 144
listići za loto 112
listopad *m* 306
listopadno 86
litra *ž* 311
Litva *ž* 316
livada *ž* 285
lizaljka *ž* 113
lob *m* 231
Loganova malina *ž* 127
logorište *s* 266
logorska vatra *ž* 266
logotip *m* 31
lokomotiva *ž* 208
lokot *m* 207
lomljivo 98
lonac za pirjanje *m* 69
lonac za složenac *m* 69
lončanica *ž* 87, 110
lončarija *ž* 275
lončarsko kolo *s* 275
lončić za biljku *m* 89
lončić za taljenje *m* 166
lopata *ž* 88, 187
lopatica *ž* 17, 68, 77, 89, 241, 265
lopatica za sladoled *ž* 68
lopta *ž* 75, 220, 221, 226
lopta za napuhavanje *ž* 265
loptica *ž* 224, 228, 230
loptica za golf *ž* 233
loptica za kriket *ž* 225
losion poslije brijanja *m* 73
losion poslije sunčanja *m* 108
losion za tijelo *m* 73
losos *m* 120
loš udarac *m* 228
loša lopta *ž* 228
loše 321
lovac *m* 211, 272
lovorov list *m* 133
loža *ž* 254
lubanja *ž* 17
lubenica *ž* 127
lubin *m* 120
lucerna *ž* 184
lučki kapetan *m* 217
luk *m* 124
lûk *m* 15, 85, 164, 249, 301
luka *ž* 214, 216, 217
lukovice 86
Luksemburg *m* 316
lula *ž* 112
lutka *ž* 75

LJ
ljekarna *ž* 108
ljekovite biljke 55
ljepilo *s* 275
ljepilo za drvo *s* 78
ljepilo za tapete *s* 82
ljepljiva vrpca *ž* 47, 173
ljepota *ž* 40
ljestve *ž* 82, 95, 186
ljestvica *ž* 256
lješnjak *m* 129
lješnjakovo ulje *s* 134
ljeto *s* 31, 307
ljiljan *m* 110
ljubičasta 274
ljubičina *ž* 110
ljudi 11
ljuljačka *ž* 263
ljuska *ž* 129, 130, 137, 294
ljuske 293

ljuštilo *s* 68
ljutika *ž* 125
ljutnja *ž* 25
ljuto 124

M
macis *m* 132
mačevanje *s* 249
mačić *m* 290
mačje oko *s* **204**, 207
mačka *ž* 290
maćeha *ž* 23
Madagaskar *m* 317
madež *m* 14
madrac *m* 70, 74
Mađarska *ž* 316
mafin *m* 140
magarac *m* 185
magisterij *m* 169
magla *ž* 287
maglica *ž* 280, 287
magma *ž* 283
magnet *m* 167
magnezij *m* 109
mahuna *ž* 122
mahune 122
majčina dušica *ž* 133
majica *ž* 251
majica kratkih rukava *ž* 30, 33
majka *ž* 22
majmun *m* 291
majoneza *ž* 135
majstor tona *m* 179
mak *m* 297
makadamija *ž* 129
Makedonija *ž* 316
maketa *ž* 190
makrame *m* 277
mala flauta *ž* 257
mala kazaljka *ž* 304
malahit *m* 289
Malavi *m* 317
Maldivi *m* 318
Malezija *ž* 319
mali bubanj *m* 257
mali kalup *m* 69
Mali *m* 317
mali nožni prst *m* 15
mali prst *m* 15
malina *ž* 127
malo 321
malo dijete *s* 30
Malta *ž* 316
mamac *m* 244
manchego *m* 142
mandarina *ž* 126
mango *m* 128
mangustan *m* 128
manikura *ž* 41
manioka *ž* 124
mapa *ž* 177
mapa s odjeljcima *ž* 173
marake 257
marama *ž* 36
maraton *m* 234
marcipan *m* 141
marelica *ž* 126
margarin *m* 137
marina *ž* 217
marinirano 143, 159
marmelada *ž* 156
marmelada od naranče *ž* 134
Maroko *m* 317
Mars *m* 280
martini *m* 151
masaža *ž* 54
maska *ž* 189, 228, 236, 239, 249
maska za lice *ž* 41
maskara *ž* 40
maslac *m* 137, 156
maslac od kikirikija *m* 135
maslačak *m* 123, 297
masline 151
maslinovo ulje *s* 134
masna 39, 41
masnica *ž* 46
masnoća *ž* 119
mast *ž* 47, 109
mat 83, 271
matematika *ž* 162, 164
materijali 79, 187
maternica *ž* 20, 52
matica *ž* 80
matice 203
Mauricijus *m* 317
Mauritanija *ž* 317
mažuran *m* 133
meč *m* 230
medeni mjesec *m* 26
medicina *ž* 169
medicinska sestra *ž* 45, 48, 52, 189
mediji 178
meditacija *ž* 54
meduza *ž* 295
medvjed *m* 291
međugradski autobus *m* 196
međugradski vlak *m* 209
međunarodni let *m* 212
međurebreni mišić *m* 16
mehaničar *m* 188, 203
mehanika *ž* 202
mekana igračka *ž* 75
mekano 129, 321
meki sir *m* 136
mekinje 130
meko drvo *s* 79
Meksiko *m* 314
melodija *ž* 259
memorandum *m* 173
memorija *ž* 176
menadžer *m* 24
menstruacija *ž* 20
menta *ž* 133
mentol bombon *m* 113
Merkur *m* 280
mesar *m* 118, 188
mesna pašteta *ž* 143
mesne okruglice 158
mesnica *ž* 114
meso *s* 118, 124, 127, 129
meso i perad 107
mesti 77
meta *ž* 249
metal *m* 79
metali 289
metamorfne 288
metar *m* 45, 80, 310
meteor *m* 280
metla *ž* 77
mezanin *m* 254
mezosfera *ž* 286
migrena *ž* 44
Mijanmar *m* 318
mijenjati brzinu 207
mijesiti 138
miješalica betona *ž* 186
miješalica za koktele *ž* 150
miješana salata *ž* 158
miješani kruh *m* 139
miješani sendvič *m* 155
miješati 67, 138, 273
mikrofon *m* 179, 258
mikrofon *m* 258
mikrofonska pecaljka *ž* 179
mikroskop *m* 167
mikrovalna pećnica *ž* 66
mikser *m* 66
miligram *m* 310
milijarda *ž* 309
milijun *m* 309
mililitra *ž* 311
milimetar *m* 310
milja *ž* 310
minerali 289
mineralna voda *ž* 144
mini disk snimač *m* 268
minibar *m* 101
minibus *m* 197
minus 165
minuta *ž* 304
mirisna kompozicija *ž* 111
mirisno 130
mirovina *ž* 26
miš *m* 176, 290
mišići 16
mjehur *m* 46
mjenjačka kutija *ž* 202, 204
mjenjačnica *ž* 97
mjera za tekućine *ž* 311
mjera *ž* 150, 151
mjerač kilometara *m* 201
mjere 165
mjerica *ž* 150
mjeriti 310
Mjesec *m* 280
mjesec *m* 306
mjesečev kamen *m* 288
Mjesečev modul *m* 281
Mjesečev srp *m* 280
mjesečnica *ž* 20
mjesečno 307
mjesto početnog udarca *s* 232
mjesto za šator *s* 266
mješavina bombona *ž* 113
mjuzikl *m* 255
mladi krumpir *m* 124
mladi luk *m* 125
mladi sir *m* 136
mladunče *s* 290
mlađak *m* 280
mlaznica *ž* 89
mlažnjak *m* 211
mliječna čokolada *ž* 113
mliječna riža *ž* 130
mliječni proizvodi 107, 136
mlijeko *s* 136, 156
mlijeko u prahu *s* 137
mlijeko za čišćenje *s* 41
mlin za otpad *m* 61
mljekarsko gospodarstvo *s* 183
mljevena kava *ž* 144
mljeveno 132
mljeveno meso *s* 119
množiti 165
mobil *m* 74
mobitel *m* 99
močvara *ž* 285
moda *ž* 277
model *m* 169
modelarstvo *s* 275
modem *m* 176
modni kreator *m* 277
modrica *ž* 46
mokasinka *ž* 37
mokraćna cijev *ž* 20, 21
mokraćni mjehur *m* 20
mokraćni sustav *m* 19
mokro 286
Moldavija *ž* 316
molim 322
momčad *ž* 220, 229
Monako *m* 316
Mongolija *ž* 318
monitor *m* 53, 172, 176
monopoli *m* 272
monovolumen *m* 199
monsun *m* 287
more *s* 264, 282
mornar *m* 189
morska kornjača *ž* 293
morski konjic *m* 294
morski lav *m* 290
morski pas *m* 294
morski plodovi 121
morski ribolov *m* 245
morž *m* 290
most *m* 15, 300
mostić *m* 214
mošnja *ž* 21
motika *ž* 88
motocikl *m* 204
motocikl za krstarenje *m* 205
motociklizam *m* 249
motokros *m* 249
motor *m* 88, 202, 204, 210
motorni čamac *m* 214
motovilo *s* 214
mozak *m* 19
Mozambik *m* 317
mozzarella *ž* 142
možda 322
moždani udar *m* 44
MP3 reproduktor *m* 268
mramor *m* 288
mrav *m* 295
mraz *m* 287
mrena *ž* 51
mreža *ž* 176, 222, 227, 231
mreža! 230
mreža protiv komaraca *ž* 267
mreža za spavanje *ž* 266
mreža za ulov *ž* 244
mrežasta zavjesa *ž* 63
mrežica *ž* 226, 244
mrežni kabel *m* 176
mrežnica *ž* 51
mrkva *ž* 124
mučnina *ž* 44
muha *ž* 295
multivitamini 109
mulj *m* 85
mung grah *m* 131
munja *ž* 287
murina *ž* 294
mustarda *ž* 135
musti 183
mušica *ž* 244
mušičarenje *s* 245
muška cipela *ž* 37
muška odjeća *ž* 32, 105
muškarac *m* 12, 13, 23
muškatni oraščić *m* 132
muški 21
mušterija *ž* 38, 104
muzej *m* 261
mužar *m* 68, 167

N
na 320
na roštilju 159
na vezi 177
na vrijeme 305
nabujak *m* 142
nacija *ž* 315
nacionalni park *m* 261
načiniti oporuku 26
nadjev *m* 140, 155
nadjev pizze *m* 155
nadjeveno 159
nadlaktična kost *ž* 17
nadnevak *m* 306
nadopuna *ž* 55
nadstrešnica *ž* 197
nadvožnjak *m* 194
nadvratnik *m* 186
nadzvučni mlažnjak *m* 211
najlon *m* 277
nakit *m* 36
nalaz *m* 49
namakati 130
Namibija *ž* 317
namirnice 105, 106

namirnice u bocama i staklenkama 134
namjestiti 179
namjestiti budilicu 71
namještaj *m* 105
namotati povraz 245
namrgođenost *ž* 25
nan-kruh *m* 139
naočale *ž* 51, 238, 247
napa *ž* 66
napad *m* 94, 220, 237
napadač *m* 222
napasti 220, 221, 223
napici 107, 144, 156
naplatna kućica *ž* 194
napojnica *ž* 152
napon *m* 60
napraviti krevet 71
naprstak *m* 276, 297
naprtnjača *ž* 31, 37, 267
napuniti 76
naramenica *ž* 35, 37
naranča *ž* 126
narančada *ž* 144
narančasta 274
naraštaj *m* 23
narezak *m* 149
narezani kruh *m* 138
naručiti 153, 168
narukvica *ž* 36, 230
narukvica za plivanje *ž* 238
naslon *m* 64
naslon sjedala *m* 210
naslon za glavu *m* 200
naslon za ruku *m* 200, 210
naslonjač *m* 63
naslov *m* 168
nastavci odvijača 80
nastrijeti 91
nasuprot 320
natjecateljska emisija *ž* 178
natjecateljsko sanjkanje *s* 247
naturopatija *ž* 55
naušnica *ž* 36
navijačica *ž* 220
navlaka penisa *ž* 21
nazivnik *m* 165
ne 322
ne savijati 98
neboder *m* 299, 300
nećak *m* 23
nećakinja *ž* 23
nedjelja *ž* 306
negativ *m* 271
negativni pol *m* 167
negazirana 144
nehrđajući čelik *m* 79
nektarina *ž* 126
neoklasicizam *m* 301
neoštro 271
Nepal *m* 318
nepasterizirano 137
nepce *s* 19
neplodan 20
nepokošena trava *ž* 232
nepromočiva odjeća 245
Neptun *m* 280
neriješeno 223
nesanica *ž* 71
nesit *m* 292
nesoljeno 137
nesreća *ž* 46
nestanak struje *m* 60
neurologija *ž* 49
neutralna 60
neutralna zona *ž* 224
nevin 181
Niger *m* 317
Nigerija *ž* 317
nijansa *ž* 41
nikal *m* 289
Nikaragva *ž* 314
nisko 321
nisko udariti prema rupi 233
ništica *ž* 308
nit *ž* 60
Nizozemska *ž* 316
noć i dan 305
Noć vještica *ž* 27
noćenje *s* doručkom *s* 101
noćna svjetiljka *ž* 70
noćni leptir *m* 295
noćni ormarić *m* 70
noga *ž* 12, 64, 119
nogar *m* 207
nogomet *m* 222
nogometaš *m* 220, 222
nogometna lopta *ž* 222
nogometni dres *m* 31
nogometni teren *m* 222
noj *m* 292
nokat na ruci *m* 15
nokaut *m* 237
noktarica *ž* 41
normalna 39
Norveška *ž* 316
nos *m* 14, 210
nosač *m* 100
nosač crijeva *m* 89
nosač ljepljive vrpce *m* 173
nosač palica *m* 233
nosač sjedala *m* 206
nosač zrakoplova *m* 215
nosila *ž* 94
nosilica *ž* 75
nosiljka za dijete *m* 75
nosiva greda *ž* 186
nosna štipaljka *ž* 238
nosni kotač *m* 210
nosnica *ž* 14
nosorog *m* 291
nošnjak *m* 242
nota *ž* 256
notni zapis *m* 256
Nova godina *ž* 27
novac *m* 97
novčana uputnica *ž* 98
novčanica *ž* 97
novčanik *m* 37
novčarstvo *s* 97
novi sloj *m* 187
Novi Zeland *m* 319
novine *ž* 112
novo 321
novorođenče *s* 53
nož *m* 65, 80
nož za kruh *m* 68
nožica *ž* 205
nožni nokat *m* 15
nožni palac *m* 15
nožni prst *m* 15
nugat *m* 113
nula *ž* 230, 308

NJ
njega dojenčadi *ž* 74
njega kože *ž* 108
njega zubi *ž* 108
njegovati 91
Njemačka *ž* 316

O
obala *ž* 284, 285
Obala Bjelokosti *ž* 317
obalna straža *ž* 217
obaranje *s* 237
obična 151
obična dionica *ž* 97
obično brašno *s* 139
obilazak *m* 195
obilazak *s* vodičem *m* 260
obitelj *ž* 22
objektiv *m* 167, 270
objektno stakalce *s* 167
oblačno 286
oblak *m* 287
oblik za pečenje *m* 139
oblikovati 38, 91
obložen kruh *m* 155
obljetnica *ž* 26
obnoviti 168
oboa *ž* 257
obojena 39
oboriti rekord 234
obožavatelji 258
obrađivanje drva *s* 275
obrana *ž* 180, 181, 223
obraniti 223
obrano mlijeko *s* 136
obratnice 283
obraz *m* 14
obrezivati 91
obrisati 77
obronak *m* 284
obrub *m* 71
obruč *m* 206, 226
obruč za kosu *m* 38
obrva *ž* 14, 51
obujam *m* 165, 311
ocat *m* 135, 142
ocean *m* 282
ocjeđivač *m* 67
ocjena *ž* 163
očica *ž* 37
očišćene kozice 120
očišćeno 121, 129
očni živac *m* 51
očnjak *m* 50
očuh *m* 23
od 320
odbijati 227
odčepljivač *m* 81
odgovarati 163
odgovor *m* 163
odijelce *s* 30
odijelce *s* kratkim rukavima *s* 30
odijelce za snijeg *s* 30
odjeća *ž* 205
odjeća za spavanje *ž* 31
odjel marketinga *m* 175
odjel *s* obućom *m* 104
odjel za intenzivnu njegu *m* 48
odjel za potrošače *m* 175
odjel za prtljagu *m* 104
odjeli 49
odjeljak *m* 209
odjeljak za ručnu prtljagu *m* 210
odlagalište prtljage *s* 209
odlaganje otpada *s* 61
odlasci 213
odličja 235
odmor *m* 212
odmorište *s* 59
odmrznuti 67
odnosi 24
odora *ž* 94, 189
odrasla osoba *ž* 23
odredište *s* 213
odrezak *m* 96, 121
odsjek *m* 169
odskočna daska *ž* 235, 238
odskok *m* 226
odstranjivač laka za nokte, "aceton" *m* 41
oduzeti 165
odvijač *m* 80
odvjetnički ured *m* 180
odvjetnik *m* 180, 190
odvod *m* 61, 72, 299
odvodna cijev *ž* 61
odvući 195
oftalmologija *ž* 49
oglasna ploča *ž* 173
oglašavanje *s* 269
oglav *m* 243
ograda *ž* 85, 182
ogradica *ž* 75
ograničenje brzine *s* 195
ogrebotina *ž* 46
ogrlica *ž* 36
ogrozd *m* 127
ogrtač *m* 38
okidač *m* 270
oklada *ž* 273
oklop *m* 293
oko 320
oko *s* 14, 51
okoliš *m* 279
okomite 165
okomiti stabilizator *m* 210
okret *m* 238
okretni stolac *m* 172
okrug *m* 315
okrugli izrez *m* 33
okrugli prozorčić *m* 214
okular *m* 167, 269
okvir *m* 51, 62, 206, 267
okvir za fotografiju *m* 271
okvir za listanje *m* 177
okvir za penjanje *m* 263
olovka *ž* 163, 275
olovka za obrve *ž* 40
olovka za usne *ž* 40
olovni 199
olovnica *ž* 82
oluja *ž* 286, 287
oljuštiti 82
Oman *m* 318
omča za stopalo *ž* 241
omekšivač *m* 76
omlet *m* 158
omotnica *ž* 98, 173
onesvijestiti se 25, 44
oniks *m* 289
onkologija *ž* 49
opal *m* 288
opasnost *ž* 195, 322
opći podaci 303
opeka *ž* 187
opeklina *ž* 46
opera *ž* 255
operacija *ž* 48
operacijska dvorana *ž* 48
oplodnja 20
oprema *ž* 233, 238
oprostite 322
opruga *ž* 71
opružna vaga *ž* 166
opseg *m* 164
opsidijan *m* 288
opstetričar *m* 52
optičar *m* 51, 189
optužba *ž* 94, 180
optuženik *m* 180, 181
opuštanje *s* 55
oputa *ž* 215, 240
orah *m* 129
orahovo ulje *s* 134
oranica *ž* 182
orao *m* 292
orašasti plodovi 151
orašasto i sušeno voće 129
orati 183
ordinacija *ž* 45
organski 91, 122
organski uzgoj *m* 118
orhideja *ž* 111
origami *m* 275
origano *m* 133
orkestar *m* 254, 256
ormar *m* 70
ormarić *m* 66
ormarić za spise *m* 172
ormarić za lijekove *m* 72
ormarići 239

ortopedija *ž* 49
orukvica *ž* 32
osa *ž* 295
osam 308
osamdeset 308
osamdeseti 309
osamnaest 308
osamnaesti 309
osamsto 308
osigurač *m* 60
osiguranje *s* 203, 212
osip na koži *m* 44
osjećaji 25
osjetljiva 41
oslobođenje *s* 181
oslovljavanje *s* 23
osmerokut *m* 164
osmi 309
osmijeh *m* 25
osnovna crta *ž* 230
osoblje *s* 175
osobna vaga *ž* 45
osobni rekord *m* 234
osovina *ž* 205
ospice *ž* 44
ostala plovila 215
ostali sportovi 248
ostaviti tijesto da se digne 139
osteopatija *ž* 54
osumnjičenik *m* 94, 181
osvrtno zrcalo *s* 198
ošit *m* 19
ošiti 277
oštrač noža *m* 68, 118
oštrica *ž* 66, 78, 89
oštriga *ž* 121
oštro brašno *s* 139
otac *m* 22
otapalo *s* 83
otirač za obuću *m* 59
otirač za pod *m* 77
otisak prsta *m* 94
otok *m* 282
otorinolaringologija *ž* 49
otpušten 48
otrovanje *s* 46
otvarač za boce *m* 68, 150
otvarač za konzerve *m* 68
otvor za disanje *m* 290
otvoreni krov *m* 260
otvoreni skup *m* 221
otvoreno 260, 321
ovaj tjedan *m* 307
ovca *ž* 185
ovčje mlijeko *s* 137
ovjes *m* 203, 205
ovratnik *m* 32
ovulacija *ž* 20, 52
ozljeda glave *ž* 46
ozljeda *ž* 46
oznaka *ž* 173
oznaka najdubljeg gaza *ž* 214
ozonski sloj *m* 286
oženiti se 26
oživljavanje *s* 47
ožujak *m* 306

P, Q

pacijentica *ž* 45
pacijentov karton *m* 48
pačić *m* 185
pačje jaje *s* 137
padobran *m* 248
padobransko letenje *s* 248
padobranstvo *s* 248
paket *m* 99
paketić *m* 311
Pakistan *m* 318
palac *m* 15, 310
palačinke 155
palačinke 157
palčana kost *ž* 17
paleta *ž* 186, 274
palica *ž* 94, 224, 225, 228, 235, 249
palice za golf 233
palma *ž* 86, 296
palmina srčika *ž* 122
paluba *ž* 214
paljenje *s* 203
pamučni jastučići 41
pamuk *m* 184, 277
Panama *ž* 314
panda *ž* 291
pandža *ž* 291
panelploča *ž* 79
papaja *ž* 128
papar *m* 64, 152
papar u zrnu *m* 132
papiga *ž* 293
papir za oblaganje *m* 83
papir za umatanje *m* 111
papirmaše *m* 275
papirnati rupčić *m* 108
papirnati ubrus *m* 154
papirnica *ž* 105
paprat *ž* 86
paprena kobasica *ž* 142
paprika *ž* 124, 132
Papua Nova Gvineja *ž* 319
papučica *ž* 61
papučica gasa *ž* 200
papučica kočnice *ž* 205
papučice 30
par *m* 24, 233
Paragvaj *m* 315
paralelogram *m* 164
parfem *m* 41
parfumerija *ž* 105
park *m* 261, 262
parking za osobe s invaliditetom *m* 195
parkiralište *s* 298
parkirati 195
parkur *ž* 243
parmezan *m* 142
parna lokomotiva *ž* 208
parovi 230
parter *m* 254
partitura *ž* 255, 256
partner *m* 23
pas *m* 290
Pasha *ž* 27
pasiflora *ž* 128
pasta za zube *ž* 72
pastele 274
pasterizirano 137
pastile za grlo 109
pastrnjak *m* 125
pastrva *ž* 120
pašnjak *m* 182
pašteta *ž* 142, 156, 158
patentni zatvarač *m* 277
patka *ž* 119, 185
patlidžan *m* 125
patologija *ž* 49
pauk *m* 295
paun *m* 293
pazuho *s* 13
paževska frizura *ž* 39
pčela *ž* 295
pecaljka *ž* 244
pecivo *s* 143, 155
pečat *m* 173
pečeno 159
pečenje *s* 158
pečenje kruha *s* 138
peći 69, 138
peći kolače 67
peći na roštilju 67
peći pečenje 67
pećica *ž* 60
pećnica *ž* 66
pedala *ž* 206
pedalirati 207
pedeset 308
pedeset pet tisuća petsto 309
pedeset tisuća 309
pedeseti 309
pedijatrija *ž* 49
pedikura *ž* 41
pekan *m* 129
pekar *m* 139
pekarnica *ž* 114, 138
pekarski proizvodi 107
pelene 75
peludna groznica *ž* 44
penis *m* 21
penjačica *ž* 87
penjanje po ledu *s* 247
pepeljara *ž* 150
pepeo *m* 283
perad *ž* 119
peraja *ž* 239, 241
pergola *ž* 84
perika *ž* 39
perilica posuđa *ž* 66
perilica rublja *ž* 76
perilica-sušilica *ž* 76
periodika *ž* 168
perje 293
pernata loptica *ž* 231
pernica *ž* 163
peron *m* 208
persimona *ž* 128
peršin *m* 133
Peru *m* 315
perunika *ž* 110
perut *ž* 39
pesar *m* 21
pesticid *m* 89, 183
pet 308
peta *ž* 13, 15, 37
petak *m* 306
peteljka *ž* 122
peterokut *m* 164
peti 309
petlja *ž* 36
petnaest 308
petnaesti 309
Petrijeva zdjelica *ž* 166
petsto 308
piće u limenci *s* 154
pidžama *ž* 30, 33
pijesak *m* 85, 264
pijetao *m* 185
pijuk *m* 187
pik *m* 273
pikado *m* 273
pikantna kobasica *ž* 142
pikap *m* 258
pikirati 90
piknik *m* 263
pikolo *m* 257
pila listarica *ž* 81
pila za metal *ž* 81
pilates vježbe 251
pile *s* 119, 185
pileći burger *m* 155
pileći medaljoni 155
piling 41
piliti 79
pilot *m* 190, 211
pilotska kabina *ž* 210
pilula *ž* 21
piment *m* 132
PIN *m* 96
pinceta *ž* 40, 47, 167
pingvin *m* 292
pinta *ž* 311
pinjol *m* 129
pipa *ž* 61, 66
pipac *m* 61
pipac za hladnu vodu *m* 72
pipeta *ž* 167
pipničar *m* 150, 191
piramida *ž* 164
pirjati 67
pisač *m* 172, 176
pisaći stol *m* 172
pisati 162
piskavica *ž* 132
pismo *s* 98, 177
pismonoša *m* 98
pistacija *ž* 129
piškote 141
pišmolj *m* 120
pištolj *m* 94
pištolj s ljepilom *m* 78
pita-kruh *m* 139
pitanje *s* 163
pitati 163
pivo *s* 145, 151
pivski pipac *m* 150
pizza *ž* 154, 155
pizzerija *ž* 154
pjega *ž* 15
pjena za brijanje *ž* 73
pjena za kupanje *ž* 73
pjenasta desertna krema *ž* 141
pjenica *ž* 148
pjesma *ž* 259
pješačenje *s* 263
pješačka staza *ž* 262
pješačka zona *ž* 299
pješački prijelaz *m* 195
pješak *m* 272
pješčani dvorac *m* 265
pješčanik *m* 263
pješčenjak *m* 288
pjevač *m* 258
pjevačica *ž* 191
plaća *ž* 175
plaćanje *s* 96
pladanj *m* 152, 154
pladanj s doručkom *m* 101
plahta *ž* 71, 74
plak *m* 50
plakat *m* 255
plakati 25
plakatne boje 274
plamenac *m* 292
plamenik *m* 61, 67
plan *m* 261
plan podzemne željeznice *m* 209
planer *m* 173, 175
planet *m* 280, 282
planetoid *m* 280
planina *ž* 284
planinarska cipela *ž* 37
planinarske cipele 267
planinarska biljka *ž* 87
planinski lanac *m* 282
planiranje programa *s* 178
plastična kirurgija *ž* 49
plastična vrećica *ž* 122
plastične gaće *s* 30
plašt *m* 35, 282
platina *ž* 289
platiti 153
platna lista *ž* 175
platno *s* 255, 274
plava 274
plavučac *m* 288
plaža *ž* 264
plesna akademija *ž* 169
pletaće igle 277
pletenica *ž* 39, 139
pletenje *s* 277
plijeviti 91
plinsko kuhalo *s* 267
pliskavica *ž* 290
plišani medvjedić *m* 75
plitica *ž* 310
plitica za boju *ž* 83
plitica za sapun *ž* 73
plitica za sjeme *ž* 89
plitka voda *ž* 239

plitki tanjur *m* 65
plivač *m* 238
plivački stilovi 239
plivanje *s* 238
plivati 238
ploča *ž* 226
ploča kamina *ž* 63
ploča *s* kvačicom *ž* 173
ploča *s* papirima *ž* 174
ploča za pikado *ž* 273
pločica *ž* 224, 272, 276
pločnik *m* 298
plodan 20
plodna voda *ž* 52
plomba *ž* 50
plosnata kliješta *ž* 80
plosnato svrdlo za metal *s* 80
ploška *ž* 119
ploška slanine *ž* 119
ploviti 240
pluća *ž* 18
plus 165
plutača *ž* 217
Pluton *m* 280
pljeskati 255
pljusak *m* 286
pljuvačnica *ž* 50
pneumatska bušilica *ž* 187
po mjeri 35
po narudžbi 152
pobijediti 273
pobijeđeni *m* 273
pobjednik *m* 273
pobočna ulica *ž* 299
početak *m* 321
početi 233
pod *m* 62, 71
podbacivanje *s* 226
podbradnik *m* 30
podeksponirano 271
podesivi ključ *m* 80
podešavač ekspozicije *m* 270
podešavač otvora zaslona *m* 270
podgrijati 154
podići 227
podići jedra 217
podići šator 266
podij *m* 256
podizati se 251
podjela uloga *ž* 254
podlaktica *ž* 12
podloga *ž* 40, 54, 177
podloga za mijenjanje pelena *ž* 74
podložak *m* 64
podložna pločica *ž* 80
podmetač *m* 150
podmornica *ž* 215
podne *s* 305
podnevni jelovnik *m* 152
podnožje kreveta *s* 71
podrezati 39
podrezivati 90
podrhtavanje *s* 283
područja 299
podrum *m* 58
podružnica *ž* 175
podstanar *m* 58
podstava *ž* 32
podstavljanje popluna *s* 277
poduprijeti 91
podvezica *ž* 35
podvozje *s* 203
podvožnjak *m* 194
podzemna željeznica *ž* 208
pogodak isprva *m* 233
pogreb *m* 26
pogreška *ž* 230
pojačalo *s* 268
pojas *m* 35, 236
pojas *s* utezima *m* 239
pojas za alat *m* 186
pojas za spašavanje *m* 240
pojedinačno 230
pokazivač goriva *m* 201
pokćerka *ž* 23
poker *m* 273
poklopac grkljana *m* 19
poklopac *m* 61, 66, 69
poklopac motora *m* 198
poklopac objektiva *m* 270
pokraj 320
pokrajina *ž* 315
pokretna vrpca *ž* 106, 250
pokretne stube 104
pokriti 227
pokus *m* 166
pokusni udarac *m* 233
pokušaj *m* 221
pol *m* 282
pola litre 311
pola sata 304
polagati travu 90
polako 321
polarna svjetlost *ž* 286
polaroid-aparat *m* 270
poletjeti 211
poletno-sletna staza *ž* 212
polica *ž* 67, 106, 268
polica za alat *ž* 78
polica za dolazne spise *ž* 172
polica za knjige *ž* 168
polica za knjige *ž* 63
polica za lijekove *ž* 108
polica za odlazne spise *ž* 172
policajac *m* 94, 189
police 66
policija *ž* 94
policijska postaja *ž* 94
policijski automobil *m* 94
poliester *m* 277
politologija *ž* 169
polo *m* 243
poluga *ž* 61, 150
poluga kočnice *ž* 207
poluga mjenjača *ž* 207
poluga za skidanje gume *ž* 207
poluga za slučaj opasnosti *ž* 209
polumasno vrhnje *s* 137
polumeki sir *m* 136
polumjer *m* 164
poluotok *m* 282
polupansion *m* 101
polutamno pivo *s* 145
polutvrdi sir *m* 136
poluvrijeme *s* 223
polja 182
polje *s* 272
poljoprivrednik *m* 182
Poljska *ž* 316
poljski krevet *m* 266
poljubac *m* 140
pomfrit *m* 154
pomični krov *m* 202
pomoć *ž* 323
pomoćna zgrada *ž* 182
pomoćna prostorija 76
pomoćni kotači 207
pomoćni kuhar *m* 152
pomoćni sudac *m* 220, 223
pomoćnica *ž* 24
pomrčina *ž* 280
ponedjeljak *m* 306
ponijeti 154
ponoć *ž* 305
ponos *m* 25
ponuda *ž* 174
pop m 259
popis literature *m* 168
popis trgovina *m* 104
poplava *ž* 287
popločena terasa *ž* 85
popločiti 82
poplun *m* 71
popratno djelovanje *s* 109
pora *ž* 15
porcija *ž* 64
porculan *m* 105
porez *m* 96
poriluk *m* 125
porodiljni odjel *m* 48
porodiljstvo *s* 49
porođaj *m* 52
porođaj uz asistenciju *m* 53
porota *ž* 180
porotnička klupa *ž* 180
portfelj vrijednosnica *m* 97
porto *m* 145
Portoriko *m* 314
portret (uspravna kompozicija slike) *m* 271
Portugal *m* 316
poruke 100
posada *ž* 241
posaditi 91, 183
posinak *m* 23
posjekotina *ž* 46
poslati 177
poslije 320
poslijediplomski 169
poslijepodne *s* 305
poslodavka *ž* 24
poslovanje *s* 175
poslovna partnerica *ž* 24
poslovna žena *ž* 175
poslovni čovjek *m* 175
poslovni dogovor *m* 175
poslovni razred *m* 211
poslovni ručak *m* 175
poslovno odijelo *s* 32
poslovno putovanje *s* 175
posluga u sobu *ž* 101
poslužitelj *m* 176
poslužiti 64
posrednica nekretninama *ž* 189
postaviti 82
postavljeni stol *m* 65, 152
posteljica *ž* 52
posteljina *ž* 30, 71, 74
posteljina i ručnici 105
postići zgoditak 223
postolje *s* 235
postotak *m* 165
posuda za mjerenje *ž* 69, 311
posuda za mrvljenje *ž* 68
posuda za sprej *ž* 311
posudba *ž* 168
posuditi 168
posuđe *s* 64
posuđe i jedaći pribor 65
pošiljatelj *m* 98
poširano 159
poširati 67
poštanska marka *ž* 98
poštanska torba *ž* 98
poštanske marke 112
poštanski broj *m* 98
poštanski sandučić *m* 58, 99
poštanski službenik *m* 98
poštanski ured *m* 98
poštanski žig *m* 98
poštar *m* 98, 190
poštarina *ž* 98
poštarska torba *ž* 190
poteškoće 271
potez *m* 273
poticati trudove 53
potisnik *m* 281
potkošulja *ž* 33, 35
potkova *ž* 242
potkrovlje *s* 58
potočarka *ž* 123
potok *m* 285
potpis *m* 96, 98
potplat *m* 37
potporanj *m* 88, 187, 205, 207
potpuna zaštita od sunca *ž* 108
potres *m* 283
potres mozga *m* 46
povećanje *s* 271
povećati 172
povez za slomljenu ruku *m* 46
povijesna građevina *ž* 261
povijest umjetnosti *ž* 169
povijest *ž* 162
povijuša *ž* 87
povisilica *ž* 256
povišena temperatura *ž* 44
povorka *ž* 27
povraćati 44
povrat novca *m* 99
povraz *m* 244
povrćar *m* 188
povrće *s* 107, 122, 124
povrh 320
površina *ž* 165, 310
površinski gnojiti 90
površinski sloj *m* 85
povrtnjak *m* 85
pozadina *ž* 254
pozdravljanje *s* 322
pozemna biljka *ž* 87
pozitivni pol *m* 167
poziv na račun nazvanog *m* 99
poznata ruševina *ž* 261
pozornica *ž* 254
požar *m* 95
požarne stube 95
prag *m* 258
praline 113
pramac *m* 214, 240
pramenovi 39
pranje rublja *s* 101
praonica *ž* 76, 115
prašak *m* 77
praščić *m* 185
prašnik *m* 297
prati 38, 77
prati zube četkicom 50
pravni odjel *m* 175
pravni savjet *m* 180
pravo *s* 169, 180
pravokutnik *m* 164
praznici 212
prazno 321
pražnjenje *s* 98
preča *ž* 235
prečka *ž* 222, 240, 250
predavač *m* 169
predavanje *s* 163
predavaonica *ž* 169
predgrađe *s* 299
predjelo *s* 153
prednost *ž* 230
prednja peraja *ž* 290
prednje svjetlo *s* 198, 205
prednji kotač *m* 196
prednji obluk *m* 242
predsjedati 174
predvorje *s* 100, 255
pređica *ž* 242
preeksponirano 271
pregača *ž* 30, 50, 69
pregibati 251
pregled *m* 45, 50
pregledavati 177
preglednik *m* 177
pregrada *ž* 173
prehlada *ž* 44
prehrambena nadopuna *ž* 55
prekidač *m* 60
prekidač za svjetla *m* 201

prekinuta veza *ž* 99
prekjučer 307
preko 320
prekooceanski putnički brod *m* 214
prekoračenje *s* 96
prekosutra 307
prekrivač *m* 70
prekršaj *m* 223, 226
preljevna cijev *ž* 61
prema 320
premet *m* 235
premijera *ž* 254
premotavanje naprijed 269
premotavanje natrag 269
prenatalna dijagnostika *ž* 52
prepelica *ž* 119
prepeličje jaje *s* 137
preplanulost *ž* 41
prepona *ž* 12
preponska galopska utrka *ž* 243
preporučena pošiljka *ž* 98
prepreka *ž* 243
prerađeno zrnje *s* 130
presaditi 91
presadnica *ž* 91
presjek *m* 282
presjesti 209
preskakivanje konopa *s* 251
preskakivanje prepona *s* 243
presuda *ž* 181
pretinac za povrće *m* 67
pretinac 100
pretjecati 195
pretkutnjak *m* 50
pretporođajni 52
pretraživati 177
preuranjen 52
preuzimanje prtljage *s* 213
previjanje *s* 47
prevrnuti 241
prezentacija *ž* 174
prezervativ *m* 21
pribadača *ž* 276
pribor *m* 38, 165
pribor za čišćenje *m* 77
prijatelj *m* 24
prijava *ž* 94
prijaviti se 177
prijaviti se za let 212
prije 320
prijelom *m* 46
prijenos *m* 96, 202
prijenosno računalo *s* 175, 176
prijevoz *m* 193
prikolica *ž* 266
prikolica za prtljagu *ž* 212
prilazna cesta *ž* 194, 216
prilog *m* 153
primalja *ž* 53
primiti 177
primljen 48
priprema *ž* 159
pripremljeno pile *s* 119
prirodne znanosti 162, 166
prirodno vlakno *s* 31
pristanište *s* 217
pristati 217
pristojba *ž* 96
pristup za invalidska kolica *m* 197
privatna kupaonica *ž* 100
privatna soba *ž* 48
privatni mlažnjak *m* 211
privezna bitva, "kolona" *ž* 214
privjesak *m* 36
prizemlje *s* 104
priziv *m* 181
prljavo rublje *s* 76
probavni sustav *m* 19
probijač *m* 173
probuditi se 71
probušena guma *ž* 203, 207
procesor *m* 176
pročistač zraka *m* 202, 204
prodajni odjel *m* 175
prodavač *m* 104
prodavač novina *m* 112
prodavač ribe *m* 188
prodavačica *ž* 188
prodavaonica slatkiša *ž* 113
producent *m* 254
produljena limuzina *ž* 199
produžetak *m* 223
produžne ljestve *ž* 95
produžni kabel *m* 78
profil gume *m* 207
program *m* 176, 254, 269
proizvodi za dojenčad 107
prokulica *ž* 123
prolaz *m* 106, 168, 210, 254
proljeće *s* 307
proljev *m* 44, 109
promatranje ptica *s* 263
promenada *ž* 265
promet *m* 194
prometni policajac *m* 195
prometni zastoj *m* 195
prometni znak *m* 195, 298
promijeniti kotač 203
promijeniti program 269
promjena loptica *ž* 230
promjer *m* 164
promocija *ž* 169
propeler *m* 211
propusnica za ulaz *ž* 213
prorez za karticu *m* 97
prorez za pisma *m* 99
prosijati 138
prosijavati 91
prosinac *m* 306
proslava *ž* 140
proslava vjenčanja *ž* 26
proslave 27
proso *s* 130
prostata *ž* 21
prostirka za spavanje *ž* 267
prostor za orkestar *m* 254
prostor za vodu *m* 61
prostorija za prematanje *ž* 104
prostorija za sastanke *ž* 174
prostrti stol 64
prošiveni poplun *m* 71
prošli tjedan *m* 307
protezati 251
protiv bora 41
protivnik *m* 236
protuprovalni alarm *m* 58
protuupalni 109
provala *ž* 94
provizija *ž* 97
provjera putovnica *ž* 212, 213
prozor *m* 58, 177, 186, 197, 209, 210
prozorčić *m* 96, 98
prsa *ž* 12, 119
prskalica *ž* 89
prskati 91
prsluk *m* 33
prsluk za spašavanje *m* 240
prsna kost *ž* 17
prsna peraja *ž* 294
prsni 239
prsni koš *m* 17
prsni kralješci 17
prsni mišić *m* 16
prsten *m* 36
prsten za ubrus *m* 65
prsteni 89
prstenjak *m* 15
pršut *m* 143
prtljaga *ž* 100, 198, 213
prtljažnik *m* 196, 198, 204
pružatelj usluga *m* 177
prva pomoć *ž* 47
prvenstvo *s* 230
prvi 309
prvi kat *m* 104
pržena piletina *ž* 155
prženo 129, 159
prženica *ž* 157
prženo u mnogo ulja 159
pržiti 67
psihijatrija *ž* 49
psihoterapija *ž* 55
pšenica *ž* 130, 184
pšenična prekrupa *ž* 130
pšenično brašno *s* 138
ptice 292
publika *ž* 254
pucanje vodenjaka *s* 52
pucati 223, 227
puce *s* 32
puce za orukvicu *s* 36
puder *m* 109
puder za lice *m* 40
puder za tijelo *m* 73
puding od vanilije *m* 140
puding s voćem *m* 141
pudrijera *ž* 40
puls *m* 47
pult *m* 100, 142, 150
pumpa *ž* 207
pumpica za dojenje *ž* 53
pun Mjesec *m* 280
punđa *ž* 39
puni pansion *m* 101
punica *ž* 23
punk *m* 259
puno 266, 321
punoglavac *m* 294
punomasno mlijeko *s* 136
punjene masline 143
pupak *m* 12
pupčana vrpca *ž* 52
pupoljak *m* 111, 297
puran *m* 185, 293
purica *ž* 119
puslica *ž* 140
pustinja *ž* 285
pustiti 245
pustolovni film *m* 255
pušenje *s* 112
put *ž* 41
puta (pomnoženo) 165
puter-grah *m* 131
putna torba *ž* 37
putni ček *m* 97
putnička luka *ž* 216
putnički most *m* 212
putnički zrakoplov *m* 210, 212
putnik *m* 208, 216
putovnica *ž* 213
puž balavac *m* 295
puž *m* 295
quiche 142

R

rabarbara *ž* 127
račun *m* 152
računalo *s* 172, 176
računovodstvo *s* 175
rad *m* 171
radar *m* 214, 281
radič *m* 123
radijator *m* 60
radijska postaja *ž* 179
radio *m* 179, 268
radioantena *ž* 214
radio-budilica *ž* 70
radiologija *ž* 49
radionica *ž* 78, 199
radna površina *ž* 66
radna soba *ž* 63
radni dan *m* 306
radni stol *m* 78
radnik *m* 24
radnje 77
radovi 183
radovi na cesti 195
rafting *m* 241
ragbi *m* 221
ragu *m* 158
rajčica *ž* 125, 157
raketa *ž* 211, 281
raketoplan *m* 281
rakija *ž* 145
rakovica *ž* 121, 295
rakun *m* 290
RAM *m* 176
Ramazan *m* 27
rame *s* 13
ramstek *m* 119
rana *ž* 46
rani kelj *m* 123
rano 305
rap *m* 259
rasplođivati 91
raspored *m* 174
raspored obilaska *m* 260
raspravljati 163
raspršivač *m* 89
rastezljive hlače 31
rasvjeta *ž* 105, 178
ratarstvo *s* 183
ratni brod *m* 215
ravna kosa *ž* 39
ravnalo *s* 163, 165
ravnatelj *m* 163
ravnati 91
ravne 165
ravnica *ž* 285
ravno 260, 323
ravnjak *m* 284
razboj *m* 235
razdjelnik *m* 173, 194
razglas *m* 209
razglednica 112
razlomak *m* 165
razmnažanje 20
razred *m* 163
razrjeđivač *m* 83
razrješilica *ž* 256
razvijati 271
razvod *m* 26
razvodnik paljenja *m* 203
razvođač *m* 255
razvrtalo *s* 80
raža *ž* 120, 294
raženi kruh *m* 138
raženo brašno *s* 138
ražine peraje 120
ražnjić *m* 158
ražnjići 155
reanimacija *ž* 47
rebrica 155
rebro *s* 17, 119
recepcija *ž* 100
recepcionerka *ž* 100, 190
recept *m* 45, 109
reciklažna posuda *ž* 61
red *m* 210, 254, 273
redatelj *m* 254
refleksologija *ž* 54
reflektirajući remen *m* 205
reflektor *m* 259
regenerator *m* 38
reggae *m* 259
regija *ž* 315
registar-blagajna *ž* 106
registarska pločica *ž* 198
registrator *m* 172, 173
regulator *m* 239
reiki *m* 55

hrvatski

reket *m* 230, 231
reketbol *m* 231
rekord *m* 234
reli *m* 249
reljefne tapete 83
remen *m* 32, 36
remen ventila *m* 203
remen za stopala *m* 207
remorker *m* 215
rendgen *m* 48
rendgen za prtljagu *m* 212
rendgenska snimka *ž* 50
renesansa *ž* 301
renovirati 82
rep *m* 121, 210, 242, 280, 290, 292, 294
repa *ž* 124
repica *ž* 184
repičino ulje *s* 135
reporterka *ž* 179
reprodukcija *ž* 269
restoran *m* 101, 152, 168
rešetka kamina *ž* 63
rešetka za hlađenje *ž* 69
rešetke 74
rezač cijevi *m* 81
rezana lopta *ž* 230
rezanci 158
rezati 67, 79, 277
rezbariti 79
rezbarska pila *ž* 81
rezervirati let 212
rezervni igrač *m* 223
rezervni kotač *m* 203
rezultat *m* 220, 273
režanj *m* 125
riba *ž* 107, 120, 294
riba i čips 155
ribani sir *m* 136
ribar *m* 189
ribarnica *ž* 114, 120
ribarska luka *ž* 217
ribarska mreža *ž* 217
ribarski brod *m* 217
ribati 67, 77
ribež *m* 68
ribič *m* 244
ribička dozvola *ž* 245
ribička košara *ž* 245
ribičke čizme 244
ribički pribor *m* 245
ribogojstvo *s* 183
ribolov *m* 244
ribolov na slatkim vodama *m* 245
ribolov *s* harpunom *m* 245
riđa, crvena 39
riječce i antonimi 320
rijeka *ž* 284
rikola *ž* 123
risaći čavlić *m* 173
ritam *m* 259
ritmička gimnastika *ž* 235
riža *ž* 130, 158, 184
riža na mlijeku *ž* 140
rječnik *m* 163
robna kuća *ž* 105
rock koncert *m* 258
ročište *s* 180
roda *ž* 292
rodeo *m* 243
roditelji 23
roditi se 26
rodni list *m* 26
rodnica *ž* 20
rođaci 23
rođak *m* 22
rođendan *m* 27
rođendanska torta *ž* 141
rođendanska zabava *ž* 27
rođendanske svjećice 141
rođenje *s* 52
rođenje djeteta *s* 53
rog *m* 257, 291
rogovi 291
rogoz *m* 86
rok povrata *m* 168
rok trajanja *m* 109
rokoko *m* 301
romantična komedija *ž* 255
romb *m* 164
ronilačko odijelo *s* 239
rosé 145
roštilj *m* 267
rotkvica *ž* 124
rožnica *ž* 51
Ruanda *ž* 317
rub *m* 34, 246
rubin *m* 288
rubnik *m* 298
ručak *m* 64, 158
ruče 235
ručica gasa *ž* 204
ručica mjenjača *ž* 201
ručka *ž* 36, 88, 106, 187, 200
ručke 37
ručna bušilica *ž* 78, 81
ručna dizalica *ž* 203
ručna kočnica *ž* 203
ručna pila *ž* 81, 89
ručna prtljaga *ž* 211, 213
ručna torba *ž* 37
ručne vile *ž* 89
ručni mjenjač *m* 200
ručni sat *m* 36
ručnici 73
ručnik za kupanje *m* 73
ručnik za plažu *m* 265
ručnik za ruke *m* 73
rudo *s* 240
rujan *m* 306
ruka *ž* 13
ruka (šaka) *ž* 15
rukav *m* 34
rukavica za pećnicu *ž* 69
rukavica *ž* 224, 228, 233, 236, 246
rukavice 30, 36
rukohvat *m* 59, 196
rukovoditelj *m* 174
rum *m* 145
rum-kola *ž* 151
rumenilo *s* 40
Rumunjska *ž* 316
runda *ž* 237
rupa *ž* 232
rupčić *m* 36
Ruska Federacija *ž* 318
ruž *m* 40
ruža *ž* 89, 110
ružičasta 274
ružmarin *m* 133

S

s, sa 320
s ledom 151
sablja *ž* 236
sabljarka *ž* 120, 294
saće *s* 134
sad 304
sadarka *ž* 110
sadnica *ž* 91
sadržaj *m* 4
safari park *m* 262
safir *m* 288
sag *m* 63, 71
Sahara *ž* 313
sako *m* 31, 32
saksofon *m* 257
salama *ž* 142
salata *ž* 149
salatni preljev *m* 158
salto *m* 235
Salvador *m* 314
samoobrana *ž* 237
samoposluživanje *s* 106
samostojeća kuća *ž* 58
samouvjerenost *ž* 25
San Marino *m* 316
San Tome i Prinsipe 317
sandala *ž* 37
sandale 31
sanjkanje *s* 247
sanjkanje *s* psećom vučom *s* 247
sapun *m* 73
Sardinija *ž* 316
sastanak *m* 174
sastavak *m* 163
sat *m* 36, 62, 304
sat za parkiranje *m* 195
satelit *m* 281
satelitska antena *ž* 269
satelitska navigacija *ž* 201
satsuma *ž* 126
Saturn *m* 280
Saudijska Arabija *ž* 318
sauna *ž* 250
savijač koljena *m* 16
scena *ž* 178
scenarij *m* 254
scenografija *ž* 254
Schanzov ovratnik *m* 46
scrabble *m* 272
secesija *ž* 301
sedam 308
sedamdeset 308
sedamdeseti 309
sedamnaest 308
sedamnaesti 309
sedamsto 308
sedežnica *ž* 246
sedlo *s* 242
sedmi 309
sekunda *ž* 304
sekundna kazaljka *ž* 304
selo *s* 299
seljačka kuća *ž* 182
seljak *m* 189
semafor *m* 194, 225
sendvič *m* 155
sendvič bar *m* 143
Senegal *m* 317
senf *m* 135, 155
seosko gospodarstvo *s* 182, 184
server *m* 176
servirati 231
servis *m* 231
servisna crta *ž* 230
servisno vozilo *s* 212
sestra *ž* 22
set *m* 230
sezamovo ulje *s* 134
sezonsko 129
shiatsu *m* 54
Sibir *m* 313
Sicilija *ž* 316
sidro *s* 214, 240
siga *ž* 287
signal *m* 209
signalna raketa *ž* 240
siguran 228
sigurnosna bravica *ž* 75
sigurnosna igla, "ziherica" *ž* 47
sigurnosna ograda *ž* 75, 195
sigurnosni pojas *m* 198, 211
sigurnosni zatvarač *m* 200
sigurnosno svrdlo *s* 80
sigurnost *ž* 75, 240
sijati 90, 183
siječanj *m* 306
sijeda 39
sijeno *s* 184
Sijera Leone *ž* 317
silos *m* 183
simfonija *ž* 256
sin *m* 22
sinagoga *ž* 300
Singapur *m* 319
sinkronizirano plivanje *s* 239
sintetika *ž* 31
sinus *m* 19
sipa *ž* 121
sir *m* 136, 156
sir *s* plemenitom plijesni *m* 136
sirena *ž* 94
Sirija *ž* 318
sirni namaz *m* 136
sirovo 124, 129
sirup *m* 109
sisavci 290
sit 64
sito *s* 68, 89
siva 274
sjajilo za usne *s* 40
sjajna 271
sjajni 83
sjedalo *s* 61, 64, 204, 206, 209, 210, 242, 254
Sjedinjene Američke Države 314
sjedni mišić *m* 16
sjekira *ž* 95
sjekirica *ž* 68
sjekutić *m* 50
sjeme *s* 88, 122, 130
sjemenik *m* 21
sjemenka *ž* 127, 128, 129
sjemenke 131
sjemenke anisa 133
sjemenke bundeve 131
sjemenke gorušice 131
sjemenke kima 131
sjemenke sezama 131
sjemenke suncokreta 131
sjemenovod *m* 21
sjemenski mjehurić *m* 21
sjemenski snop *m* 21
sjenica *ž* 84
sjenilo za oči *s* 40
sjever *m* 312
Sjeverna i Srednja Amerika 314
Sjeverna Koreja *ž* 318
sjeverna obratnica *ž* 283
sjeverna polarnica *ž* 283
sjeverna polukugla *ž* 283
sjeverni medvjed *m* 291
sjeverni pol *m* 283
Sjeverno ledeno more *s* 312
Sjeverno more *s* 312
skakač *m* 238
skakati 227, 238
skakavac *m* 295
skalpel *m* 81, 167
skela *ž* 186
skener *m* 106, 176
skica *ž* 275
skidati uvele cvjetove 91
skija *ž* 241, 246
skijalište *s* 246
skijanje *s* 246
skijanje na vodi *s* 241
skijaš na vodi *m* 241
skijašica *ž* 246
skijaška cipela *ž* 246
skijaška padina *ž* 246
skijaški kombinezon *m* 246
skijaški štap *m* 246
skijaško trčanje *s* 247
skinuti 82
skladište *s* 216
sklek *m* 251
sklizalište *s* 224
sklizaljka *ž* 224, 247
sklizanje *s* 247

sklizati 224
sklopivi stolić *m* 210
skok *m* 237, 239, 243
skok *s* motkom *m* 234
skok *s* tornja *m* 239
skok udalj *m* 235
skok uvis *m* 235
skup *m* 221
skupljač loptica *m* 231
skupna terapija *ž* 55
skuša *ž* 120
skuter *m* 205
skvoš *m* 231
slabinski kralješci 17
slabo 321
sladni napitak *m* 144
sladni ocat *m* 135
sladoled *m* 137, 149
slagalica *ž* 273
slalom *m* 247
slamka *ž* 144, 154
slamnati šešir *m* 265
slani namaz *m* 155
slanina *ž* 118, 157
slano 137
slanutak *m* 131
slap *m* 285
slastice 107, 113
slastičar *m* 113
slastičarnica *ž* 114
slastičarska krema *ž* 140
slatka pločica *ž* 113
slatki krumpir *m* 125
slatki namaz *m* 155
slatki namazi 134
slatko 124, 127
slatko vrhnje *s* 137
slatkovodni rak *m* 121
sletjeti 211
slezena *ž* 18
slijediti 229
slijedovi 153
slika *ž* 62, 261, 274
slikanje *s* 274
slikarica *ž* 191, 274
slikarski stalak *m* 274
slobodna mjesta 266
slobodni 239
slobodni udarac *m* 222
slobodni uzgoj *m* 118
slobodnih leđa 35
slobodno 321
slobodno penjanje *s* 248
slobodno vrijeme *s* 253
slon *m* 291
Slovačka *ž* 316
Slovenija *ž* 316
slovkati 162
slušalica *ž* 99
slušalice 268
služba za kupce *ž* 104
sljedeći tjedan *m* 307
sljepoočnica *ž* 14
sljezovi kolačići 113
smanjiti 172
smaragd *m* 288
smeč *m* 231
smeće *s* 177
smeđa 39, 274
smeđa leća *ž* 131
smeđa riža *ž* 130
smetenost *ž* 25
smijati se 25
smjerokazi 260, 323
smještaj *m* 323
smokva *ž* 129
smotak *m* 311
smrvljeno 132
smrzavica *ž* 287
smrznuta hrana *ž* 107
smrznuti jogurt *m* 137
smrznuto 121, 124
SMS *m* 99
snaha *ž* 22
snijeg *m* 287
snimanje *s* 269
snimatelj *m* 178
snimljeno unaprijed 178
snizilica *ž* 256
sniženja 106
snop karata *m* 273
snošaj *m* 20
snježni skuter *m* 247
soba *ž* 58
soba *s* bračnim krevetom *ž* 100
sobarica *ž* 101
sobe 100
sočno 127
soda-voda *ž* 144
sofa *ž* 62
sofa na razvlačenje *ž* 63
softver *m* 176
soja *ž* 131
sojina klica *ž* 122
sok *m* 127
sok od ananasa *m* 149
sok od grožđa *m* 144
sok od jabuke *m* 149
sok od naranče *m* 149
sok od rajčice *m* 144, 149
sokol *m* 292
sokovi i frapei 149
sol *ž* 64, 152
solarij *m* 41
Solomonski otoci 319
Somalija *ž* 317
sonata *ž* 256
sonda *ž* 50
sorbet *m* 141
soufflé *m* 158
sova *ž* 292
spajalica za papir *ž* 173
sparing *m* 237
spasilac *m* 239, 265
spasilački toranj *m* 265
spatula *ž* 68, 167
spavaća soba *ž* 70
spavaći odjeljak *m* 209
spavaćica *ž* 31, 35
spavati *s* 74
specijalist *m* 49
specijaliteti 152
spermij *m* 20
spiker *m* 191
spikerica *ž* 179
spin *m* 230
spirala *ž* 21
splav za spašavanje *m* 240
spojiti 177
spojka *ž* 200, 204
spolne bolesti 20
spolni organi 12, 20
spolni sustav *m* 19
spomenik *m* 261
spona *ž* 36
spontani pobačaj *m* 52
sport *m* 162
sportaš *m* 191
sportovi 219
sportovi na vodi 241
sportska odjeća *ž* 33, 34
sportski automobil *m* 199
sportski grudnjak *m* 35
sportski proizvodi 105
sportski ribolov *m* 245
sportski sako *m* 33
sportski teren *m* 168
sportsko padobranstvo *s* 248
sprej *m* 109
sprej protiv kukaca *m* 267
spremište *s* 85
spremiti 177
spremnik goriva *m* 203, 204
spremnik kočničke tekućine *m* 202
spremnik *m* 61
spremnik rashladne tekućine *m* 202
spremnik tekućine za staklo *m* 202
spremnik ulja *m* 204
sprijateljiti se 26
sprinter *m* 234
spust *m* 247
spuštanje na užetu *s* 248
spuštena lopta *ž* 230
sputavanje *s* 237
spužva *ž* 73, 74, 83
sramežljivost *ž* 25
Srbija *ž* 316
srce *s* 18, 119, 122
srčani udar *m* 44
srčanka *ž* 121
srčika *ž* 126
srdela *ž* 120
srebro *s* 235, 289
sredina mete *ž* 273
središnja crta *ž* 226
središnja procesorska jedinica *ž* 176
središnje polje *s* 228
središnji krug *m* 222, 224, 226
središnji razdjelnik *m* 194
središnji trak *m* 194
središte *s* 164
središte grada *s* 299
srednji prst *m* 15
srednji val *m* 179
Srednjoafrička Republika *ž* 317
Sredozemno more *s* 313
sredstvo protiv bolova *s* 109
sredstvo za brtvljenje *s* 83
sredstvo za ispunu *s* 83
sredstvo za smirenje *s* 109
sretna 25
srijeda *ž* 306
srpanj *m* 306
stabiljka *ž* 111
stablo *s* 86
stabljika *ž* 122, 297
stadion *m* 223
stado *s* 183
staja *ž* 185, 243
stajalište taksija *s* 213
stajanka *ž* 212
stajni trap *m* 210
stajski pretprostor *m* 243
staklena 69
staklena boca *ž* 166
stakleni štapić *m* 167
staklenik *m* 85
staklenina *ž* 65
staklenka *ž* 134, 311
staklo *s* 51
stalak *m* 166, 174
stalak za bicikl *m* 207
stalak za jaje *m* 65, 137
stalak za olovke *m* 172
stalak za zvučnik *m* 268
stambeni blok *m* 59, 298
stan *m* 59
stanarina *ž* 58
stanka *ž* 254, 256, 269
stanodavac *m* 58
stapka *ž* 297
stari automobil *m* 199
staro 321
startni blok *m* 234, 238
startni skok *m* 239
stativ *m* 166, 270, 281
stav *m* 232
stav zatkom *m* 52
staviti mamac 245
staviti u lonac 91
staza *ž* 58, 85, 232, 234, 238, 280
stenografkinja *ž* 181
stepka *ž* 137
stereo 269
stereouređaj *m* 201
sterilno 47
stetoskop *m* 45
steznik *m* 35
stidne usne 20
stihovi 259
stijene 284, 288
stipendija *ž* 169
stjuardesa *ž* 190, 210
sto 308
sto deset 308
sto tisuća 309
stoka *ž* *182*, 185
stol *m* 64, 148
stol za doručak *m* 156
stol za lijepljenje *m* 82
stol za miješanje *m* 179
stolac *m* 64
stolić *m* 167
stolić za kavu *m* 62
stolni tenis *m* 231
stolnjak *m* 64
stoljeće *s* 307
stonoga *ž* 295
stop 269
stopa *ž* 310
stopalne kosti 17
stopalo *s* 12, 15
stopica *ž* 276
stoti 309
stožac *m* 164
strana valuta *ž* 97
stranica *ž* 164
strašilo za ptice *s* 184
stratosfera *ž* 286
stražnja vrata *ž* 198
stražnje sjedalo *s* 200
stražnje svjetlo *s* 204, 207
stražnji kotač *m* 197
stražnjica *ž* 13
streha *ž* 58
strelica *ž* 249
streličarstvo *s* 249
streljaštvo *s* 249
stremen *m* 242
stres *m* 55
stric *m* 22
stričak *m* 297
strina *ž* 22
strip *m* 112
stroj za fitnes *m* 250
stroj za koračanje *m* 250
stroj za rezanje *m* 139
stroj za skijaško trčanje *m* 250
stroj za veslanje *m* 250
strojarnica *ž* 214
strojarstvo *s* 169
strojevi 187
strojnica *ž* 189
strop *m* 62
strugalo *s* 82
strugati 41, 77, 82
struja *ž* 60
struk *m* 12
strunjača *ž* 235
stube 59
stubišna ograda *ž* 59
studeni *m* 306
student *m* 169
studentski dom *m* 168
stup *m* 300
stupčasti kôd *m* 106
stupić *m* 298
subota *ž* 306

sudac *m* 180, 222, 225, 226, 227, 229, 230
Sudan *m* 317
sudjelovati 174
sudnica *ž* 180
sudoper *m* 61, 66
sudski nalog *m* 180
sudski poziv *m* 180
sudski predmet *m* 180
sudski službenik *m* 180
sudski stražar *m* 180
suha 39, 41
suha šljiva *ž* 129
suhi 145
suhi dok *m* 217
suhi grašak *m* 131
suho 130, 286, 321
suho cvijeće *s* 111
suho voće *s* 156
suknja *ž* 30, 34
sukulent *m* 87
sumo hrvanje *s* 237
sumpor *m* 289
Sunce *s* 280
suncobran *m* 148, 264
suncokret *m* 184, 297
suncokretovo ulje *s* 134
sunčana opeklina *ž* 46
sunčane naočale *ž* 51, 265
sunčani sat *m* 262
sunčano 286
sunčati se 264
Sunčev sustav *m* 280
Sunčeva svjetlost *ž* 286
sunovrat *m* 111
supozitorij *m* 109
suprug *m* 22
supruga *ž* 22
Surinam *m* 315
surla *ž* 291
susjed *m* 24
susnježica *ž* 286
sustav *m* 176
sušeno 118, 129, 143, 159
sušilica rublja *ž* 76
sušilo za kosu *s*, "fen" *m* 38
sušiti 38, 76
suton *m* 305
sutra 306
suveniri 260
suvozačevo sjedalo *s* 204
suza *ž* 51
Sv. Kristofer i Nevis *m* 314
Sv. Lucija *ž* 314
Sv. Vincent i Grenadini 314
svadba *ž* 26
svadbena torta *ž* 141
Svazi *m* 317
svečane torte 141
svečanosti 27
svekar *m* 23
svekrva *ž* 23
svemir *m* 280
svemirska postaja *ž* 281
svemirsko odijelo *s* 281
sveučilište *s* 299
svibanj *m* 306
svijeća *ž* 63
svijetla 41
svijetlo 321
svila *ž* 277
svinja *ž* 185
svinjac *m* 185
svinjetina *ž* 118
svjećica *ž* 203
svjedok *m* 180
svjetiljka *ž* 50, 217
svjetionik *m* 217
svjetla 94
svjetla upozorenja 201
svjetlo na ulazu *s* 58
svjetlo *s* 207
svjetlo za čitanje *s* 210
svjetlomjer *m* 270
svježe 121, 127, 130
svježe meso *s* 142
svježi sir *m* 136
svod *m* 15, 300
svrdlo za beton *s* 80
svrdlo za drvo *s* 80
svrdlo za metal *s* 80
svršetak *m* 321

Š

šablona *ž* 83
šafran *m* 132
šah *m* 272
šahovska ploča *ž* 272
šaka *ž* 13, 15, 237
šal *m* 31
šalica *ž* 65
šalica za čaj *ž* 65
šalica za kavu *ž* 65
šalter *m* 96, 98
šalter za prijavu *m* 213
šampanjac *m* 145
šampon *m* 38
šank *m* 150
šareni grah *m* 131
šarenica *ž* 51
šasija *ž* 203
šator *m* 267
šatorski konop *m* 266
šav *m* 34, 277
šavovi 52
šećerna trska *ž* 184
šeri *m* 145
šesnaest 308
šesnaesti 309
šest 308
šestar *m* 165
šesterokut *m* 164
šesti 309
šesto 308
šešir *m* 36
šeširić *m* 30
šetalište *s* 265
šezdeset 308
šezdeseti 309
šibice 112
šija *ž* 13
šilo *s* 80
šiljak *m* 300
šiljci 233
šiljilo *s* 163
šipak *m* 128
šipka *s* utezima *ž* 251
šipka za ražnjić *ž* 68
šipka za ulje *ž* 202
širenje *s* 52
širina *ž* 165
široko 321
šist *m* 288
šišač *m* 88
šišano raslinje *s* 87
šišati 38
šišmiš *m* 290
šiti 277
šivaća košara *ž* 276
šivaći stroj *m* 276
škare *ž* 38, 47, 188, 276
škare *s* dugim ručkama *ž* 88
škarice za nokte *ž* 41
škola *ž* 162, 299
školska odora *ž* 162
školska ploča *ž* 162
školska torba *ž* 162
školski autobus *m* 196
školjka *ž* 61, 265
škorpion *m* 295
škota *ž* 241
škrga *ž* 294
škrip *m* 78
škripac *m* 78
šlag *m* 137
šljanak *m* 121
šljiva *ž* 126
šljunak *m* 88
šminka *ž* 40
šok *m* 47
Španjolska *ž* 316
šparoga *ž* 124
šperploča *ž* 79
"špica" *ž* 209
špilja *ž* 284
špinat *m* 123
Šri Lanka *ž* 318
štafetna utrka *ž* 235
štagalj *m* 182
štakor *m* 290
štap *m* 225, 245
štap šatora *m* 266
štapić za miješanje *m* 150
štapići 133
štedni račun *m* 96
štene *s* 290
štihača *ž* 88
štipaljka *ž* 166
štipavac *m* 295
štitnici 220
štitnik *m* 74, 88, 224, 236
štitnik za koljeno *m* 205, 227
štitnik za lice *m* 225
štitnik za nogu *m* 225
štitnik za usta *m* 237
štitnjača *ž* 18
štoperica *ž* 166
štrcaljka *ž* 109, 311
štruca *ž* 139
štukatura *ž* 63
šuma *ž* 285
šunka *ž* 119, 143, 156
šupa *ž* 85
šurjak *m* 23
šurjakinja *ž* 23
Švedska *ž* 316
Švicarska *ž* 316

T

taban *m* 15
tableta *ž* 109
tableta za spavanje *ž* 109
tablete protiv mučnine 109
taco *m* 155
tačke *ž* 88
Tadžikistan *m* 318
taekwondo *m* 236
tai chi *m* 237
tajbrejk *m* 230
tajice *ž* 31, 251
Tajland *m* 318
tajlandski boks *m* 236
tajm-aut *m* 220
tajništvo *s* 168
Tajvan *m* 319
taksist *m* 190
taktna crta *ž* 256
taložne 288
tamburin *m* 257
tamna 41
tamna komora *ž* 271
tamno 321
tamno pivo *s* 145
tampon *m* 108
tandem *m* 206
tanker *m* 215
tanki konop *m* 89
tanki uložak *m* 108
tanko 321
tanko crijevo *s* 18
Tanzanija *ž* 317
tanjur *m* 65
tanjur za juhu *m* 65
tapecirati 82
tapetar *m* 82
tapetarske škare *ž* 82
tapetarski nož *m* 82
tapiserija *ž* 277
taro *m* 124
tartuf *m* 125
Tasmanija *ž* 319
tast *m* 23
tava za prženje *ž* 69
tava za roštilj *ž* 69
tavanski prozor *m* 58
tečajna lista *ž* 97
teflonski sloj 69
tehnike 79, 237
tekila *ž* 145
tekst *m* 259
tektonska ploča *ž* 283
tekući 77
tekući med *m* 134
tekući račun *m* 96
tekućina za čišćenje *ž* 51
tekućina za staklo *ž* 199
tekućina za usta *ž* 72
tele *s* 185
telefaks *m* 172
telefaks uređaj *m* 172
telefon *m* 99, 172
telefon na karticu *m* 99
telefon na kovanice *m* 99
telefon za poziv u nuždi *m* 195
telefonist *m* 99
telefonska sekretarica *ž* 99
telegram *m* 98
teleprompter *m* 179
teleskop *m* 281
teletina *ž* 118
televizijska sapunica *ž* 178
televizijska serija *ž* 178
televizijski studio *m* 178
televizor širokog ekrana *m* 269
tematski zabavni park *m* 262
temeljna boja *ž* 83
temeljni premaz *m* 83
temperatura *ž* 286
tenda *ž* 148
tenis *m* 230
tenisač *m* 231
tenisica *ž* 37
tenisice 31, 231, 251
terapeut-savjetnik *m* 55
terapeutkinja *ž* 55
terasa *ž* 148
teren *m* 220, 221, 225, 234
teren za golf *m* 232
teren za kampiranje *m* 266
terenski automobil *m* 199
terenski motocikl *m* 205
teret *m* 216
teretni brod *m* 215
teretni prostor *m* 215
teretni vlak *m* 208
teritorij *m* 315
terminal *m* 212
termit *m* 295
termofor *m* 70
termometar *m* 167, 201
termoodjeća *ž* 267
termos-boca *ž* 267
termosfera *ž* 286
termostat *m* 61
terpentin *m* 83
tesar *m* 188
test za trudnoću *m* 52
teško 321
teta *ž* 22
tetak *m* 22
tetiva *ž* 17
tetovaža *ž* 41
teza *ž* 169
težina po porodu *ž* 53
ticalo *s* 295

tigar *m* 291
Tihi ocean *m* 312
tijelo *s* 12
tijesto *s* 138, 140
tikvica *ž* 125, 166
timijan *m* 133
timpan *m* 257
tinejdžerica *ž* 23
tinjac *m* 289
tipka *ž* 176
tipkovnica *ž* 97, 99, 172, 176
tirkiz *m* 289
tisak *m* 178
tiskanje *s* 275
tiskarska boja *ž* 275
tisućljeće *s* 307
tisuću 309
tisuću devesto deseta 307
tisuću devesto prva 307
tisuću devetstota 307
tjedan *m* 306
tjedno 307
tjelesni sustavi 19
tjelovježba *ž* 251
tjestenina *ž* 158
tještilo za češnjak *s* 68
tkalački stan *m* 277
tkanina *ž* 276, 277
tkanje *s* 277
tlačni ventil *m* 61
tlak u gumama *m* 203
tlakomjer *m* 45
tlo *s* 85
tlocrt *m* 261
toaletna voda *ž* 41
toaletne potrepštine 41
toaletni ormarić *m* 71
tobolac *m* 249, 291
točionik *m* 152
toga *ž* 169
Togo *m* 317
tokariti 79
ton *m* 256
tona *ž* 310
tonik za lice *m* 41, 144
tonski studio m179
topaz *m* 288
topinambur *m* 125
topivo 109
topli napici 144
toplo 286
toplomjer *m* 45
tor *m* 185
toranj *m* 300
torba *s* opremom *ž* 75
torba za golf *ž* 233
torba za plažu *ž* 264
torba za rame *ž* 37
torbe 37
torbica *ž* 37
torbica za fotoaparat *ž* 271
tornado *m* 287
torta *s* tučenim vrhnjem *ž* 141
tost *m* 157
toster *m* 66
tostirani sendvič *m* 149
tračnica *ž* 208
tračnica pod naponom *ž* 209
trajekt *m* 215, 216
trajektni terminal *m* 216
trajna *ž* 39
trajni nalog *m* 96
trajnice 86
trak za pretjecanje *m* 194
trak za ubrzavanje *m* 194
traktor *m* 182
tramvaj *m* 196, 208
transformator *m* 60
traperice *ž* 31
trapez *m* 164
trapezni mišić *m* 16
trava *ž* 87, 262
travanj *m* 306
travarstvo *s* 55
trave 134
travnjačka ravnica *ž* 285
travnjak *m* 85, 90
tražilo *s* 271
tražiti 177
trbuh *m* 12
trbušni mišić *m* 16
trbušnjak *m* 251
trčanje *s* 228, 263
trčati 229
trčati na mjestu 251
treći 309
tref *m* 273
treking *m* 243
trenerica *ž* 250
trening u krugu *m* 251
trenirati 251
trenirka *ž* 31, 32
trepavica *ž* 14, 51
treščica *ž* 46
trešnja *ž* 126
tretman lica *m* 41
tretmani ljepote 41
trg *m* 299
trgovački centar *m* 104
trgovina *ž* 298
trgovina antikviteta *ž* 114
trgovina darova *ž* 114
trgovina fotografske opreme *ž* 115
trgovina kućnih ljubimaca *ž* 115
trgovina mješovite robe *ž* 114
trgovina namještaja *ž* 115
trgovina nosača zvuka *ž* 115
trgovina obuće *ž* 114
trgovina odjeće *ž* 115
trgovina rabljene robe *ž* 115
trgovina umjetnina *ž* 115
trgovina zdrave hrane *ž* 115
tri 308
tri četvrt dva 304
trideset 308
trideseti 309
trijem *m* 58
trik-trak *m* 272
triko *m* 30
triler *m* 255
trilja *ž* 120
trinaest 308
trinaesti 309
Trinidad i Tobago 314
tristo 308
trkaći bicikl *m* 206
trkaći konj *m* 243
trkaći motocikl *m* 205
trkalište *s* 234
troglavi mišić *m* 16
troja vrata 200
trokut *m* 164, 165
trokutić *m* 257
trolejbus *m* 196
trombon *m* 257
tromjesečje *s* 52
tronožac *m* 166
troposfera *ž* 286
tropsko voće *s* 129
trska *ž* 91
trske 89
trtična kost *ž* 17
truba *ž* 201, 204, 257
trudna 52
trudnica *ž* 52
trudnoća *ž* 52
trudovi 52
trup *m* 210, 214, 240
trzajna ozljeda vrata *ž* 46
tržnica *ž* 115
tuba *ž* 257, 311
tucalo *s* 68
tuča *ž* 286
tučak *m* 68, 167
tučeno vrhnje *s* 137, 140, 157
tući 67
tugžan *ž* 25
tulipan *m* 111
tuljan *m* 290
tuna *ž* 120
Tunis *m* 317
turbopunjač *m* 203
turist *m* 260
turistička agencija *ž* 114
turistička znamenitost *ž* 260
turističke informacije 261, 322
turistički autobus *m* 197, 260
turistički bicikl *m* 206
turistički obilazak *m* 260
turistički prospekt *m* 212
turistički razred *m* 211
turistički vodič *m* 260
Turkmenistan *m* 318
turmalin *m* 288
turnir *m* 233
turpija *ž* 81
turpijica za nokte *ž* 41
Turska *ž* 316
tuš *m* 72
tuš za oči *m* 40
tuševi 266
tuširano 159
tvornica *ž* 299
tvrdi disk *m* 176
tvrdi sir *m* 136
tvrdo 124, 129, 321
tvrdo drvo *s* 79
tvrtka *ž* 175

U
u 320
u rasolu 143
u sirupu 159
u ulju 143
u umaku 159
ubaciti 223
ubaciti u rupu 233
ubacivanje *s* 226
ubirati 91
ubod *m* 46
ubodna pila *ž* 78
ubrus *m* 65, 152
učenica *ž* 162
učenik *m* 162
učenje *s* 161
učionica *ž* 162
učitati s Interneta 177
učitelj *m* 54
učiteljica *ž* 162, 190
učiti 163
učvršćen žicom 35
udaljenost *ž* 310
udarac *m* 233, 239
udarac bridom dlana *m* 237
udarac iz kuta *m* 223
udarac nogom *m* 237
udarac šakom *m* 237
udarač *m* 225, 228
udaračka crta *ž* 225
udaraljke 257
udaranje valova *s* 241
udarati 225, 229
udarci 231, 233
udariti 223, 224
udariti glavom 222
udati se 26
udica *ž* 244
udičarenje *s* plaže *s* 245
udjenuti konac u iglu 277
udlaga *ž* 47
udžbenik *m* 163
Uganda *ž* 317
ugao ulice *m* 298
ugasiti 141
ugli *m* 126
ugljen *m* 288
ugljeni štapić *m* 275
ugoditi 179
ugoditi postaju 269
ugrađeni ormar *m* 71
ugriz *m* 46
uhićenje *s* 94
uhidbeni nalog *m* 180
uho *s* 14
uhvatiti 220, 229, 245
uhvatiti mrežom 245
ujak *m* 22
Ujedinjeni Arapski Emirati 318
Ujedinjeno Kraljevstvo *s* 316
ujna *ž* 22
ukiseljeno 159
uklizati 229
uključiti televizor 269
ukosnica *ž* 38
Ukrajina *ž* 316
ukras *m* 141
ukrasna biljka *ž* 87
ukrasno lišće *s* 110
ukrcati se 217
ukuhano voće *s* 135
ulaganje *s* 97
ulaz *m* 59, 176, 322
ulazna prepreka *ž* 209
ulica *ž* 298
uličica *ž* 298
ulična svjetiljka *ž* 298
ulični kafić *m* 148
ulični štand *m* 154
ulijevati 67
ultralaki zrakoplov *m* 211
ultraljubičaste zrake 286
ultrazvuk *m* 52
ulja 134
ulje *s* 142, 199
ulje grožđanih koštica *s* 134
ulje kikirikija *s* 135
ulje kukuruznih klica *s* 135
uljene boje 274
umak *m* 135, 143, 155
umak od rajčice *m* 154
umivaonik *m* 38, 72
umjetnost *ž* 162
umjetnička galerija *ž* 261
umjetničke škole 169
umjetničko sklizanje *s* 247
umjetnost i vještine 274, 276
umrijeti 26
unajmljivanje automobila *s* 213
unca *ž* 310
unovčiti 97
unučad *ž* 23
unuk *m* 22
unuka *ž* 22
unutarnja jezgra *ž* 282
unutarnja traka *ž* 194
unutarnji organi 18
unutarnji vrt *m* 84
unutra 320
unutrašnje polje *s* 228
unutrašnjost *ž* 200
upaljač *m* 112, 266
uplašen 25
uplatiti 96
uplatni listići 96
uprava kampa *ž* 266
upravitelj *m* 24
upravljač *m* 201, 207, 269
upućivanje *s* 49

upute za uporabu 109
ura *ž* 304
uragan *m* 287
Uran *m* 280
ured *m* 24, 172, 174
urednica *ž* 191
uredska oprema *ž* 172
uredski blok *m* 298
uredski pribor *m* 173
uređaj za nadzor djeteta *m* 75
uređaj za paljenje motora *m* 200
urologija *ž* 49
Urugvaj *m* 315
usisavač *m* 77, 188
usisna cijev *ž* 77
usjev *m* 183
usjevi 184
usko 321
Uskrs *m* 27
usluga nije uključena 152
usluga uključena 152
usluge 101
uslužne djelatnosti 93
uslužni prostor *m* 199
usna *ž* 14
usoljeno 121, 129, 143
usporedne 165
usta *ž* 14
ustati 71
ušica *ž* 244, 276
ušteđevina *ž* 96
utapati se 239
uteg *m* 166, 244
utezi 250
utezi i mjere 310
utičnica *ž* 60
utikač *m* 60
utisna kopča ž, "druker" *m* 30
utorak *m* 306
utrka *ž* 234
utrka bez zapreka *ž* 243
utrka kočija *ž* 243
utrka s preponama *ž* 235
utrke čamaca *s* 241
utrke vodenim skuterima 241
ušće *s* 285
uvertira *ž* 256
uvijač *m* 38
uvjetna sloboda *ž* 181
uz 320
Uzbekistan *m* 318
uzbuđen 25
uzda *ž* 242
uzdisati 25
uzemljenje *s* 60
uzgajati 91
uzglavlje *s* 70
uzgoj ovaca *m* 183
uzgoj peradi *m* 183
uzgoj svinja *m* 183
uzrujanost *ž* 25
užasnut 25
uže *s* 248
uživo 178

V
v-izrez *m* 33
vadičep *m* 150
vadijezgra *ž* 68
vađenje *s* 50
vafli 157
vaga *ž* 53, 69, 98, 118, 166, 310
vagati 310
vagon *m* 208
vagon-restoran *m* 209
vakuum *m* 53
val *m* 241, 264
valna duljina *ž* 179
valjak *m* 83, 164, 187
valjak za tijesto *m* 69
valjati 67
vanilija *ž* 132
Vanuatu *m* 319
vanjska jezgra *ž* 282
vanjski (ambulantni) pacijent *m* 48
vanjsko polje *s* 229
vanjština *ž* 29
vapnenac *m* 288
varalica *ž* 244
vaterpolo *m* 239
Vatikan *m* 316
vatrodojavnik *m* 95
vatrogasac *m* 189
vatrogasci 95
vatrogasna postaja *ž* 95
vatrogasno vozilo *s* 95
vatrostalno 69
vaza *ž* 63, 111
večer *ž* 305
večera *ž* 64
večernja haljina *ž* 34
večernji jelovnik *m* 152
vegetarijanski burger *m* 155
veleslalom *m* 247
velika kazaljka *ž* 304
veliko 321
veljača *ž* 306
vena *ž* 19
Venera *ž* 280
Venezuela *ž* 315
ventil *m* 61, 207
ventilator *m* 60, 202, 210
veo *m* 35
veslač *m* 241
veslati 241
veslo *s* 241
vesta *ž* 32
vestern *m* 255
veterinarka *ž* 189
vez *m* 217, 277
veza *ž* 212
vezati se 217
vezica *ž* 37
vibrafon *m* 257
vid *m* 51
videofon *m* 99
videoigra *ž* 269
videokamera *ž* 260, 269
videokaseta *ž* 269
videorekorder *m* 269
vidra *ž* 290
vijak *m* 80, 214
vijenac *m* 111, 300
vijesti 178
Vijetnam *m* 318
vikati 25
vikend *m* 306
vile *ž* 88
vilica *ž* 14, 207
viličasti ključ *m* 80
vilin konjic *m* 295
viljuška *ž* 65, 153
viljuška za pečenku *ž* 68
viljuškar *m* 186, 216
vino *s* 145, 151
vinograd *m* 183
vinoteka *ž* 115
vinova loza *ž* 183
vinska čaša *ž* 65
vinska karta *ž* 152
vinski ocat *m* 135
vinjak *m* 145
viola *ž* 256
violina *ž* 256
violinski ključ *m* 256
violončelo *m* 256
virus *m* 44
viseća kartoteka *ž* 173
viseća košara *ž* 84
visina *ž* 165, 211
viski *m* 145
viski s vodom *m* 151
visoko 321
višak prtljage *m* 212
vitamini 108
vitrina *ž* 62
viza *ž* 213
vizir *m* 205
vjedro *s* 77, 82
vjenčanica *ž* 35
vjenčanje *s* 26, 35
vjenčati se 26
vjenčić *m* 111
vješalica *ž* 70
vjetar *m* 241, 286
vjetrobran *m* 198, 205, 265
vjetrovka *ž* 33
vjetrovka s kapuljačom *ž* 31
vjeverica *ž* 290
vježba bicepsa *ž* 251
vježba nogu *ž* 251
vježba prsnih mišića *ž* 251
vježba snage *ž* 251
vježbe na tlu 235
vlak *m* 208
vlak velike brzine *m* 208
vlakić smrti *m* 262, 263
vlaknasta tvar *ž* 127
vlasac *m* 133
vlažni rupčić *m* 74
vlažni rupčići 108
vlažno 321
voćarnica *ž* 114
voće *s* 107, 126, 128, 157
voćna pita *ž* 140
voćni gumeni bombon *m* 113
voćni jogurt *m* 157
voćni kolač *m* 140
voćni sok *m* 156
voćnjak *m* 183
voda *ž* 144, 238
vodena zapreka *ž* 232
vodene biljke 86
vodene boje 274
vodene kozice *ž* 44
vodeni kesten *m* 124
vodeni mlaz *m* 95
vodeni vrt *m* 84
vodeni žulj *m* 46
vodenkonj *m* 291
vodič (knjiga) *m* 260
vodilica konca *ž* 276
vodilica papira *ž* 172
voditelj *m* 178
vodoinstalater *m* 188
vodokotlić *m* 61
vodoravni stabilizator *m* 210
vodoskok *m* 85
vodovodna voda *ž* 144
vodovodne instalacije 61
vodozemci 294
vođice 242
vojnik *m* 189
vok *m* 69
volej *m* 231
votka *ž* 145
votka s džinom *ž* 151
vozač *m* 196, 249
vozač autobusa *m* 190
vozač kamiona *m* 190
vozačevo sjedalo *s* 196
vozilo hitne pomoći *s* 94
vozilo za vuču *s* 203
voziti 195, 207
voziti unatrag 195
vozna karta *ž* 197, 209
vozni red *m* 197, 209, 261
vrabac *m* 292
vraćanje *s* 231
vrana *ž* 292
vrat *m* 12, 258
vrata tuš-kabine *ž* 72
vrata *ž* 85, 196, 198, 209, 221, 222, 223, 224, 225, 247, 281
vratar *m* 222, 224
vratarov prostor *m* 223
vratilo *s* 235
vratni kralješci 17
vratnica *ž* 182, 220, 222
vrba *ž* 296
vrč *m* 151
vrčić *m* 65
vreća za spavanje *ž* 267
vreća za travu *ž* 88
vreća za udaranje *ž* 237
vrećica za ukrašavanje *ž* 69
vrećica *ž* 106, 311
vremenske prilike 286
vreti 67
vrh *m* 163, 164, 246
vrhnje *s* 137
vrijednosnice 97
vrijeme *s* 234, 261, 304
vrijeme gužve *s* 209
vrijeme posjeta *s* 48
vrijesak *m* 297
vrpca *ž* 27, 39, 111, 141, 235
vrpca za čarape *ž* 35
vrpca za prtljagu *ž* 212
vrste 199, 205
vrste autobusa 196
vrste biljaka 86
vrste fotoaparata 270
vrste glazbala 259
vrste gospodarstava 183
vrste mesa 119
vrste ribolova 245
vrste vlakova 208
vršak *m* 36, 122
vrt *m* 84
vrt mirisnih trava *m* 84
vrtić *m* 75
vrtlar *m* 188
vrtlarstvo *s* 90
vrtna košara *ž* 88
vrtne biljke 86
vrtne škare *ž* 89
vrtni alat *m* 88
vrtni centar *m* 115
vrtni stilovi 84
vrtni ukrasi 84
vruća čokolada *ž* 144, 156
vruće 286, 321
vrućica *ž* 44
vučika *ž* 297
vuk *m* 290
vulkan *m* 283
vulkanske 288
vuna *ž* 277
vuneni kaputić *m* 31

W
WC *m* 61
web adresa *ž* 177

Z
za 320
za jednokratnu uporabu 109
zabat *m* 300, 301
zabavna elektronika *ž* 268
zabavni park *m* 262
zabranjen ulaz *m* 195
zabranjeno skretanje *s* 195
zabranjeno zaustavljanje *s* 195
zabrinuta 25
začeće *s* 52
začepiti 82
začeti 20
začini 132
začini i namazi 135
začinska mješavina *ž* 132
začinske biljke 133

začinske i aromatične biljke 132
začinski ocat *m* 135
začinsko bilje *s* 86
začinjena kobasica *ž* 143
začinjeno 159
zadnje crijevo *s* 21
zagrijavati se 251
zagristi 245
zahod *m* 61, 72
zahodi 104, 266
zahodski papir *m* 72
zahodsko sjedalo *s* 72
zajam *m* 96
zakrivljene 165
zakrpa *ž* 207
zakucati 227
zakucavati 79
zalazak Sunca *m* 305
zaleđe *s* 223
zalijevati 89, 90, 183
zalogajnica *ž* 148, 154
zaljubiti se 26
zamah *m* 239
zamahnuti 232
zamašnjak *m* 276
Zambija *ž* 317
zamjena *ž* 223
zamrzivač *m* 67
zamrznuti 67
zanimanja 188, 190
zapad *m* 312
Zapadna Sahara *ž* 317
zapaliti vatru 266
zapešće *s* 13, 15
zapisnik *m* 174
zaporni sat *m* 166
zaposlenik *m* 24
zaposliti se 26
zapremina *ž* 311
zapučak *m* 32
zaručnica *ž* 24
zaručnici 24
zaručnik *m* 24
zaslon *m* 97, 176, 269
zaslon s informacijama *m* 213
zastavica *ž* 221, 232
zastor *m* 254
zasun *m* 59
zaštita od kukaca *ž* 108
zaštita od prskanja *ž* 66
zaštitar *m* 189
zaštitna kaciga *ž* 186
zaštitna ograda *ž* 246
zaštitna vrpca *ž* 83
zaštitne naočale 81, 167
zaštitne rukavice 89
zaštitni prekrivač *m* 83
zaštitni sloj *m* 83
zatezni vijak *m* 258
zatvor *m* 181
zatvoreno 260, 321
zatvorska straža *ž* 181
zaušnjaci 44
zauzeto 99, 321
zavjesa *ž* 63
zavjesa tuša *ž* 72
zavjesa za namotavanje *ž* 63
zavoj *m* 47
zavratak *m* 32
završna crta *ž* 226
završna zona *ž* 220
završni premaz *m* 83
zbrajati 165
zbunjen 25
zdjela *ž* 65
zdjela za miješanje *ž* 66, 69
zdjela za nabujak *ž* 69
zdjelica *ž* 17
zdravac *m* 91
zdravlje *s* 43
zebra *ž* 291
zečetina *ž* 118
zelena 274
zelena maslina *ž* 143
zelena salata *ž* 123, 158
zeleni čaj *m* 149
zeleno 129
Zemlja *ž* 280, 282
zemlja *ž* 85, 315
zemljopis *m* 162
zemljovid svijeta *m* 312
zet *m* 22
zglob *m* 17
zglob prsta *m* 15
zgoditak *m* 220
zid *m* 58, 186
zidar *m* 186, 188
zidarska žlica *ž* 187
zidna svjetiljka *ž* 62
zidna tapeta *ž* 82
zijevati 25
zima *ž* 31, 307
Zimbabve *m* 317
zimica *ž* 44
zimski sportovi 247
zimzeleno 86
zjenica *ž* 51
zlatna ribica *ž* 294
zlato *s* 235, 289
zločin *m* 94
zločinac *m* 181
zmaj *m* 248
zmajarstvo *s* 248
zmija *ž* 293
značka *ž* 94
znak *m* 104
znakovi 322
znamenitosti 261
znanac *m* 24
znanstvenik *m* 190
znanstveno-fantastični film *m* 255
zob *ž* 130
zobena kaša *ž* 157
zona napada *ž* 224
zona obrane *ž* 224
zona vratiju *ž* 221
zona *ž* 315
zone 283
zoologija *ž* 169
zoološki vrt *m* 262
zora *ž* 305
zračna luka *ž* 212
zračna orukvica *ž* 45
zračni jastuk *m* 201
zračni madrac *m* 267
zračnica *ž* 207
zrakoplov *m* 210
zrakoplovom 98
zrcalo *s* 40, 63, 71, 167
zrelo 129
zrnasta gorušica *ž* 135
zrno *s* 130
zrnje *s* 130
zub *m* 50
zubalo *s* 50
zubar *m* 50
zubarica *ž* 189
zubarski stolac *m* 50
zubna higijena *ž* 72
zubni konac *m* 50, 72
zubni rendgen *m* 50
zubno meso *s* 50
zubobolja *ž* 50
zum-objektiv *m* 270
zupčanik *m* 206
zvečka *ž* 74
zvekir *m* 59
zvijezda *ž* 235, 280
zviježđe *s* 281
zvjezdača *ž* 295
zvjezdasti anis *m* 133
zvonce *s* 197
zvončić *m* 297
zvučni zapis *m* 255
zvučnik *m* 176, 258, 268

Ž

žaba *ž* 294
žad *m* 288
žalac *m* 295
žaluzina *ž* 63
žarulja *ž* 60
žbica *ž* 207
žbuka *ž* 187
žbukati 82
ždral *m* 292
ždrijebe *s* 185
ždrijelo *s* 19
žele bombon *m* 113
želudac *m* 18
željezarija *ž* 114
željeznička mreža *ž* 209
željeznički kolodvor *m* 208
željezo *s* 109, 289
žemlja *ž* 139
žena *ž* 12, 13, 23
ženska higijena *ž* 108
ženska odjeća *ž* 34, 105
ženski 20
žensko donje rublje *s* 32, 35, 105
žensko sedlo *s* 242
žeti 91, 183
žica *ž* 79, 89, 258
žice 60, 230
žičana glazbala 256
žičara *ž* 246
žirafa *ž* 291
žirasta bundeva *ž* 125
žitarice 130
žitarice i mahunarke 130
žitne pahuljice 107, 132, 156
živa *ž* 289
živac *m* 19, 50
živčani sustav *m* 19
živi zid *m* 222
živica *ž* 85, 90, 182
životinje 290, 292, 294
žlica *ž* 65
žlica za cijeđenje *ž* 68
žlica za juhu *ž* 65
žlica za posluživanje *ž* 68
žličica za doziranje *ž* 109
žličica za kavu *ž* 153
žlijeb *m* 58, 299
žlijezda *ž* 19
žmigavac *m* 198, 204
žohar *m* 295
žumanjak *m* 137, 157
žuna *ž* 292
žuta 274
žuti karton *m* 223
žutulja *ž* 294

njemačko kazalo • deutsches Register

A
à la carte 152
Aal *m* 294
abbiegen 195
Abdeckband *n* 83
Abdecktuch *n* 83
Abend *m* 305
Abenddämmerung *f* 305
Abendessen *n* 64
Abendkleid *n* 34
Abendmenü *n* 152
Abenteuerfilm *m* 255
Abfahrtslauf *m* 247
Abfalleimer *m* 61
Abfallentsorgung *f* 61
Abfallsortiereinheit *f* 61
Abfertigungsschalter *m* 213
Abflug *m* 213
Abflughalle *f* 213
Abfluss *m* 61, 72
Abflussrohr *n* 61
Abführmittel *n* 109
abheben 99
Abhebungsformular *n* 96
Abkühlgitter *n* 69
Ablage *f* 172
Ablasshahn *m* 61
Ableger *m* 91
Abmessung *f* 165
Absatz *m* 37
abschalten 269
Abschlag *m* 232
abschleppen 195
Abschleppwagen *m* 203
Abschürfung *f* 46
Abschuss *m* 281
Abschussrampe *f* 281
Abseilen *n* 248
abseits 247
Abseits *n* 223
Absender *m* 98
Absperrhahn *m* 61
Abspielen *n* 269
Abteil *n* 209
Abteilung *f* 49
Abtropfbrett *n* 67
Abzeichen *n* 189
abziehen 82
Abzug *m* 271
Accessoires *n* 36
Achat *m* 289
Achillessehne *f* 16
Achse *f* 205
Achselhöhle *f* 13
acht 308
Achteck *n* 164
achter 309
Achterbahn *f* 262
Achterdeck *n* 214
Achtung 323
achtzehn 308
achtzehnter 309
achtzig 308
Ackerbaubetrieb *m* 183
Ackerland *n* 182
Acrylfarbe *f* 274
Adamsapfel *m* 19
addieren 165
Adler *m* 292
Adresse *f* 98
Adzukibohnen *f* 131
Aerobic *n* 251
Affe *m* 291
Afghanistan *n* 318
Afrika *n* 317
AfterSun-Lotion *f* 108
Ägypten *n* 317
Ahorn *m* 296
Ahornsirup *m* 134
Aikido *n* 236
Airbag *m* 201
akademisch 169
Akazie *f* 110
Akku *m* 78
Akkuschrauber *m* 78
Aktenordner *m* 173
Aktenschrank *m* 172
Aktentasche *f* 37
Aktien *f* 97
Aktienpreis *m* 97
Aktionen *f* 227, 229, 233
Aktivität *f* 162, 245, 262, 263
Akupressur *f* 55
Akupunktur *f* 55
Alarmanlage *f* 58
Alaska *n* 314
Albanien *n* 316
Algerien *n* 317
alkoholfrei 144, 154
alkoholisch 145
Allee *f* 299
Allergie *f* 44
Alligator *m* 293
Alpenpflanze *f* 87
alt 321
Alternativtherapien *f* 54
Aluminium *n* 289
Amazonien *n* 312
ambulant 48
Ameise *f* 295
Amethyst *m* 288
Amniozentese *f* 52
Ampere *n* 60
Amphibien *n* 294
an 320
an Bord gehen 217
Ananas *f* 128
Ananassaft *m* 149
Anästhesist *m* 48
Anbau *m* 58
anbeißen 245
anbraten 67
anbringen 82
Anden 312
Andenken *n* 260
Andorra *n* 316
Anfang *m* 321
Angebot *n* 106
Angebot *n* 174
Angeklagte *m* 180, 181
Angelgerät *n* 245
Angelhaken *m* 244
Angelrute *f* 244
Angelschein *m* 245
Angelsport *m* 244
angemacht 159
Angestellte *m* 174
Angler *m* 244
Angola *n* 317
angreifen 220, 221, 223
Angriff *m* 220, 237
Angriffszone *f* 224
Anhang *m* 177
Anhänger *m* 36, 266
Anker *m* 214, 217, 240
Ankerwinde *f* 214
Anklage *f* 94, 180
Ankunft *f* 213
anlegen 217
Anleihe *f* 97
Anlieger frei 323
Anorak *m* 31, 33
Anprobe *f* 104
Anrede *f* 23
Anrufbeantworter *m* 99
Anspielkreis *m* 224
Anspitzer *m* 163
anstreichen 83
Antifalten 41
Antigua und Barbuda 314
antihaftbeschichtet 69
Antiquitätenladen *m* 114
Antiseptikum *n* 47
Antwort *f* 163
antworten 163
Anwaltsbüro *n* 180
Anwendung *f* 176
Anzeige *f* 94
Anzeigetafel *f* 104, 225
Aperitif *m* 153
Apfel *m* 126
Apfelsaft *m* 149
Apfelstecher *m* 68
Apfelwein *m* 145
Apfelweinessig *m* 135
Apotheke *f* 108
Apotheker *m* 108
Apothekerin *f* 189
applaudieren 255
Aprikose *f* 126
April *m* 306
Aquamarin *m* 288
Aquarellfarbe *f* 274
Äquator *m* 283
Äquatorial-Guinea *n* 317
Arabisches Meer *n* 313
Arbeit *f* 171
Arbeitgeberin *f* 24
Arbeitnehmer *m* 24
Arbeitsessen *n* 175
Arbeitsfläche *f* 66
Arbeitszimmer *n* 63
Architekt *m* 190
architektonische Garten *m* 84
Architektur *f* 300
Architrav *m* 301
Argentinien *n* 315
Arithmetik *f* 165
Arm *m* 13
Armaturen *f* 201
Armaturenbrett *n* 201
Armband *n* 36
Armbanduhr *f* 36
Arme Ritter *m* 157
Ärmel *m* 34
ärmellos 34
Armenien *n* 318
Armlehne *f* 210
Armstütze *f* 200
Aromatherapie *f* 55
aromatisch 130
aromatisiert 134
Art-déco *n* 301
Arterie *f* 19
Artischocke *f* 124
Arzneiausgabe *f* 108
Arzt *m* 45, 189
Asche *f* 283
Aschenbecher *m* 150
Aserbaidschan *n* 318
Asien *n* 318
Asphalt *m* 187
Ass *n* 230, 273
Assistentin *f* 24
assistiert 53
Ast *m* 296
Asteroid *m* 280
Asthma *n* 44
Astigmatismus *m* 51
Astronaut *m* 281
Astronomie *f* 281
Atemloch *n* 290
ätherisches Öl *n* 55
Äthiopien *n* 317
Atlantischer Ozean *m* 312
Atmosphäre *f* 282, 286
Atmung *f* 47
Atmungssystem *n* 19
Atrium *n* 104
Aubergine *f* 125
auf 320
Auf Wiedersehen 322
aufgebracht 25
aufgehen 139
aufgenommen 48
aufgezeichnet 178
Aufhängung *f* 203, 205
Auflaufform *f* 69
Auflaufförmchen *n* 69
auflockern 91
Auflösungszeichen *n* 256
Aufnahme *f* 269
Aufsatz *m* 163
Aufschlag *m* 231
aufschlagen 231, 266
Aufschlaglinie *f* 230
Aufschnitt *m* 118, 143
aufstehen 71
Aufstrich *m* 134
auftauen 67
auftrennen 277
aufwachen 71
aufwärmen 154, 251
Auge *n* 14, 51
Augenbraue *f* 14, 51
Augenbrauenstift *m* 40
Augenheilkunde *f* 49
Augenoptiker *m* 51
August *m* 306
aus 225, 226, 228, 320
ausblasen 141
ausbrechen 283
Ausfahrt *f* 194
Ausfallschritt *m* 251
Ausgang *m* 210, 322
Auskunft *f* 99, 168
Auslandsflug *m* 212
Auslass *m* 61
auslaufen 217
Ausleger *m* 95
Auslegerkorb *m* 95
Ausleihe *f* 168, 168
ausleihen 168
Auslöser *m* 270
Auspuff *m* 203
Auspuffrohr *n* 204
Auspufftopf *m* 203, 204
ausputzen 91
ausrollen 67
Ausrüstung *f* 165, 233, 238
Aussage *f* 180
Ausschnitt *m* 34
Außenbordmotor *m* 215

deutsch

Außenfeld *n* 229
Außer Betrieb 322
äußere Erscheinung *f* 29
Äußere *n* 198
außerhalb 320
ausspülen 38
Ausstellung *f* 261
Ausstellungsstück *n* 261
ausstrecken 251
Auster *f* 121
Australien *n* 319
Ausverkauf *m* 322
auswärts essen 147
Auswechslung *f* 223
auswerfen 245
Auszeit *f* 220
Auto *n* 198, 200, 202
Autobahn *f* 194, 323
Automatik *f* 200
Automatiktür *f* 196
Autostereoanlage *f* 201
Autotür *f* 198
Autounfall *m* 203
Autoverleih *m* 213
Autowaschanlage *f* 199
Avocado *f* 128
Ayurveda *n* 55

B

B *n* 256
Baby *n* 23, 30
Babyflasche *f* 75
Babyhandschuhe *m* 30
Babyphon *n* 75
Babyprodukte *n* 107
Babyschuhe *m* 30
Babytasche *f* 75
Babytrageschlinge *f* 75
Babywanne *f* 74
Bach *m* 285
backen 67, 69, 138, 138
Backenzahn *m* 50
Bäcker *m* 139
Bäckerei *f* 114, 138
Backgammon *n* 272
Backofen *m* 66
Backpflaume *f* 129
Backpinsel *m* 69
Backpulver *n* 139
Backware *f* 107
Badeanzug *m* 238, 265
Badehose *f* 238
Badekappe *f* 238
Bademantel *m* 32, 73
Badematte *f* 72
Bademeister *m* 239, 265
baden 72
Badetuch *n* 73
Badewanne *f* 72
Badezimmer *n* 72
Badminton *n* 231
Bagger *m* 187
baggern 227
Baguette *n* 138
Bahamas 314
Bahn *f* 234, 238
Bahnhof *m* 208
Bahnhofshalle *f* 209
Bahnnetz *n* 209
Bahnsteig *m* 208
Bahrain *n* 318
Baiser *n* 140
Bajonettfassung *f* 60
Balearen 316
Balken *m* 186
Balkon *m* 59, 254
Ball *m* 75
Ballaststoffe *m* 127
Ballen *m* 15, 184
Ballett *n* 255
Ballettröckchen *n* 191
Balljunge *m* 231
Ballwechsel *m* 230
Bambus *m* 86, 122
Banane *f* 128
Band *n* 17, 27, 39, 111, 141
Bandage *f* 47
Bangladesch *n* 318
Bank *f* 96, 250, 262
Bankdirektor *m* 96
Bankgebühr *f* 96
Bar *f* 150, 152
Bär *m* 291
Barbados *n* 314
Barhocker *m* 150
Barkeeper *m* 150, 191
barock 301
Barren *m* 235
Basalt *m* 288
Baseball *m* 228
Basilikum *n* 133
Basisstation *f* 99
Basketball *m* 226
Basketballspieler *m* 226
Bassgitarre *f* 258
Bassgitarrist *m* 258
Bassklarinette *f* 257
Bassschlüssel *m* 256
Batterie *f* 167, 202, 260
Bau *m* 186
Bauarbeiter *m* 186
Bauch *m* 12
Bauchmuskel *m* 16
Bauchspeicheldrüse *f* 18
bauen 186
Bauer *m* 272
Bauerngarten *m* 84
Bauernhaus *n* 182
Bauernhof *m* 182, 184
Bauholz *n* 187
Baum *m* 86, 240, 296
Baumwolle *f* 184, 277
Baustelle *f* 186, 323
Baustile *m* 301
Beat *m* 259
Beben *n* 283
Becher *m* 65
Becherglas *n* 167
Becken *n* 17, 61, 257
bedecken 90
Bedienung *f* 152
Bedienung inbegriffen 152
Beere *f* 296
Beerenobst *n* 127
Befestigung *f* 89
Befruchtung *f* 20
begeistert 25
Begräbnis *n* 26
Behälter *m* 311
Behandlungslampe *f* 50
Behandlungsschürze *f* 50
Behindertenparkplatz *m* 195
bei 320
Beil *n* 95
Beilage *f* 153
Beilagenteller *m* 65
Bein *n* 12, 64, 119
Beinstütz *m* 251
Beize *f* 79
Bekannte *m* 24
belegt 155
Beleuchtung *f* 178
Belgien *n* 316
Belichtung *f* 271
Belichtungsmesser *m* 270
Belize *n* 314
Benin *n* 317
Benzin *n* 199
Benzinpreis *m* 199
Benzintank *m* 203
Berater *m* 55
Berg *m* 284
Bericht *m* 174
Beruf *m* 188, 190
Berufung *f* 181
Beruhigungsmittel *n* 109
berühmt 261
Besatzungsluke *f* 281
Beschleuniger *m* 281
beschneiden 91
Besen *m* 77
besetzt 99, 321
Besetzung *f* 254
Besichtigungstour *f* 260
besorgt 25
besser 321
Besteck *n* 64, 65
bestellen 153
Bestleistung *f* 234
Bestuhlung *f* 254
Besuchszeiten *f* 48
Betonblock *m* 187
Betonmischmaschine *f* 186
Betrag *m* 96
Betrieb *m* 183
Bett *n* 70
Bettcouch *f* 63
Bettdecke *f* 71
Bettlaken *n* 71
Bettwäsche *f* 71
Bettzeug *n* 74
beugen 251
Beutel *m* 291, 311
Bewährung *f* 181
bewässern 183
Beweismittel *n* 181
bewölkt 286
bewusstlos 47
bezahlen 153
Beziehung *f* 24
Bezirk *m* 315
Bhutan *n* 318
Biathlon *n* 247
Bibliothek *f* 168, 299
Bibliothekar *m* 190
Bibliothekarin *f* 168
Bidet *n* 72
Biene *f* 295
Bier *n* 145, 151
bifokal 51
Bikini *m* 264
Bilderrahmen *m* 62
Bildhauer *m* 191
Bildhauerei *f* 275
Bildschirm *m* 97, 172, 176, 269
Bildschirmhintergrund *m* 177
Bildsucher *m* 271
Bildtelefon *n* 99
billig 321
Bimsstein *m* 73, 288
Binse *f* 86
Bio-Abfall *m* 61
biodynamisch 91
Biologie *f* 162
biologisch 122
biologisch kontrolliert 118
Birke *f* 296
Birma *n* 318
Birne *f* 126
bis 320
Biskuitform *f* 69
Biskuittörtchen *n* 140
Biss *m* 46
Bitte 322
Bitte anklopfen 322
Bitte sehr 322
bitter 124
Bizeps *m* 16
Bizepsübung *f* 251
Blase *f* 20, 46
Blatt *n* 122, 296
Blätter *n* 110
Blätterteig *m* 140
blau 274
blauer Fleck *m* 46
Blauschimmelkäse *m* 136
Blazer *m* 33
Blechblasinstrument *n* 257
bleifrei 199
Bleigürtel *m* 239
Bleistift *m* 163, 275
Blendenregler *m* 270
Blinddarm *m* 18
Blinker *m* 198, 204
Blitz *m* 270, 287
Block *m* 237
blocken 227
blond 39
Blues *m* 259
blühend 297
Blume *f* 110
Blumenampel *f* 84
Blumenarrangement *n* 111
Blumenbeet *n* 85, 90
Blumengeschäft *n* 110
Blumengirlande *f* 111
Blumenkohl *m* 124
Blumenstrauß *m* 111
Blumentopf *m* 89
Blumenvase *f* 111
Bluse *f* 34
Blutdruck *m* 44
Blutdruckmesser *m* 45
Blüte *f* 297
Blütenblatt *n* 297
Blutung *f* 46
Blutuntersuchung *f* 48
Blutwurst *f* 157
Bobsport *m* 247
Bockshornklee *m* 132
Boden *m* 85
Bodenakrobatik *f* 235
Bodendecker *m* 87
Bodenturnen *n* 235
Bogen *m* 85, 164, 249, 301
Bogenschießen *n* 249
Bohnen *f* 131, 144
bohren 79
Bohrer *m* 50, 78, 80
Bohrfutter *n* 78
Bohrmaschine *f* 78
Bohrwinde *f* 78
Boiler *m* 61
Boje *f* 217
Bolivien *n* 315
Bomber *m* 211
Bonbon *n* 113
Bongos *f* 257
Bordkarte *f* 213
Bordstein *m* 298
Börse *f* 97
Börsenmakler *m* 97
Bosnien und Herzegowina *n* 316
Botsuana *n* 317
Boutique *f* 115
Bowling *n* 249
Bowlingkugel *f* 249
Boxen *n* 236
Boxershorts *f* 33
Boxgymnastik *f* 251
Boxhandschuh *m* 237

deutsch

Boxring *m* 237
Brand *m* 95
Brandteig *m* 140
Brandung *f* 241
Brandungsangeln *n* 245
Brandwunde *f* 46
Brasilien *n* 315
braten 67
Braten *m* 158
bratfertig 119
Bratpfanne *f* 69
Bratsche *f* 256
Brauenbürstchen *n* 40
braun 274
Brause *f* 89
breit 321
Breitbildfernseher *m* 269
Breite *f* 165
Breitengrad *m* 283
Bremsbacke *f* 207
Bremse *f* 200, 204
bremsen 207
Bremsflüssigkeitsbehälter *m* 202
Bremsgriff *m* 207
Bremspedal *n* 205
Brenner *m* 67
Brettspiel *n* 272
Bridge *n* 273
Brie *m* 142
Brief *m* 98
Brieffreund *m* 24
Briefkasten *m* 58, 99
Briefmarke *f* 98, 112
Briefmarkensammeln *n* 273
Brieftasche *f* 37
Briefträger *m* 98, 190
Briefumschlag *m* 173
Brille *f* 51
Brillengestell *n* 51
Brioche *f* 157
Brokkoli *m* 123
Brombeere *f* 127
Bronze *f* 235
Brosche *f* 36
Broschüre *f* 96
Brot *n* 138, 157
Brötchen *n* 139, 143, 155
Brotfrucht *f* 124
Brotmesser *n* 68
Brotschneider *m* 139
browsen 177
Browser *m* 177
Bruch *m* 165
Brücke *f* 300
Bruder *m* 22
Brühe *f* 158
Brunei *n* 319
brünett 39
Brunnenkresse *f* 123
Brust *f* 12, 12, 119
Brustbein *n* 17
Brustflosse *f* 294
Brustkorb *m* 17
Brustmuskel *m* 16
Brustschwimmen *n* 239
Brustübung *f* 251
Brustwarze *f* 12
Brustwirbel *f* 17
Brutkasten *m* 53
Bube *m* 273
Buch *n* 168
Buche *f* 296
buchen 212
Bücherregal *n* 63, 168
Buchhalter *m* 97
Buchhaltung *f* 175
Buchladen *m* 115
buchstabieren 162
Buffet *n* 152
Bug *m* 210, 214, 240
Bügelbrett *n* 76
Bügeleisen *n* 76
bügeln 76
Bugfahrwerk *n* 210
Buggy *m* 232
Bühne *f* 254
Bühnenbild *n* 254
Bukett *n* 35
Bulgarien *n* 316
Bull's Eye *n* 273
Bullauge *n* 214
Bund *m* 258
Bungalow *m* 58
Bungeejumping *n* 248
Bunker *m* 232
Bunsenbrenner *m* 166
Buntstift *m* 163
Burg *f* 300
Bürgersteig *m* 298
Burggraben *m* 300
Burkina Faso *n* 317
Büro *n* 24, 172, 172, 174
Büroausstattung *f* 172
Bürobedarf *m* 173
Bürogebäude *n* 298
Büroklammer *f* 173
bürsten 38, 50
Burundi *n* 317
Bus *m* 196
Busbahnhof *m* 197
Busfahrer *m* 190
Bushaltestelle *f* 197, 299
Businessclass *f* 211
Büstenhalter *m* 35
Bustier *n* 35
Bustypen *m* 196
Butter *f* 137, 156
Buttermilch *f* 137
Butternusskürbis *m* 125
Byte *n* 176

C

Cabrio *n* 199
Caddie *m* 233
Café *n* 148, 262
Cafetière *f* 65
Camcorder *m* 260, 269
Camembert *m* 142
Campari *m* 145
Camping *n* 266
Campingplatz *m* 266
Campingplatzverwaltung *f* 266
Campus *m* 168
Capoeira *n* 237
Cappuccino *m* 148
Cashewnuss *f* 129, 151
Catcher *m* 229
CD *f* 269
CD-Spieler *m* 268
Cello *n* 256
Champagner *m* 145
Chassis *n* 203
Check-up *m* 50
Cheddar *m* 142
Cheerleader *m* 220
Chef *m* 24
Chemie *f* 162
Chickenburger *m* 155
Chicorée *m* 122
Chile *n* 315
Chili *m* 132
China *n* 318
chippen 233
Chip *f* 113
Chiropraktik *f* 54
Chirurg *m* 48
Chirurgie *f* 49
Chor *m* 301
Chorizo *f* 143
Chrysantheme *f* 110
Chutney *n* 135
Cockpit *n* 210
Cocktail *m* 151
Cocktailrührer *m* 150
Cocktailshaker *m* 150
Cola *f* 144, 151
Collage *f* 275
Comicheft *n* 112
Computer *m* 172, 176
Container *m* 216
Containerhafen *m* 216
Containerschiff *n* 215
Costa Rica *n* 314
Couchtisch *m* 62
Countrymusik *f* 259
Cousin *m* 22
Creme *f* 109
Crêpes *f* 155
Crew *f* 241
Croissant *n* 156
Crosstrainer *m* 250
CT-Bild *n* 48
Curling *n* 247
Curry *n* 158
Currypulver *n* 132

D

Dach *n* 58, 203
Dachboden *m* 58
Dachgarten *m* 84
Dachgepäckträger *m* 198
Dachgesims *n* 58
Dachrinne *f* 58
Dachsparren *m* 186
Dachziegel *m* 58, 187
Dame *f* 272, 273
Damenbinde *f* 108
Damenkleidung *f* 34
Damenoberbekleidung *f* 105
Damensattel *m* 242
Damenschneiderin *f* 191
Damenwäsche *f* 105
Damespiel *n* 272
Dammschnitt *m* 52
dämpfen 67
Dampflokomotive *f* 208
Dänemark *n* 316
Danke 322
Darlehen *n* 96
Darts *n* 273
Dartscheibe *f* 273
das Dschibuti 317
Datei *f* 177
Dattel *f* 129
Datum *n* 306
Dauerwelle *f* 39
Daumen *m* 15
Deck *n* 214
Deckanstrich *m* 83
Decke *f* 62, 71, 74
Deckel *m* 61, 66, 69
decken 64, 227
Dekoration *f* 141
Delfin *m* 290
Deltamuskel *m* 16
Demokratische Republik Kongo *f* 317
Deo *n* 73, 108
Dermatologie *f* 49
Designerin *f* 191
Desinfektionsmittel *n* 51
Desinfektionstuch *n* 47
Desktop *m* 177
Dessertwagen *m* 152
Dezember *m* 306
Diagonale *f* 164
Diamant *m* 288
Diaphragma *n* 21
dichte Nebel *m* 287
Dichtung *f* 61
dick 321
Dickdarm *m* 18
Dicke Bohne *f* 122
Diele *f* 59
Dienstag *m* 306
Dienstleistung *f* 93, 101
Diesel *m* 199
Diesellokomotive *f* 208
digital 269
Digitalkamera *f* 270
Dill *m* 133
Dioptrie *f* 51
Diplom *n* 169
Dirigent *m* 256
Discman *m* 268
Diskette *f* 176
Diskuswerfen *n* 234
diskutieren 163
Dissertation *f* 169
Distel *f* 297
Disziplin *f* 247
dividieren 165
Diwali *n* 27
DJ *m* 179
Dock *n* 214, 216
Dokumentarfilm *m* 178
Dominica *n* 314
Dominikanische Republik *f* 314
Domino *n* 273
Donner *m* 286
Donnerstag *m* 306
Doppel *n* 230
Doppelbett *n* 71
Doppeldecker *m* 196, 211
Doppelhaus *n* 58
doppelt 151
Doppelzimmer *n* 100
Dorf *n* 299
Dörrobst *n* 129, 156
dort 320
Dose *f* 145, 311
Dosengetränk *n* 154
Dosenöffner *m* 68
Dosierung *f* 109
Dozent *m* 169
Drachen *m* 248
Drachenfliegen *n* 248
Drahtseil *n* 79
drechseln 79
Drehstuhl *m* 172
Drehzahlmesser *m* 201
drei 308
Dreieck *n* 164
Dreifuß *m* 166
Dreipunktlinie *f* 226
dreißig 308
dreitürig 200
dreizehn 308
dreizehnter 309
Dress *m* 222
Dressurreiten *n* 243
dribbeln 222, 227
dritter 309
driven 233
Dromedar *n* 291
drucken 172
drücken 322
Drucken *n* 275
Drucker *m* 172, 176
Druckfarbe *f* 275

deutsch

Druckknopf *m* 30
Druckluftflasche *f* 239
Druckluftgerät *n* 199
Drüse *f* 19
Dufflecoat *m* 31
düngen 90, 91
Dünger *m* 91
Dunk *m* 227
dunkel 41, 321
Dunkelkammer *f* 271
dünn 321
Dünndarm *m* 18
Dunstabzug *m* 66
durch 320
Durchfall *m* 44, 109
Durchmesser *m* 164
Durchschwung *m* 233
Dusche *f* 72, 266
duschen 72
Duschgel *n* 73
Duschkopf *m* 72
Duschtür *f* 72
Duschvorhang *m* 72
Düse *f* 89
Duty-free-Shop *m* 213
DVD *f* 268
DVD-Spieler *m* 268
Dynamo *m* 207

E

Eau de Toilette *n* 41
Ebene *f* 285
EC-Karte *f* 96
Eckball *m* 223
Eckfahne *f* 223
Eckzahn *m* 50
Eclair *n* 140
Economyclass *f* 211
Ecuador *n* 315
Edamer *m* 142
Edelstein *m* 36
Ehefrau *f* 22
Ehemann *m* 22
Ei *n* 20, 137, 157
Eiche *f* 296
Eichelkürbis *m* 125
Eichhörnchen *n* 290
Eidechse *f* 293
Eierbecher *m* 65, 137
Eierschale *f* 137
Eierstock *m* 20
Eigelb *n* 137, 157
Eileiter *m* 20
Eimer *m* 77, 82, 265
ein wenig 320
Einbahnstraße *f* 194, 298, 323
Einbauschrank *m* 71
Einbruchdiebstahl *m* 94
einchecken 212
einfach 151
einfädeln 277
einfrieren 67
Eingang *m* 59, 322
Eingangssperre *f* 209
eingelegt 159
eingemacht 135
einholen 245
einjährig 86
Einkauf *m* 103
Einkaufskorb *m* 106
Einkaufstasche *f* 106
Einkaufswagen *m* 106
Einkaufszentrum *n* 104
Einlagen *f* 53
einleiten 53
einlochen 233
einloggen 177
einlösen 97
Einmachglas *n* 135
eins 308
Einsatzpapier *n* 83
einschalten 269
Einschienenbahn *f* 208
einschlafen 71
Einschreiben *n* 98
Einstand *m* 230
einstellen 179, 271
Einstellknopf *m* 167
Einstellung *f* 203
Eintopf *m* 158
eintopfen 91
Eintritt frei 322
Eintrittsgeld *n* 260
Einweg- 109
Einwegkamera *f* 270
Einwegrasierer *m* 73
einweichen 130
Einwickelpapier *n* 111
Einwurf *m* 223, 226
einzahlen 96
Einzahlungsformular *n* 96
Einzel *n* 230
Einzelbett *n* 71
Einzelhaus *n* 58
Einzelzimmer *n* 100
Einzugsauftrag *m* 96
Eis *n* 120, 137, 149, 151, 287
Eisbär *m* 291
Eisen *n* 109, 233, 289
Eisenwarenhandlung *f* 114
Eisfach *n* 67
Eisfläche *f* 224
Eishockey *n* 224
Eishockeyspieler *m* 224
Eiskaffee *m* 148
Eisklettern *n* 247
Eiskübel *m* 150
Eiskunstlauf *m* 247
Eislaufen *n* 247
Eisprung *m* 20, 52
Eisschnelllauf *m* 247
Eistee *m* 149
Eiswürfel *m* 151
Eiszange *f* 150
Eiszapfen *m* 287
Eiweiß *n* 137
Ekzem *n* 44
El Salvador *n* 314
Elefant *m* 291
Elektriker *m* 188
Elektrizität *f* 60
Elektroartikel *m* 105, 107
Elektrolokomotive *f* 208
Elektronenblitz *m* 270
Elektrorasierer *m* 73
elf 308
Elfenbeinküste *f* 317
Elfmeter *m* 223
elfter 309
Ellbogen *m* 13
Elle *f* 17
Ellipse *f* 164
Eltern 23
E-Mail *f* 177
E-Mail-Adresse *f* 177
E-Mail-Konto *n* 177
Embryo *m* 52
emigrieren 26
Empfang *m* 100
empfangen 20
Empfängnis *f* 52
Empfängnisverhütung *f* 21
Empfangsdame *f* 100, 190
Empfangshalle *f* 100
Empfehlungszettel *m* 173
empfindlich 41
Emulsionsfarbe *f* 83
Ende *n* 321
Endivie *f* 123
Endlinie *f* 226
endokrines System *n* 19
Endokrinologie *f* 49
Endzone *f* 220
Englischhorn *n* 257
Enkel *m* 22
Enkelin *f* 22
Enkelkind *n* 23
Entbindung *f* 52, 53
Entbindungsstation *f* 48, 49
Ente *f* 119, 185
Entenei *n* 137
Entenküken *n* 185
Entfernung *f* 310
entgrätet 121
Enthaarung *f* 41
enthäutet 121
Entisolierzange *f* 81
entlang 320
entlassen 48
Entschuldigung *f* 322
entschuppt 121
Entspannung *f* 55
Entwässerung *f* 91
entwickeln 271
Entzündungshemmer *m* 109
Epilepsie *f* 44
Erbsen *f* 131
Erdbeben *n* 283
Erdbeere *f* 127
Erdbeermilchshake *m* 149
Erde *f* 85, 280, 282
Erdgeschoss *n* 104
Erdkruste *f* 282
Erdkunde *f* 162
Erdnuss *f* 129, 151
Erdnussbutter *f* 135
Erdnussöl *n* 135
Erdung *f* 60
Erdzone *f* 283
Ergebnis *n* 49
erhalten 177
Eritrea *n* 317
Erkältung *f* 44
Ermittlung *f* 94
Erntedankfest *n* 27
ernten 91, 183
Ersatzrad *n* 203
Ersatzspieler *m* 223
erschrocken 25
Erste Hilfe *f* 47
erste/r 320
Erste-Hilfe-Kasten *m* 47
erster 309
ersticken 47
ertrinken 239
eruptiv 288
Erwachsene *m* 23
Erweiterung *f* 52
Esel *m* 185
Espresso *m* 148
essen 64, 75
Essen *n* 149
Essig *m* 135, 142
Esskastanie *f* 129
Essteller *m* 65
Esszimmer *n* 64
Estland *n* 316
Estragon *m* 133
Etage *f* 104
etwas 320
Eukalyptus *m* 296
Eule *f* 292
Europa *n* 316
Examensarbeit *f* 169
Exosphäre *f* 286
Extraktion *f* 50
Eyeliner *m* 40

F

Fabrik *f* 299
Fach *n* 100
Facharzt *m* 49
Fachbereich *m* 169
Fächerordner *m* 173
Fachhochschule *f* 169
Fadenführung *f* 276
Fagott *n* 257
Fahne *f* 221
Fähre *f* 215, 216
fahren 195
Fahrer *m* 196
Fahrerkabine *f* 95
Fahrersitz *m* 196
Fahrkarte *f* 209
Fahrkartenschalter *m* 209, 216
Fahrplan *m* 197, 209, 261
Fahrpreis *m* 197, 209
Fahrrad *n* 206
Fahrradhelm *m* 206
Fahrradkette *f* 206
Fahrradlampe *f* 207
Fahrradschloss *n* 207
Fahrradständer *m* 207
Fahrradweg *m* 206
Fahrschein *m* 197
Fahrstuhl *m* 59, 100, 104
Fährterminal *m* 216
Fairway *n* 232
Falke *m* 292
Falkland-Inseln *f* 315
Fallen *n* 237
Fallschirm *m* 248
Fallschirmspringen *n* 248
Faltbett *n* 266
Falte *f* 15
falten 98
Familie *f* 22
fangen 220, 225, 227, 229, 245
Fan *m* 258
Farbe *f* 83, 273, 274
Farbton *m* 41
Farbtopf *m* 83
Farn *m* 86
Fasan *m* 119, 293
Fassungsvermögen *n* 311
faul 127
Faust *f* 15, 237
Fax *n* 98, 172
Faxgerät *n* 172
Februar *m* 306
Fechten *n* 249
Feder *f* 163, 293
Federball *m* 231
Federmäppchen *n* 163
Federwaage *f* 166
fegen 77
Fehler *m* 230
Fehlgeburt *f* 52
Feier *f* 140
Feige *f* 129
Feijoa *f* 128
Feile *f* 81
feine Nebel *m* 287
Feinkost *f* 107, 142
Feld *n* 182, 228, 234, 272
Feldauslinie *f* 221
Feldfrucht *f* 183, 184
Feldhockey *n* 224
Felge *f* 206
Felgenbremse *f* 206

deutsch

Fels *m* 284
Fenchel *m* 122, 133
Fenchelsamen *m* 133
Feng Shui *n* 55
Fenster *n* 58, 177, 186, 197, 210
Fensterladen *m* 58
Ferkel *n* 185
Fernbedienung *f* 269
Fernglas *n* 281
fernsehen 269
Fernsehserie *f* 178
Fernsehstudio *n* 178
Ferse *f* 13, 15
Fertiggericht *n* 107
Fesseln *n* 237
fest 124
Fest *n* 27
festlich 141
festmachen 217
Festnahme *f* 94
Festplattenlaufwerk *n* 176
Fett *n* 119
fettarm 137
fettfrei 137
fettig 39, 41
feucht 286
Feuchtigkeitscreme *f* 41
Feuchttuch *n* 74
Feuer machen 266
Feueranzünder *m* 266
feuerfest 69
Feuerlöscher *m* 95
Feuermelder *m* 95
Feuerstein *m* 288
Feuertreppe *f* 95
Feuerwache *f* 95
Feuerwehr *f* 95
Feuerwehrleute 95
Feuerwehrmann *m* 189
Feuerzeug *n* 112
Fidschi *n* 319
Fieber *n* 44
Figur *f* 260
Filet *n* 119, 121
filetiert 121
Film *m* 260, 271
Filmspule *f* 271
Filoteig *m* 140
Filter *m* 270
Filterkaffee *m* 148
Filterpapier *n* 167
Finanzberaterin *f* 97
Finger *m* 15
Fingerabdruck *m* 94
Fingerhut *m* 276, 297
Fingernagel *m* 15
Finnland *n* 316
Finsternis *f* 280
Firma *f* 175
Fisch *m* 107, 120
Fische *f* 294
Fischer *m* 189
Fischerboot *n* 217
Fischereihafen *m* 217
Fischfangarten *f* 245
Fischgeschäft *n* 114, 120
Fischhändlerin *f* 188
Fischkorb *m* 245
Fischzucht *f* 183
Fish and Chips *n* 155
Fitness *f* 250
Fitnesscenter *n* 250
Fitnessgerät *n* 250
Fitnessraum *m* 101
Fitnesstrainerin *f* 250
flach 239
Fläche *f* 165, 310
Flachholzbohrer *m* 80
Flachrennen *n* 243
Flachs *m* 184
Flachzange *f* 80
Fladenbrot *n* 139
Flagge *f* 232
Flamingo *m* 292
Flasche *f* 61, 134, 135, 311
Flaschenöffner *m* 68, 150
Flaschenwasser *n* 144
Flauschdecke *f* 74
Fledermaus *f* 290
Fleisch *n* 107, 118, 119, 124, 142
Fleischerhaken *m* 118
Fleischklopfer *m* 68
Fleischklöße *m* 158
Fleischsorten *f* 119
Fleischspieß *m* 155
Flicken *m* 207
Fliege *f* 36, 244, 295
Fliegenangeln *n* 245
Fließhecklimousine *f* 199
Flipchart *n* 174
Florentiner *m* 141
Florett *n* 249
Floristin *f* 188
Flosse *f* 290
Flugbegleiterin *f* 190, 210
Flügel *m* 60, 119, 293
Fluggastbrücke *f* 212
Flughafen *m* 212
Fluginformationsanzeige *f* 213
Flugnummer *f* 212
Flugticket *n* 213
Flugverbindung *f* 212
Flugzeug *n* 210
Flugzeugträger *m* 215
Fluss *m* 284
Flüssigkeitsmaß *n* 311
Flüssigreiniger *m* 77
Flussmündung *f* 285
Fock *f* 240
Fohlen *n* 185
Föhn *m* 38
föhnen 38
Folk *m* 259
Follikel *m* 20
Football *m* 220
Footballspieler *m* 220
Forelle *f* 120
Formbügel *m* 35
Formen *f* 164
Formschnitt *m* 87
Forschung *f* 169
Fortpflanzung *f* 20
Fortpflanzungsorgane *n* 20
Fortpflanzungssystem *n* 19
Foto *n* 271
Fotoalbum *n* 271
Fotoapparattypen *m* 270
Fotofinish *n* 234
Fotogeschäft *n* 115
Fotograf *m* 191
Fotografie *f* 270
fotografieren 271
Fotorahmen *m* 271
Fötus *m* 52
Foul *n* 223, 226
Foullinie *f* 229
Foyer *n* 255
Fracht *f* 216
Frachtraum *m* 215
Frachtschiff *n* 215
Frage *f* 163
fragen 163
Fraktur *f* 46
Frankreich *n* 316
französischer Senf *m* 135
Französisch-Guayana *n* 315
Frau *f* 12, 13, 23
Fräulein *n* 23
Freesie *f* 110
frei 266, 321
freigesprochen 181
Freilandhaltung *f* 118
Freistoß *m* 222
Freitag *m* 306
Freiwurflinie *f* 226
Freizeit *f* 253
Freizeitkleidung *f* 33
Fremdenführerin *f* 260
Frequenz *f* 179
Freund *m* 24
Freundin *f* 24
Fries *m* 301
frisch 121, 127, 130
Frischkäse *m* 136
Friseur *m* 188
Friseurin *f* 38
Frisierartikel *f* 38
Frisiersalon *m* 115
Frisiertisch *m* 71
Frisierumhang *m* 38
Frisuren *f* 39
frittiert 159
Frosch *m* 294
Frost *m* 287
Frostschutzmittel *n* 199
fruchtbar 20
Früchtejogurt *m* 157
Fruchtfleisch *n* 127, 129
Fruchtgummi *m* 113
Fruchtmark *n* 127
Fruchtwasser *n* 52
früh 305, 320
Frühkohl *m* 123
Frühling *m* 307
Frühlingszwiebel *f* 125
Frühstück *n* 64, 101, 156, 157
Frühstücksbuffet *n* 156
Frühstücksspeck *m* 157
Frühstückstablett *n* 101
Frühstückstisch *m* 156
Fuchs *m* 290
Fuchsschwanz *m* 81
Fugenkitt *m* 83
Fühler *m* 295
Führerstand *m* 208
Führung *f* 260
füllen 76
Füller *m* 163
Füllung *f* 140, 155
Fumble *m* 220
fünf 308
Fünfeck *n* 164
fünfter 309
fünfzehn 308
fünfzehnter 309
fünfzig 308
Funkantenne *f* 214
für 320
Furche *f* 183
Fürstentum *n* 315
Fuß *m* 12, 15, 310
Fußabtreter *m* 59
Fußball *m* 222
Fußballdress *m* 31
Fußballfeld *n* 222
Fußballschuh *m* 223
Fußballspieler *m* 222
Fußboden *m* 62, 71
Fußende *n* 71
Fußgängerüberweg *m* 195
Fußgängerzone *f* 299
Fußrücken *m* 15
Fußschlaufe *f* 241
Fußsohle *f* 15
Fußweg *m* 262
Futter *n* 32
Futteral *n* 51
füttern 183

G

Gabel *f* 65, 153, 207
Gabelstapler *m* 186, 216
Gabun *n* 317
Gagat *m* 288
gähnen 25
Galapagos-Inseln *f* 315
Galaxie *f* 280
Gallone *f* 311
Galopp *m* 243
galvanisiert 79
Gambia *n* 317
Gang *m* 106, 168, 210, 254
Gänge *m* 153, 206
Gans *f* 119, 293
Gänseblümchen *n* 297
Gänseei *n* 137
ganz 129, 132
Garage *f* 58
Gardine *f* 63
Garn *n* 276
Garnele *f* 120, 121
Garten *m* 84
Gartenanlage *f* 262
Gartenarbeit *f* 90
Gartencenter *n* 115
Gartengeräte *f* 88
Gartenhandschuhe *f* 89
Gartenkorb *m* 88
Gartenkürbis *m* 124
Gartenornament *n* 84
Gartenpflanze *f* 86
Gartensauerampfer *m* 123
Gartenschere *f* 89
Gartenschlauch *m* 89
Gartenstöcke *m* 89
Gartentypen *m* 84
Gärtner *m* 188
Gasbrenner *m* 61, 267
Gashebel *m* 204
Gaspedal *n* 200
Gasse *f* 298
Gast *m* 64, 100
Gästebuch *n* 100
Gastgeber *m* 64
Gastgeberin *f* 64
Gatenummer *f* 213
Gaumen *m* 19
Gaze *f* 47
Gebäck *n* 140, 149
gebacken 159
Gebärmutter *f* 20, 52
Gebärmutterhals *m* 20, 52
Gebäude *n* 261, 299, 300
Gebäudereiniger *m* 188
geben 273
Gebiet *n* 299
Gebirgskette *f* 282
geboren werden 26
gebraten 155, 159
Gebrauchsanweisung *f* 109
Gebrauchtwarenhändler *m* 115
Geburt *f* 52, 53
Geburtsgewicht *n* 53
Geburtshelfer *m* 52
Geburtstag *m* 27
Geburtstagsfeier *f* 27
Geburtstagskerze *f* 141
Geburtstagskuchen *m* 141
Geburtsurkunde *f* 26
Geburtszange *f* 53

gedämpft 159
Gedeck *n* 65, 152
Gedränge *n* 221
Gefahr *f* 195
Gefängnis *n* 181
Gefängniswärter *m* 181
Gefängniszelle *f* 181
gefärbt 39
Geflügel *n* 107, 119
Gefrierfach *n* 67
Gefrier-Kühlschrank *m* 67
gefroren 137
Gefühl *n* 25
gefüllt 159
gegen 320
gegenüber 320
Gegner *m* 236
gegrillt 159
Gehalt *n* 175
gehen lassen 139
Gehirn *n* 19
Gehirnerschütterung *f* 46
Gehrungslade *f* 81
Geige *f* 256
Geißblatt *n* 297
gekocht 137
gekrümmt 165
Gel *n* 109
geladen 60
Geländemotorrad *n* 205
Geländer *n* 59
Geländewagen *m* 199
gelangweilt 25
gelb 274
gelbe Karte 223
Gelbwurz *f* 132
Geld *n* 97
Geldautomat *m* 97
Geldwirtschaft *f* 97
Geleebonbon *m* 113
Gelenk *n* 17
gemahlen 132, 144
Gemälde *n* 62, 261, 274
Gemüse *n* 107, 124
Gemüsefach *n* 67
Gemüsegarten *m* 85, 182
Gemüsehändler *m* 188
Gemüseladen *m* 114
genau 320
Generation *f* 23
Generator *m* 60
geöffnet 260
Geometrie *f* 165
Georgien *n* 318
Gepäck *n* 100, 198, 213
Gepäckablage *f* 209
Gepäckabteilung *f* 104
Gepäckanhänger *m* 212
Gepäckausgabe *f* 213
Gepäckband *n* 212
Gepäckfach *n* 196, 210
Gepäckröntgenmaschine *f* 212
Gepäckträger *m* 204, 207
gepökelt 118, 143
gerade 165
geradeaus 260
geraspelt 132
geräuchert 118, 121, 143, 159
Gerbera *f* 110
Gerichtsdiener *m* 180
Gerichtssaal *m* 180
Gerichtsstenograf *m* 181
Gerichtstermin *m* 180
Gerichtsverfahren *n* 180
gerieben 136
geröstet 129
Gerste *f* 130, 184
Gerüst *n* 186
gesalzen 121, 129, 137
Gesäßbacke *f* 13
Gesäßmuskel *m* 16
gesäubert 121
Geschäft *n* 114, 175
Geschäftsabkommen *n* 175
Geschäftsbogen *m* 173
Geschäftsfrau *f* 175
Geschäftsführer *m* 175
Geschäftsmann *m* 175
Geschäftspartnerin *f* 24
Geschäftsreise *f* 175
geschält 129
Geschenk *n* 27
Geschenkartikelladen *m* 114
Geschichte *f* 162
Geschirr *n* 64, 65
Geschlechtskrankheit *f* 20
Geschlechtsteil *n* 12
Geschlechtsverkehr *m* 20
geschlossen 260, 321
Geschwindigkeitsbegrenzung *f* 195
Geschworenenbank *f* 180
Geschworener *m* 180
Gesicht *n* 14
Gesichtsbehandlung *f* 41
Gesichtscreme *f* 73
Gesichtsmaske *f* 41
Gesichtspuder *m* 40
Gesichtsschutzmaske *f* 225
Gesichtswasser *n* 41
Gesims *n* 300
gestalten 91
Gestänge *n* 267
Gestein *n* 288
Gestell *n* 166, 174
gestern 306, 320
Gesundheit *f* 43
Gesundheitsfürsorge *f* 168
geteilt durch 165
Getränk *n* 144
Getränke *n* 107, 144, 156
Getreide *n* 130
Getreideart *f* 130
Getreideflocken *f* 107, 130, 156
Getriebe *n* 202, 204
getrocknet 129, 131, 143, 159
Gewächshaus *n* 85
Geweih *n* 291
Gewicht *n* 166, 244, 310
Gewichte *n* 250
Gewichtstange *f* 251
Gewinnanteile *m* 97
gewinnen 273
Gewinner *m* 273
Gewitter *n* 287
Gewölbe *n* 15, 300
Gewürze *n* 132
Gewürzessig *m* 135
Gewürznelke *f* 133
Geysir *m* 285
Ghana *n* 317
Giebel *m* 300
Giebeldreieck *n* 301
gießen 67, 89, 90
Gießkanne *f* 89
Gin *m* 145
Gin Tonic *m* 151
Gips *m* 83
Giraffe *f* 291
Girokonto *n* 96
Gitarre *f* 258
Gitarrist *m* 258
Gitterstäbe *m* 74
Gladiole *f* 110
glänzend 83
Glas *n* 51, 69, 134, 134, 152, 311
Gläser *n* 150
Glasflasche *f* 166
glasieren 139
Glaskeramikkochfeld *n* 66
Glasstäbchen *n* 167
Glaswaren *f* 65
glatt 39
glätten 39
Glattrochen *m* 294
gleich 165
Gleichstrom *m* 60
Gleichung *f* 165
Gleis *n* 209
Gleisnummer *f* 208
Gleitschirmfliegen *n* 248
Gletscher *m* 284
Glied *n* 36
Glimmer *m* 289
Glimmerschiefer *m* 288
glücklich 25
Glühfaden *m* 60
Glühlampe *f* 60
Gneis *m* 288
Gold *n* 235, 289
Goldbrasse *f* 120
Goldfisch *m* 294
Golf *n* 232
Golfball *m* 233
Golfplatz *m* 232
Golfschläger *f* 233
Golfschuh *m* 233
Golfspieler *m* 232
Golftasche *f* 233
Golfturnier *n* 233
Gong *m* 257
Gorilla *m* 291
gotisch 301
Gottesanbeterin *f* 295
GPS-System *n* 201
graben 90
graduieren 26
Graduierte *f* 169
Graduierungsfeier *f* 169
Gramm *n* 310
Granat *m* 288
Granatapfel *m* 128
Granit *m* 288
Grapefruit *f* 126
Graphit *m* 289
Gras *n* 87, 262
Grasfangsack *m* 88
Grasland *n* 285
Gräte *f* 121
grau 39, 274
Graubrot *n* 139, 149
grauer Star *m* 51
Gravieren *n* 275
Greifzange *f* 167
Grenada *n* 314
Griechenland *n* 316
Grieß *m* 130
Griff *m* 36, 88, 230, 237
Griffe *f* 37
Grill *m* 267
Grille *f* 295
grillen 67
Grillpfanne *f* 69
Grippe *f* 44
grober Senf *m* 135
Grönland *n* 314
groß 321
Großbritannien *n* 316
Großeltern 23
Großmutter *f* 22
Großraumlimousine *f* 199
Großsegel *n* 240
Großvater *m* 22
Grübchen *n* 15
grün 129, 232, 274
Grundfarbe *f* 83
Grundfläche *f* 164
Grundierung *f* 40, 83
Grundlinie *f* 230
Grundriss *m* 261
grüne Bohnen *f* 122
grüne Erbsen *f* 122
Grünkohl *m* 123
Grüntee *m* 149
Gruppentherapie *f* 55
Guatemala *n* 314
Guave *f* 128
Guinea *n* 317
Guinea-Bissau *n* 317
Gummiband *n* 173
Gummihöschen *n* 30
Gummiknüppel *m* 94
Gummistiefel *m* 31
Gummistiefel *m* 89
Gurke *f* 125
Gürtel *m* 32, 36, 236, 237
Gürtelschnalle *f* 36
gut 321
Gute Nacht 322
Guten Abend 322
Guten Morgen 322
Guten Tag 322
Güterzug *m* 208
Guyana *n* 315
Gymnastik *f* 235
Gymnastikband *n* 235
Gymnastikhose *f* 251
Gynäkologe *m* 52
Gynäkologie *f* 49

H

Haar *n* 14, 38
Haarband *n* 39
Haarbürste *f* 38
Haarfarbe *f* 39
Haarfärbemittel *n* 40
Haargel *n* 38
Haarklammer *f* 38
Haarknoten *m* 39
Haarreif *m* 38
Haarspliss *m* 39
Haarspray *n* 38
Haarspülung *f* 38
Hacke *f* 88
Hackfleisch *n* 119
Hackmesser *n* 68
Hafen *m* 214, 216, 217
Hafenmeister *m* 217
Hafer *m* 130
Haferbrei *m* 157
Haftbefehl *m* 180
Haftentlassung *f* 181
Hagel *m* 286
Hahn *m* 61, 185
Hähnchen *n* 119, 155
Hähnchenstückchen *n* 155
Hahnenfuß *m* 297
Haifisch *m* 294
Haiti *n* 314
Häkelhaken *m* 277
Häkeln *n* 277
Haken *m* 187, 276
halbfest 136
Halbfettmilch *f* 136
Halbinsel *f* 282
Halbkugel *f* 283
Halbpension *f* 101
Halbzeit *f* 223
Halfter *n* 243

deutsch

Halloween *n* 27
Hals *m* 12, 258
Halskette *f* 36
Halskrawatte *f* 46
Halspastille *f* 109
Halstuch *n* 36
Halswirbel *m* 17
Haltegriff *m* 196
Halteknopf *m* 197
halten 223
Halten verboten 195
Haltung *f* 232
Hämatit *m* 289
Hamburger *m* 154, 155
Hammer *m* 80
hämmern 79
Hamster *m* 290
Hand *f* 13, 15
Handbohrer *m* 81
Handbremse *f* 203
Handfeger *m* 77
Handfläche *f* 15
Handgabel *f* 89
Handgelenk *n* 13, 15
Handgepäck *n* 211, 213
Handicap *n* 233
Handknöchel *m* 15
Handlauf *m* 59
Handrad *n* 276
Handsäge *f* 89
Handschaltung *f* 200
Handschellen *f* 94
Handschuh *m* 224, 228, 233, 236, 246
Handschuhe *m* 36
Handtasche *f* 37
Handtuch *n* 73, 73
Handtuchhalter *m* 72
Handy *n* 99
Hang *m* 284
Hängematte *f* 266
Hängeordner *m* 173
Hantel *f* 251
Hardware *f* 176
Harfe *f* 256
Harke *f* 88
harken 90
Harnleiter *m* 21
Harnröhre *f* 20
Harnsystem *n* 19
hart 129, 321
Hartfaserplatte *f* 79
Hartholz *n* 79
Hartkäse *m* 136
Haselnuss *f* 129
Haselnussöl *n* 134
hässlich 321
Hauptfahrwerk *n* 210
Hauptgericht *n* 153
Hauptmahlzeit *f* 158
Hauptstadt *f* 315
Haus *n* 57, 58
Hausanschlüsse *m* 60
Hausapotheke *f* 72
Hausaufgabe *f* 163
Hausbriefkasten *m* 99
Haushaltsraum *m* 76
Haushaltswaage *f* 69
Haushaltswaren *f* 107
Haushaltswäsche *f* 105
Hausschuhe *m* 31
Haustür *f* 58
Haustürlampe *f* 58
Haut *f* 14, 119, 126
Hautausschlag *m* 44
Hautpflege *f* 108
Hawaii *n* 314
Heavymetal *n* 259
Hebamme *f* 53
Hebel *m* 61, 150
Heck *n* 210, 240
Hecke *f* 85, 90, 182
Heckenschere *f* 89
Hecktür *f* 198
Hefe *f* 138
Hefebrötchen *n* 139
Hefeknoten *m* 139
Heft *n* 163
heften 277
Hefter *m* 173
hegen 91
Heidekraut *n* 297
Heidelbeere *f* 127
Heilbuttfilet *n* 120
Heilkraut *n* 55
Heimwerkstatt *f* 78
heiraten 26
heiß 286, 321
Heißluftballon *m* 211
Heißwasserhahn *m* 72
Heizdecke *f* 71
Heizelement *n* 61
Heizkörper *m* 60
Heizlüfter *m* 60
Heizofen *m* 60
Heizungsregler *m* 201
hell 41, 321
Helm *m* 220, 228
Hemd *n* 32, 251
Hemdchen *n* 30
Henkel *m* 106
Herbizid *n* 183
Herbst *m* 31, 307
Herde *f* 183
Hering *m* 266
Herr *m* 23
Herrenbekleidung *f* 32, 105
Herrenfriseur *m* 39
Herrenhalbschuh *m* 37
herunterladen 177
Herz *n* 18, 119, 122, 273
Herz- und Gefäßsystem *n* 19
Herzinfarkt *m* 44
Herzmuschel *f* 121
Heu *n* 184
Heuschnupfen *m* 44
Heuschrecke *f* 295
heute 306
Hieb *m* 237
hier 320
hier essen 154
Hi-Fi-Anlage *f* 268
Hilfskoch *m* 152
Himalaya *m* 313
Himbeere *f* 127
Himbeerkonfitüre *f* 134
hinauf 320
Hindernis *n* 243
hinter 320
Hinterrad *n* 197
hinunter 320
Hirsch *m* 291
Hirse *f* 130
historisch 261
HNO-Abteilung *f* 49
Hobel *m* 81
hobeln 79
hoch 271, 321
hochbinden 91, 91
Hochfrisur *f* 39
Hochgeschwindigkeitszug *m* 208
hochglanz 271
Hochschule *f* 168
Hochseefischerei *f* 245
Hochsprung *m* 235
Höchstlademarke *f* 214
Hochzeit *f* 26, 35
Hochzeitsfeier *f* 26
Hochzeitskleid *n* 35
Hochzeitsreise *f* 26
Hochzeitstag *m* 26
Hochzeitstorte *f* 141
hochziehen 251
Höcker *m* 291
Hockey *n* 224
Hockeyball *m* 224
Hockeyschläger *m* 224
Hoden *m* 21
Hodensack *m* 21
Hof *m* 58, 84, 182
Höhe *f* 165, 211
Höhenleitwerk *n* 210
Höhle *f* 284
Hole-in-One *n* 233
Holz *n* 79, 233, 275
Holzarbeit *f* 275
Holzblasinstrumente *f* 257
Holzbohrer *m* 80
Holzkohle *f* 266
Holzleim *m* 78
Holzlöffel *m* 68
Holzspäne *m* 78
homogenisiert 137
Homöopathie *f* 55
Honduras *n* 314
Honig *m* 134
Hörer *m* 99
Hormon *n* 20
Horn *n* 257, 291
Hornhaut *f* 51
Horrorfilm *m* 255
Hörsaal *m* 169
Hose *f* 32, 34
Hot Dog *m* 155
Hotel *n* 100, 264
Hubschrauber *m* 211
Huf *m* 242, 291
Hufeisen *n* 242
Hüfte *f* 12
Hügel *m* 284
Huhn *n* 119, 185
Hühnerei *n* 137
Hühnerfarm *f* 183
Hühnerstall *m* 185
Hülse *f* 130
Hülsenfrüchte *f* 130
Hummer *m* 121, 295
Hund *m* 290
hundert 308
Hundeschlittenfahren *n* 247
hungrig 64
Hupe *f* 201, 204
Hürdenlauf *m* 235
Hurrikan *m* 287
Husten *m* 44
Hustenmedikament *n* 108
Hut *m* 36
Hüttenkäse *m* 136
Hydrant *m* 95
Hypnotherapie *f* 55
hypoallergen 41
Hypotenuse *f* 164
Hypothek *f* 96

I

Igel *m* 290
Imbissstand *m* 154
Imbissstube *f* 154
immer 320
immergrün 86
Immobilienmakler *m* 115
Immobilienmaklerin *f* 189
Impfung *f* 45
impotent 20
in 320
Indien *n* 318
indigoblau 274
Indischer Ozean *m* 313
Indonesien *n* 319
Industriegebiet *n* 299
Infektion *f* 44
Information *f* 261, 303
Infusomat *m* 53
Ingwer *m* 125, 133
Inhalationsapparat *m* 44
Inhalierstift *m* 109
Inlandsflug *m* 212
Inlinerfahren *n* 263
Innenausstattung *f* 200
Innenfeld *n* 228
Innenstadt *f* 299
Innereien *f* 118
innerhalb 320
Inning *n* 228
ins Bett gehen 71
Insektenschutzmittel *n* 108
Insektenspray *n* 267
Insel *f* 282
Inspektor *m* 94
installieren 177
Instrument *n* 258
Insulin *n* 109
Intensivstation *f* 48
Intercity *m* 209
interessant 321
Internet *n* 177
Interview *n* 179
Ionosphäre *f* 286
Irak *m* 318
Iran *m* 318
Iris *f* 51, 110
Irland *n* 316
Isolierband *n* 81
Isolierung *f* 61
Israel *n* 318
Italien *n* 316

J

Ja 322
Jacht *f* 215
Jachthafen *m* 217
Jacke *f* 32, 34
Jade *m* 288
Jagdflugzeug *n* 211
Jagdrennen *n* 243
Jahr *n* 306, 307
Jahreszeit *f* 307
Jahrhundert *n* 307
jährlich 307
Jahrmarkt *m* 262
Jahrtausend *n* 307
Jahrzehnt *n* 307
Jakobsmuschel *f* 121
Jalousie *f* 63
Jamaika *n* 314
Jamswurzel *f* 125
Januar *m* 306
Japan *n* 318
jäten 91
Jazz *m* 259
Jeans *f* 31
jede 320
Jemen *m* 318
jenseits 320
Jetskifahren *n* 241
jetzt 304, 320
joggen 251
Jogging *n* 251, 263
Jogurt *m* 137
Johannisbeere *f* 127, 127
Joker *m* 273
Jordanien *n* 318

deutsch

Journalist *m* 191
Judo *n* 236
Jugendliche *f* 23
Jugendstil *m* 301
Juli *m* 306
jung 321
Junge *m* 23
Junge *n* 290
Juni *m* 306
Jupiter *m* 280
Juwelier *m* 188
Juwelierarbeit *f* 275
Juweliergeschäft *n* 114

K
Kabel *n* 79, 207
Kabelfernsehen *n* 269
Kabeljau *m* 120
Kabinda *n* 317
Kabine *f* 210, 214
Kabinenlift *m* 246
kacheln 82
Käfer *m* 295
Kaffee *m* 144, 148, 153, 156, 184
Kaffeelöffel *m* 153
Kaffeemaschine *f* 148, 150
Kaffeemilchshake *m* 149
Kaffeetasse *f* 65
kahl 39
Kai *m* 216
Kaiserschnitt *m* 52
Kajak *n* 241
Kakadu *m* 293
Kakaopulver *n* 148
Kaki *f* 128
Kaktus *m* 87
Kaktusfeige *f* 128
Kalb *n* 185
Kalbfleisch *n* 118
Kalender *m* 306
Kaliningrad *n* 316
Kalk *m* 85
Kalkstein *m* 288
kalt 286, 321
kaltgepresst 135
Kaltwasserhahn *m* 72
Kalzit *m* 289
Kalzium *n* 109
Kambodscha *n* 318
Kamera *f* 178, 260
Kamera für APS-Film *f* 270
Kamerakran *m* 178
Kameramann *m* 178
Kameratasche *f* 271
Kamerun *n* 317
Kamillentee *m* 149
Kamin *m* 63
Kamingitter *n* 63
Kaminsims *m* 63
Kamm *m* 38
kämmen 38
Kammer *f* 283
Kampf *m* 237
Kampfsport *m* 236
Kampfsportarten *f* 237
Kanada *n* 314
Kanal *m* 178, 269, 299
Kanalschacht *m* 299
Kanarienvogel *m* 292
Kandare *f* 242
kandiert 129
Känguru *n* 291
Kaninchen *n* 118, 290
Kante *f* 246
Kanter *m* 243
Kanu *n* 214
Kanusport *m* 241
Kapern *f* 143
Kapitalanlage *f* 97
Kapitän *m* 214
Kapsel *f* 109
Kapstachelbeere *f* 128
Kapuze *f* 31
Kapuzenmuskel *m* 16
Karamell *m* 113
Karamellpudding *m* 141
Karate *n* 236
Kardamom *m* 132
Kardanwelle *f* 202
Kardiologie *f* 49
Karibisches Meer *n* 312
Karies *m* 50
Karneval *m* 27
Karo *n* 273
Karosserie *f* 202
Karotte *f* 124
Karte *f* 27, 223
Kartenreiter *m* 173
Kartenschlitz *m* 97
Kartenspiel *n* 273
Kartentelefon *n* 99
Kartoffel *f* 124, 124
Kartoffelchips *m* 151
Kartoffelstampfer *m* 68
Kasachstan *n* 318
Käse *m* 136, 156
Kasino *n* 261
Kaspisches Meer *n* 313
Kasse *f* 106, 106, 150, 255
Kasserolle *f* 69
Kassette *f* 269
Kassettenrekorder *m* 269
Kassierer *m* 96, 106
Katalog *m* 168
Katamaran *m* 215
Katar *n* 318
Kathedrale *f* 300
Katheter *m* 53
Kätzchen *n* 290
Katze *f* 290
Katzenauge *n* 204
Kaufhaus *n* 105
Kaugummi *m* 113
Kaulquappe *f* 294
Kaution *f* 181
Kegel *m* 164, 249
Kehldeckel *m* 19
Kehle *f* 19
Kehlkopf *m* 19
Kehrblech *n* 77
Keilriemen *m* 203
Keine Zufahrt 323
Keks *m* 113
Kekse *f* 141
Kelch *m* 297
Kelle *f* 187
Kellergeschoss *n* 58
Kellner *m* 148, 152
Kellnerin *f* 191
Kendo *n* 236
Kenia *n* 317
Kennmarke *f* 94
kentern 241
Kern *m* 122, 127, 128, 129, 130, 282
Kerngehäuse *n* 127
kernlos 127
Kerze *f* 63
Kescher *m* 244
Kessel *m* 61
Kesselpauke *f* 257
Ketschup *m* 135
Kette *f* 36
Kettenzahnrad *n* 207
Keule *f* 119, 228
Keyboard *n* 258
Kichererbsen *f* 131
Kickboxen *n* 236
kicken 221, 223
Kiefer *f* 296
Kieferknochen *m* 17
Kiel *m* 214
Kieme *f* 294
Kies *m* 88
Kilogramm *n* 310
Kilometer *m* 310
Kilometerzähler *m* 201
Kind *n* 23, 31
Kinder 23
Kinderabteilung *f* 104
Kinderbett *n* 74
Kinderheilkunde *f* 49
Kinderkleidung *f* 30
Kinderportion *f* 153
Kindersicherung *f* 75
Kindersitz *m* 198, 207
Kinderstation *f* 48
Kinderstuhl *m* 75
Kinderwagen *m* 75
Kinderzimmer *n* 74
Kinn *n* 14
Kino *n* 255, 299
Kinosaal *m* 255
Kipper *m* 187
Kirche *f* 299, 300
Kirgisistan *n* 318
Kirsche *f* 126
Kirschtomate *f* 124
Kissenbezug *m* 71
Kiwi *f* 128
Klammer *f* 166, 173
Klampe *f* 240
Klappe *f* 179
Klapptisch *m* 210
Klarinette *f* 257
Klasse *f* 163
Klassenzimmer *n* 162
klassische Musik *f* 255, 259
klassizistisch 301
Klatschmohn *m* 297
Klaue *f* 291
Klavier *n* 256
Klebepistole *f* 78
Klebstoff *m* 275
Klee *m* 297
Kleid *n* 31, 34
Kleiderbügel *m* 70
Kleiderschrank *m* 70
Kleidung *f* 205
Kleie *f* 130
klein 321
Kleinbus *m* 197
Kleinkind *n* 30
Kleinwagen *m* 199
Kleisterbürste *f* 82
Klementine *f* 126
Klemmbrett *n* 173
Klempner *m* 188
Klettergerüst *n* 263
Klettern *n* 248
Kletterpflanze *f* 87
Klient *m* 180
Klimaanlage *f* 200
Klinge *f* 89
Klingel *f* 197
Klinik *f* 48
Klippe *f* 285
Klitoris *f* 20
Klöppel *m* 277
Klubhaus *n* 232
Klubsandwich *n* 155
Knabbereien *f* 151
Knäckebrot *n* 139, 156
knackig 127
Knebelknopf *m* 31
kneten 138
Knie *n* 12
Kniebeuge *f* 251
knielang 34
Kniescheibe *f* 17
Knieschützer *m* 205, 227
Kniesehnenstrang *m* 16
Knoblauch *m* 125, 132
Knoblauchpresse *f* 68
Knöchel *m* 13, 15
knöchellang 34
Knochen *m* 17, 119
Knochenasche *f* 88
Knockout *m* 237
Knopf *m* 32
Knopfloch *n* 32
Knorpel *m* 17
Knospe *f* 111, 297
Koalabär *m* 291
Koch *m* 190
köcheln lassen 67
kochen 67, 130
Kochen *n* 67
Köcher *m* 249
Kochfeld *n* 67
Kochmütze *f* 190
Kochtopf *m* 69
Köder *m* 244
Köderhaken *m* 244
ködern 245
Kofferkuli *m* 100, 208, 213
Kofferraum *m* 198
Kohl *m* 123
Kohle *f* 288
Kohlensäure *f* 144
Kohlestift *m* 275
Kohlrabi *m* 123
Kohlrübe *f* 125
Koikarpfen *m* 294
Kokon *m* 295
Kokosnuss *f* 129
Kolben *m* 166
Kolibri *m* 292
Kollege *m* 24
Kolonie *f* 315
Kolumbien *n* 315
Kombination *f* 247
Kombinationszange *f* 80
Kombiwagen *m* 199
Kombüse *f* 214
Komet *m* 280
Kommandobrücke *f* 214
Kommandoturm *m* 215
Kommode *f* 70
Kommunikation *f* 98
Komödie *f* 255
Komoren 317
Kompass *m* 240, 312
Komposterde *f* 88
Komposthaufen *m* 85
Kondensmilch *f* 136
Konditor *m* 113
Konditorcreme *f* 140
Konditorei *f* 114
Kondom *n* 21
Konfirmation *f* 26
Konfitüre *f* 156
Konglomerat *n* 288
Kongo *m* 317
König *m* 272, 273
Konserve *f* 107
Konsultation *f* 45
Kontaktlinsen *f* 51
Kontaktlinsenbehälter *m* 51
Kontinent *m* 282, 315
Kontonummer *f* 96
Kontoüberziehung *f* 96
Kontrabass *m* 256
Kontrafagott *n* 257

deutsch

Kontrollturm *m* 212
Konzert *n* 255, 258
Kopf *m* 12, 19, 112, 230
Kopfdünger *m* 90
köpfen 222
Kopfende *n* 70
Kopfhaut *f* 39
Kopfhörer *m* 268
Kopfkissen *n* 70
Kopfschmerz *m* 44
Kopfschutz *m* 74, 236
Kopfstütze *f* 200
Kopfverletzung *f* 46
kopieren 172
Kopilot *m* 211
Koppel *f* 243
Korallenriff *n* 285
Korb *m* 207, 226
Korbbrett *n* 226
Körbchen *n* 74
Korbring *m* 226
Koriander *m* 133
Korinthe *f* 129
Korken *m* 134
Korkenzieher *m* 150
Körner *n* 131
Körnerbrot *n* 139
Körper *m* 12, 164
Körperlotion *f* 73
Körperpuder *m* 73
Körpersysteme *n* 19
Körperverletzung *f* 94
Korrekturstift *m* 40
Korsett *n* 35
Korsika *n* 316
Kosovo *m* 316
Kotelett *n* 119
Krabbe *f* 121
Kraftstoffanzeige *f* 201
Kraftstofftank *m* 204
Krafttraining *n* 251
Kragen *m* 32
Krähe *f* 292
Krake *m* 121, 295
Kralle *f* 293
Krampf *m* 239
Krämpfe *m* 44
Kran *m* 187, 216
Kranich *m* 292
krank 321
Krankenhaus *n* 48
Krankenschwester *f* 45, 48, 52, 189
Krankenwagen *m* 94
Krankheit *f* 44
Kranz *m* 111
Krater *m* 283
kratzen 77
Kraulen *n* 239
Kraut *n* 86
Kräuter *n* 132, 133, 134
Kräutergarten *m* 84
Kräuterheilkunde *f* 55
Kräuterheilmittel *n* 108
Kräutermischung *f* 132
Kräutertee *m* 149
Krawatte *f* 32
Krawattennadel *f* 36
Krebs *m* 121, 295
Kreditkarte *f* 96
Kreide *f* 162, 288
Kreis *m* 164
Kreissäge *f* 78
Kreisverkehr *m* 195
Kreuz *n* 256, 273
Kreuzblume *f* 300
kreuzen 241
Kreuzkümmel *m* 132
Kreuzschlitzschraubenzieher *m* 80
Kreuzung *f* 298
Kricket *n* 225
Kricketball *m* 225
Kricketspieler *m* 225
Krickettor *n* 225
Kriechpflanze *f* 87
Kriegsschiff *n* 215
Kriminalbeamte *m* 94
Kristalltherapie *f* 55
Kroatien *n* 316
Krokodil *n* 293
Krokodilklemme *f* 167
Krone *f* 50
Kröte *f* 294
Krug *m* 65, 151
Kruste *f* 139
Kuba *n* 314
Küche *f* 66, 152
Kuchenblech *n* 69
Küchenchef *m* 152
Kuchenform *f* 69
Küchengerät *n* 68
Küchengeräte *f* 66, 105
Küchenmaschine *f* 66
Küchenmesser *n* 68
Küchenregal *n* 66
Küchenschrank *m* 66
Kuchenteil *m* 141
Kugel *f* 149, 164
Kugelstoßen *n* 234
Kuh *f* 185
Kühler *m* 202
Kühlmittelbehälter *m* 202
Kühlschrank *m* 67
Kuhmilch *f* 136
Küken *n* 185
Kulisse *f* 254
Kultivator *m* 182
Kümmel *m* 131
Kumquat *f* 126
Kunde *m* 96, 104, 106, 152, 175
Kundendienst *m* 104
Kundendienstabteilung *f* 175
Kundin *f* 38
Kung-Fu *n* 236
Kunst *f* 162
Kunstfertigkeit *f* 275
Kunstgalerie *f* 261
Kunstgeschichte *f* 169
Kunsthandlung *f* 115
Kunsthandwerk *n* 274, 276
Kunsthochschule *f* 169
Künstlerin *f* 274
Kupfer *n* 289
Kuppel *f* 300
Kupplung *f* 200, 204
Kürbis *m* 125
Kürbiskern *m* 131
Kurierdienst *m* 99
kurz 32, 321
kurzgebraten 159
Kurzhaarschnitt *m* 39
Kurzsichtigkeit *f* 51
Kurzwaren *f* 105
Kurzwelle *f* 179
Kuscheltier *n* 75
Kuskus *m* 130
Küste *f* 285
Küstenwache *f* 217
Kuwait *n* 318

L

Labor *n* 166
Laborwaage *f* 166
Lächeln *n* 25
lachen 25
Lachs *m* 120
Lack *m* 79, 83
Lacrosse *n* 249
Lacrosseschläger *m* 249
Laden *m* 298
Lagerfeuer *n* 266
Laib *m* 139
Lake *f* 143
Laken *n* 74
Lakritze *f* 113
Laktose *f* 137
Lamm *n* 118, 185
Lampe *f* 62, 105
Land *n* 282, 315
Landebahn *f* 212
landen 211
Landkarte *f* 195
Landschaft *f* 284
Landungsbrücke *f* 214
Landungssteg *m* 217
Landwirt *m* 182, 189
lang 32
Länge *f* 165, 310
Längengrad *m* 283
Langkorn *n* 130
Langlauf *m* 247
langsam 321
Langsam fahren 323
Längsschnitt *m* 282
langweilig 321
Langwelle *f* 179
Laos *n* 318
Laptop *m* 175, 176
Lärche *f* 296
Lastwagen *m* 194
Lastwagenfahrer *m* 190
Laterne *f* 217
Latte *f* 235
Lätzchen *n* 30
Latzhose *f* 30
Laubbaum *m* 86
Laubrechen *m* 88
Laubsäge *f* 81
Lauch *m* 125
Lauf *m* 228
Laufband *n* 106, 250
Läufer *m* 272
Laufstall *m* 75
laut 321
Lautsprecher *m* 176, 209, 258
Lautsprecherbox *f* 268
Lautstärke *f* 179, 269
Lava *f* 283
Lawine *f* 247
Leadsänger *m* 258
Lebensgefahr *f* 322
Lebensmittel *n* 106
Lebensmittelabteilung *f* 105
Lebensmittelgeschäft *n* 114
Leber *f* 18, 118
Lederanzug *m* 205
Lederschuh *m* 37
Lederschuhe *m* 32
leer 321
Leerlauf *m* 203
Leerung *f* 98
legen 38
leger 34
Leggings *f* 31
Leguan *m* 293
Lehm *m* 85
Lehne *f* 64
Lehrer *m* 54
Lehrerin *f* 162, 190
leicht 321
Leichtathletik *f* 234
Leichtflugzeug *n* 211
Leinen *n* 277
Leinwand *f* 255, 274
leise 321
Leiste *f* 12
Leiter *f* 95, 186
Leitkegel *m* 187
Leitplanke *f* 195
Leitung *f* 60
Leitungswasser *n* 144
Lendenbereich *m* 13
Lendensteak *n* 119
Lendenwirbel *f* 17
Lenkrad *n* 201
Lenkstange *f* 207
lernen 163
Lernen *n* 161
Leselampe *f* 210
lesen 162
Leserausweis *m* 168
Lesesaal *m* 168
Lesotho *n* 317
Lettland *n* 316
letzte/r 320
Leuchtrakete *f* 240
Leuchtstreifen *m* 205
Leuchtturm *m* 217
Leukoplast *n* 47
Levkoje *f* 110
Lexikon *n* 163
Libanon *m* 318
Libelle *f* 295
Liberia *n* 317
Libyen *n* 317
Licht *n* 94
Lichtmaschine *f* 203
Lichtschalter *m* 201
Lid *n* 51
Lidschatten *m* 40
Liebesfilm *m* 255
Liechtenstein *n* 316
Lied *n* 259
Lieferung *f* 154
Liege *f* 48
Liegestuhl *m* 265
Liegestütz *m* 251
Liga *f* 223
Likör *m* 145
lila 274
Lilie *f* 110
Limonade *f* 144
Limone *f* 126
Limousine *f* 199
Linde *f* 296
Lineal *n* 163, 165
Linie *f* 165
Liniennummer *f* 196
Linienrichter *m* 220, 223, 230
Liniensystem *n* 256
links 260
Linkssteuerung *f* 201
Linse *f* 51, 270
Linsen *f* 131
Lipgloss *n* 40
Lippe *f* 14
Lippenkonturenstift *m* 40
Lippenpinsel *m* 40
Lippenstift *m* 40
Litauen *n* 316
Liter *m* 311
Literatur *f* 162
Literaturliste *f* 168
Literaturwissenschaft *f* 169
Litschi *f* 128
live 178
Lob *m* 231
Loch *n* 232
Locher *m* 173

deutsch

Lockenstab *m* 38
Lockenwickler *m* 38
lockig 39
Löffel *m* 65
Löffelbiskuit *m* 141
Loganbeere *f* 127
Loge *f* 254
Logo *n* 31
Lohnliste *f* 175
Lokomotive *f* 208
Lorbeerblatt *n* 133
Löschfahrzeug *n* 95
loslassen 245
löslich 109
Lösungsmittel *n* 83
löten 79
Lötkolben *m* 81
Lottoschein *m* 112
Lötzinn *m* 79, 81
Löwe *m* 291
Löwenzahn *m* 123, 297
Luffaschwamm *m* 73
Luftdüse *f* 210
Luftfilter *m* 202, 204
Luftkissenboot *n* 215
Luftmanschette *f* 45
Luftmatratze *f* 267
Luftpost *f* 98
Luftpumpe *f* 207
Luftröhre *f* 18
Lunge *f* 18
Lungenautomat *m* 239
Lupine *f* 297
Lutscher *m* 113
Luxemburg *n* 316
Luzerne *f* 184
lymphatisches System *n* 19

M

Macadamianuss *f* 129
Madagaskar *n* 317
Mädchen *n* 23
Magen *m* 18
Magenschmerzen *m* 44
mager 119
Magermilch *f* 136
Magister *m* 169
Magma *n* 283
Magnesium *n* 109
Magnet *m* 167
Mähdrescher *m* 182
mähen 90
Mahlzeit *f* 64
Mähne *f* 242, 291
Mai *m* 306
Mais *m* 122, 130, 184
Maisbrot *n* 139
Maiskeimöl *n* 135
Majonäse *f* 135
Majoran *m* 133
Make-up *n* 40
Makramee *n* 277
Makrele *f* 120
mal 165
Malachit *m* 289
Malawi *n* 317
Malaysia *n* 319
Malediven 318
Malerei *f* 274
Malerin *f* 191
Mali *n* 317
Malspieler *m* 228
Malta *n* 316
Malzessig *m* 135
Malzgetränk *n* 144
Manager *m* 174
Manchego *m* 142
Mandarine *f* 126
Mandel *f* 129, 151
Mandelöl *n* 134
Mango *f* 128
Mangold *m* 123
Mangostane *f* 128
Maniküre *f* 41
Maniok *m* 124
Mann *m* 12, 13, 23
männlich 21
Mannschaft *f* 220
Manschette *f* 32
Manschettenknopf *m* 36
Mantel *m* 32, 282
Maracas *f* 257
Marathon *m* 234
Margarine *f* 137
Margerite *f* 110
Marienkäfer *m* 295
mariniert 143, 159
Marketingabteilung *f* 175
Markise *f* 148
Markt *m* 115
Marmor *m* 288
Marokko *n* 317
Mars *m* 280
Marshmallow *n* 113
Martini *m* 151
März *m* 306
Marzipan *n* 141
Maschine *f* 187
Maschinenbau *m* 169
Maschinengewehr *n* 189
Maschinenraum *m* 214
Masern 44
Maske *f* 236, 249
Maß *n* 150, 151, 165
Massage *f* 54
Maße *n* 310
Mast *m* 240
Mastdarm *m* 21
Match *n* 230
Material *n* 187
Materialien *n* 79
Mathematik *f* 162, 164
Matratze *f* 70, 74
matt 83, 271
Matte *f* 54, 235
Mauer *f* 58, 186, 222
Mauerturm *m* 300
Mauerwerkbohrer *m* 80
Maurer *m* 188
Mauretanien *n* 317
Mauritius *n* 317
Maus *f* 176, 290
Mautstelle *f* 194
Mazedonien *n* 316
MDF-Platte *f* 79
Mechanik *f* 202
Mechaniker *m* 188, 203
Medaille *f* 235
Medien *n* 178
Medikament *n* 109
Meditation *f* 54
Medizin *f* 169
Meer *n* 264, 282
Meerbarbe *f* 120
Meeresfrüchte *f* 121
Mehl *n* 138, 139
mehrjährig 86
Mehrkornbrot *n* 139
Meile *f* 310
Meisterschaft *f* 230
melken 183
Melodie *f* 259
Melone *f* 127
Mensa *f* 168
Mensch *m* 11
Menstruation *f* 20
Menüleiste *f* 177
Merkur *m* 280
Merlan *m* 120
Mesosphäre *f* 286
Messbecher *m* 69, 150, 311
messen 310
Messer *n* 65, 66, 80
Messerschärfer *m* 68, 118
Messleiste *f* 45
Messlöffel *m* 109
Metall *n* 79
Metallbohrer *m* 80
Metalle *n* 289
Metallsäge *f* 81
metamorph 288
Meteor *m* 280
Meter *m* 310
Metermaß *n* 80
Metzger *m* 118
Metzgerei *f* 114
Mexiko *n* 314
Mieder *n* 35
Miesmuschel *f* 121
Miete *f* 58
mieten 58
Mieter *m* 58
Migräne *f* 44
Mikrofon *n* 179, 258
Mikrofongalgen *m* 179
Mikroskop *n* 167
Mikrowelle *f* 66
Milch *f* 136, 149, 156
Milchkaffee *m* 148
Milchprodukt *n* 107
Milchprodukte *n* 136
Milchproduktion *f* 183
Milchpulver *n* 137
Milchpumpe *f* 53
Milchreis *m* 130, 140
Milchschokolade *f* 113
Milchshake *m* 137, 149
Milchtüte *f* 136
Milliarde *f* 309
Milligramm *n* 310
Milliliter *m* 311
Millimeter *m* 310
Million *f* 309
Milz *f* 18
Mineralien *n* 289
Mineralwasser *n* 144
Minibar *f* 101
Minidiskrekorder *m* 268
minus 165
Minuspol *m* 167
Minute *f* 304
Minutenzeiger *m* 304
Minze *f* 133
mischen 273
Mischpult *n* 179
Mistgabel *f* 88
mit 320
mitnehmen 154
Mittag *m* 305
Mittagessen *n* 64
Mittagsmenü *n* 152
Mittelamerika *n* 314
Mittelfeld *n* 228
Mittelfinger *m* 15
Mittelfußknochen *m* 17
Mittelhandknochen *m* 17
mittelhart 136
Mittelkreis *m* 222, 224, 226
Mittellinie *f* 226
Mittelmeer *n* 313
Mittelpunkt *m* 164
Mittelstreifen *m* 194
Mittelstürmer *m* 222
Mittelwelle *f* 179
Mitternacht *f* 305
Mittwoch *m* 306
Mixer *m* 66
Mixerschüssel *f* 66
Möbel *f* 105
Möbelgeschäft *n* 115
Mobile *n* 74
Mode *f* 277
Modedesigner *m* 277
Modell *n* 169, 190
Modellbau *m* 275
Modellierholz *n* 275
Modem *n* 176
Moderator *m* 178
Moldawien *n* 316
Monaco *n* 316
Monat *m* 306
monatlich 307
Monatshygiene *f* 108
Mond *m* 280
Mondbohnen *f* 131
Mondfähre *f* 281
Mondsichel *f* 280
Mondstein *m* 288
Mongolei *f* 318
Monopoly *n* 272
Monsun *m* 287
Montag *m* 306
Montenegro *n* 316
Monument *n* 261
Mopp *m* 77
morgen 306, 320
Morgen *m* 305
Morgendämmerung *f* 305
Morgenrock *m* 31
Mörser *m* 68, 167
Mörtel *m* 187
Mosambik *n* 317
Moschee *f* 300
Moskitonetz *n* 267
Motocross *n* 249
Motor *m* 88, 202, 204
Motorbootsport *m* 241
Motorhaube *f* 198
Motorrad *n* 204
Motorradhelm *m* 204
Motorradrennen *n* 249
Motorradständer *m* 205
Mountainbike *n* 206
Mousse *f* 141
Möwe *f* 292
Mozzarella *m* 142
MP3-Spieler *m* 268
Muffin *m* 140
Muffinform *f* 69
mulchen 91
Mülleimer *m* 67, 266
Müllschlucker *m* 61
multiplizieren 165
Multivitaminmittel *n* 109
Mumps *m* 44
Mund *m* 14
Mundschutz *m* 189, 237
Mundstück *n* 112
Mundwasser *n* 72
Mungbohnen *f* 131
Münze *f* 97
Münzfernsprecher *m* 99
Münzrückgabe *f* 99
Muschel *f* 265, 295
Museum *n* 261
Musical *n* 255
Musik *f* 162, 255
Musiker *m* 191
Musikgeschäft *n* 115
Musikhochschule *f* 169
Musikinstrumente *n* 256
Musikstile *m* 259
Muskatblüte *f* 132
Muskatnuss *f* 132
Muskel *m* 16

deutsch

Mutter *f* 22, 80
Muttermal *n* 14
Mütze *f* 36
Myanmar *n* 318

N

Naanbrot *n* 139
Nabe *f* 206
Nabel *m* 12
Nabelschnur *f* 52
nach 320
Nachbar *m* 24
Nachmittag *m* 305
Nachrichten *f* 100, 178
Nachrichtensprecher *m* 191
Nachrichtensprecherin *f* 179
nachschneiden 39
Nacht *f* 305
Nachtfalter *m* 295
Nachthemd *n* 31, 35
Nachtisch *m* 153
Nachttisch *m* 70
Nachttischlampe *f* 70
Nachtwäsche *f* 31
Nacken *m* 13
Nacktschnecke *f* 295
Nadel *f* 109, 276
Nadelbaum *m* 86
Nadelkissen *n* 276
Nagel *m* 80
Nagelfeile *f* 41
Nagelhaut *f* 15
Nagelknipser *m* 41
Nagelkopf *m* 80
Nagellack *m* 41
Nagellackentferner *m* 41
Nagelschere *f* 41
nahe 320
nähen 277
Nähfuß *m* 276
Nähkorb *m* 276
Nähmaschine *f* 276
Nahrungsergänzungsmittel *n* 55
Nahrungsmittel *n* 117, 134
Naht *f* 34, 52
Namensbändchen *n* 53
Namibia *n* 317
Nascherei *f* 113
Nase *f* 14
Nasenbluten *n* 44
Nasenklemme *f* 238
Nasenloch *n* 14
Nasenriemen *m* 242
Nashorn *n* 291
nass 286, 321
Nation *f* 315
Nationalpark *m* 261
Naturfaser *f* 31
Naturheilkunde *f* 55
Naturreis *m* 130
Naturwissenschaft *f* 162, 166
navigieren 240
Nebelfleck *m* 280
neben 320
Nebengebäude *n* 182
Nebenhöhle *f* 19
Nebenwirkungen *f* 109
Neffe *m* 23
Negativ *n* 271
Negligé *n* 35
nein 322
Nektarine *f* 126
Nelke *f* 110
Nenner *m* 165
Nennwert *m* 97
Nepal *n* 318
Neptun *m* 280
Nerv *m* 19, 50
Nervensystem *n* 19
nervös 25
Nessel *f* 297
Netz *n* 217, 226, 227, 231, 245
Netzhaut *f* 51
Netzwerk *n* 176
neu 124, 321
Neubelag *m* 187
Neugeborene *n* 53
Neujahr *n* 27
Neumond *m* 280
neun 308
neunter 309
neunzehn 308
neunzehnter 309
neunzig 308
Neurologie *f* 49
Neuseeland *n* 319
neutral 60, 224
Nicaragua *n* 314
nicht 322
Nichte *f* 23
Nichtraucherbereich *m* 152
Nickel *n* 289
nie 320
Niederlande 316
niedrig 321
Niere *f* 18, 119
Niesen *n* 44
Niger *m* 317
Nigeria *n* 317
Nilpferd *n* 291
Nockenriemen *m* 203
Nordamerika *n* 314
Norden *m* 312
Nordkorea *n* 318
nördlich 283
Nordpol *m* 283
Nordpolarmeer *n* 312
Nordsee *f* 312
normal 39
Norwegen *n* 316
Notation *f* 256
Notaufnahme *f* 48
Notausgang *m* 210, 322
Notbremse *f* 209
Notdienst *m* 94
Note *f* 163, 255, 256
Notfall *m* 46
Notiz *f* 163, 175, 191
Notizblock *m* 173
Notizbuch *n* 172
Notrufsäule *f* 195
November *m* 306
Nudelholz *n* 69
Nudeln *f* 158
Nugat *m* 113
null 230, 308
Nummernschild *n* 198
Nüsse *f* 129, 151
Nylon *n* 277

O

oben 98
Oberarmknochen *m* 17
Oberdeck *n* 260
Oberfräse *f* 78
Oberschenkel *m* 12
Oberschenkelknochen *m* 17
Oberschenkelmuskel *m* 16
Objektivlinse *f* 167
Objektträger *m* 167
Oboe *f* 257
Obsidian *m* 288
Obst *n* 107, 126, 128, 157
Obstanbau *m* 183
Obstkorb *m* 126
Obstkuchenform *f* 69
Obstsaft *m* 156
Obsttortelett *n* 140
Obus *m* 196
offen 321
Öffnungszeiten *f* 322
oft 320
ohne 320
Ohnmacht *f* 25, 44
Ohr *n* 14
Öhr *n* 244
Ohrring *m* 36
okay 322
Okra *f* 122
Oktober *m* 306
Okular *n* 167, 269
Öl *n* 134, 142, 143, 199
Oldtimer *m* 199
Ölfarbe *f* 274
Olive *f* 143, 151
Olivenöl *n* 134
Ölmessstab *m* 202
Ölsumpf *m* 204
Öltanker *m* 215
Oman *m* 318
Omelett *n* 158
Onkel *m* 22
Onkologie *f* 49
online 177
Onyx *m* 289
Opal *m* 288
Oper *f* 255
Operation *f* 48
Operationssaal *m* 48
Optiker *m* 189
orange 274
Orange *f* 126
Orangenlimonade *f* 144
Orangenmarmelade *f* 134, 156
Orangensaft *m* 149, 151
Orchester *n* 254, 256
Orchestergraben *m* 254
Orchidee *f* 111
Ordner *m* 172, 177
Oregano *m* 133
Organ *n* 18
Origami *n* 275
ornamental 87
Orthopädie *f* 49
Öse *f* 37, 276
Osten *m* 312
Osteopathie *f* 54
Osterglocke *f* 111
Ostern *n* 27
Österreich *n* 316
Ostsee *f* 313
Otter *m* 290
Ouvertüre *f* 256
Overall *m* 83
Overheadprojektor *m* 163
Ozean *m* 282
Ozeandampfer *m* 214
Ozeanien *n* 319
Ozonschicht *f* 286

P

Paar *n* 24
Päckchen *n* 112, 311
Paddel *n* 241
Page *m* 100
Pagenkopf *m* 39
Pak-Choi *m* 123
Paket *n* 99
Pakistan *n* 318
Palette *f* 186, 274
Palme *f* 86, 296
Palmherz *n* 122
Palmtop *m* 175
Panama *n* 314
Pandabär *m* 291
Paniermehl *n* 139
Panne *f* 203
Panzer *m* 293
Papagei *m* 293
Papaya *f* 128
Papierbehälter *m* 172
Papierführung *f* 172
Papierklammer *f* 173
Papierkorb *m* 172, 177
Papierserviette *f* 154
Papiertaschentuch *n* 108
Papiertaschentuchschachtel *f* 70
Pappe *f* 275
Pappel *f* 296
Pappmaschee *n* 275
Paprika *f* 124
Paprika *m* 132
Papua-Neuguinea *n* 319
Par *n* 233
Paraguay *n* 315
parallel 165
Parallelogramm *n* 164
Paranuss *f* 129
Parfum *n* 41
Parfümerie *f* 105
Park *m* 261, 262
parken 195
Parkett *n* 254
Parkplatz *m* 298
Parkuhr *f* 195
Parkverbot *n* 323
Parmesan *m* 142
Partner *m* 23
Partnerin *f* 23
Pass *m* 213, 223, 226
Passagier *m* 216
Passagierhafen *m* 216
Passah *n* 27
passen 220, 221
Passionsfrucht *f* 128
Passkontrolle *f* 212, 213
Pastellstift *m* 274
Pastete *f* 142, 143, 156, 158
pasteurisiert 137
Pastinake *f* 125
Patchwork *n* 277
Pathologie *f* 49
Patient *m* 48
Patientenkurve *f* 48
Patientenstuhl *m* 50
Patientenzimmer *n* 48
Patientin *f* 45
Patiogarten *m* 84
Pause *f* 254, 269
Pausenzeichen *n* 256
Pay-Kanal *m* 269
Pazifischer Ozean *m* 312
Pecannuss *f* 129
Pedal *n* 206
Pediküre *f* 41
Peeling *n* 41
Pelikan *m* 292
Pendler *m* 208
Penis *m* 21
Peperoni *f* 124, 143
Peperoniwurst *f* 142
Pergola *f* 84
Periduralanästhesie *f* 52
Periodikum *n* 168
Perlenkette *f* 36
Personal *n* 175
Personalabteilung *f* 175
Personenwaage *f* 45
Peru *n* 315
Perücke *f* 39

Pessar *n* 21
Pestizid *n* 89, 183
Petersilie *f* 133
Petrischale *f* 166
Pfannengericht *n* 158
Pfannenwender *m* 68
Pfannkuchen *m* 157
Pfau *m* 293
Pfeffer *m* 64, 152
Pfefferkorn *n* 132
Pfefferminz *n* 113
Pfefferminztee *m* 149
Pfeife *f* 112
Pfeil *m* 249
Pferch *m* 185
Pferd *n* 185, 235, 242
Pferderennen *n* 243
Pferdeschwanz *m* 39
Pferdestall *m* 243
Pfingstrose *f* 111
Pfirsich *m* 126, 128
pflanzen 183
Pflanzen *f* 296
Pflanzenarten *f* 86
Pflanzenöl *n* 135
Pflanzenschildchen *n* 89
Pflanzschaufel *f* 89
Pflaster *n* 47
Pflaume *f* 126
pflücken 91
pflügen 183
pfropfen 91
Pfund *n* 310
Phantombild *n* 181
Philippinen 319
Philosophie *f* 169
Physik *f* 162, 169
Physiotherapie *f* 49
Picknick *n* 263
Picknickbank *f* 266
Picknickkorb *m* 263
Pier *m* 217
Pik *n* 273
Pikkoloflöte *f* 257
Pilates *n* 251
Pilates-Übung *f* 251
Pille *f* 21
Pilot *m* 190, 211
Pilz *m* 125
Piment *m* 132
Pinguin *m* 292
Piniennuss *f* 129
PIN-Kode *m* 96
Pinne *f* 240
Pinnwand *f* 173
Pinsel *m* 274
Pint *n* 311
Pintobohnen *f* 131
Pinzette *f* 40, 47, 167
Pipette *f* 167
Pistazie *f* 129
Piste *f* 247
Pistole *f* 94
Pitabrot *n* 139
Pitcher *m* 229
Pizza *f* 154, 155
Pizzabelag *m* 155
Pizzeria *f* 154
Plädoyer *n* 180
Plakat *n* 255
Plakatfarbe *f* 274
Planet *m* 280, 282
Planschbecken *n* 263
Plastiktüte *f* 122
plastische Chirurgie *f* 49
Plateau *n* 284
Plateauschuh *m* 37
Platin *n* 289
Platte *f* 85, 283
Plattenspieler *m* 268
Platz *m* 299
Platzanweiser *m* 255
Platzverweis *m* 223
Plazenta *f* 52
plus 165
Pluspol *m* 167
Pluto *m* 280
pochieren 67
pochiert 159
Podium *n* 256
Poker *n* 273
Pol *m* 60, 282
Polarkreis *m* 283
Polarlicht *n* 286
Polen *n* 316
polieren 77
Politologie *f* 169
Politur *f* 77
Polizei *f* 94
Polizeiauto *n* 94
Polizeiwache *f* 94
Polizist *m* 94, 189
Poller *m* 214, 298
Polo *n* 243
Polster *n* 224
Polyester *n* 277
Pommes frites 154
Poolbillard *n* 249
Popcorn *n* 255
Popmusik *f* 259
Pore *f* 15
Port *m* 176
Portefeuille *n* 97
Portion *f* 64
Portionierer *m* 68
Portmonee *n* 37
Portokosten 98
Portugal *n* 316
Portwein *m* 145
Porzellan *n* 105
Posaune *f* 257
Pose *f* 244
Post *f* 98
Postanweisung *f* 98
Postbeamte *m* 98
Posteingang *m* 177
postgraduiert 169
Postkarte *f* 112
Postleitzahl *f* 98
Postsack *m* 98
Poststempel *m* 98
Posttasche *f* 190
Potpourri *n* 111
Praline *f* 113
Präsentation *f* 174
Preis *m* 152
Preiselbeere *f* 127
Preisliste *f* 154
Premiere *f* 254
Presse *f* 178
Pressluftbohrer *m* 187
Privatbadezimmer *n* 100
Privatjet *m* 211
Privatzimmer *n* 48
Problem *n* 271
Profilsäge *f* 81
Programm *n* 176, 254, 269
Programmgestaltung *f* 178
Projektor *m* 174
Promenade *f* 265
Promotion *f* 169
Propeller *m* 211
Prosciutto *m* 143
Prospekt *m* 254
Prostata *f* 21
Protokoll *n* 174
Protokollführer *m* 180
Provinz *f* 315
Provision *f* 97
Prozentsatz *m* 165
Prozessor *m* 176
Prüfung *f* 163
Psychiatrie *f* 49
Psychotherapie *f* 55
Publikum *n* 254
Puck *m* 224
Puder *m* 109
Puderdose *f* 40
Puderpinsel *m* 40
Puderquaste *f* 40
Puderrouge *n* 40
Puerto Rico *n* 314
Pullover *m* 33
Puls *m* 47
Pult *n* 162
Pumps *m* 37
Punk *m* 259
Punkt *m* 273
pünktlich 305
Pupille *f* 51
Puppe *f* 75
Puppenhaus *n* 75
püriert 159
Pute *f* 119
Putter *m* 233
putzen 77
Puzzle *n* 273
Pyramide *f* 164

Q

Quadrat *n* 164
Quadratfuß *m* 310
Quadratmeter *m* 310
Qualle *f* 295
Quart *n* 311
Quarz *m* 289
Quecksilber *n* 289
quer 271
Querflöte *f* 257
Querlatte *f* 222
Querruder *n* 210
Quiche *f* 142
Quitte *f* 128
Quittung *f* 152

R

Rachen *m* 19
Racquetball *n* 231
Rad *n* 198, 207
Radar *m* 214, 281
radfahren 207
Radfahren *n* 263
Radicchio *m* 123
Radiergummi *m* 163
Radieschen *n* 124
Radio einstellen *n* 269
Radio *n* 179, 268
Radiologie *f* 49
Radiowecker *m* 70
Radius *m* 164
Radkappe *f* 202
Radmutter *f* 203
Radschlüssel *m* 203
Rafting *n* 241
Rahmen *m* 206
Rahmkäse *m* 136
Rakete *f* 211
Rallyefahren *n* 249
RAM *n* 176
Ramadan *m* 27
Rang *m* 254
Rap *m* 259
Raps *m* 184
Rapsöl *n* 135
Rasen *m* 85, 90
Rasenmäher *m* 88, 90
Rasensprenger *m* 89
Rasentrimmer *m* 88
Rasieren *n* 73
Rasierklinge *f* 73
Rasierschaum *m* 73
Rasierwasser *n* 73
Rassel *f* 74
Rathaus *n* 299
Ratte *f* 290
Rattenschwänze *m* 39
Rauch *m* 95
Rauchen *n* 112
Rauchen verboten 322
Raucherbereich *m* 152
Räucherfisch *m* 143
Räucherhering *m* 157
Rauchmelder *m* 95
Raumanzug *m* 281
Raumfähre *f* 281
Raumforschung *f* 281
Raumstation *f* 281
Raupe *f* 295
Raureif *m* 287
Reagenzglas *n* 166
Rebound *m* 226
Rechnung *f* 152
Recht *n* 180
rechte Feld *n* 229
Rechteck *n* 164
rechts 260
rechts fahren 323
Rechtsabteilung *f* 175
Rechtsanwalt *m* 180, 190
Rechtsberatung *f* 180
Rechtssteuerung *f* 201
Rechtswissenschaft *f* 169
Reck *n* 235
Recyclingbehälter *m* 61
Redakteurin *f* 191
Redewendung *f* 322
reduziert 322
Reflexzonenmassage *f* 54
Reformhaus *n* 115
Regal *n* 268
Regen *m* 287
Regenbogen *m* 287
Regenbogenforelle *f* 120
Regenhaut *f* 245, 267
Regenmantel *m* 31, 32
Regenschirm *m* 36
Regenwald *m* 285
Reggae *m* 259
Region *f* 315
Regisseur *m* 254
Reibahle *f* 80
Reibe *f* 68
reiben 67
reif 129
Reifen *m* 198, 205, 206
Reifendruck *m* 203
Reifenpanne *f* 203, 207
Reifenprofil *n* 207
Reifenschlüssel *m* 207
Reihe *f* 210, 254
Reihenhaus *n* 58
Reiki *n* 55
Reiniger *m* 41
Reinigung *f* 115
Reinigungsartikel *f* 77
Reinigungsmittel *n* 51, 77
Reinigungstuch *n* 108
Reis *m* 130, 158, 184
Reisebüro *n* 114
Reisebürokauffrau *f* 190
Reisebus *m* 196
Reiseführer *m* 260
Reisekrankheitstabletten *f* 109
Reisescheck *m* 97

deutsch

Reisetasche f 37
Reiseziel n 213
Reismelde f 130
Reißverschluss m 277
Reißzwecke f 173
Reiten n 263
Reiter m 242
Reitgerte f 242
Reithelm m 242
Reithose f 242
Reitsport m 242
Reitstiefel m 242
Reitweg m 263
Rekord m 234
Relieftapete f 83
Renaissance f 301
Rennbahn f 234
Rennboot n 214
Rennbügel m 207
rennen 229
Rennen n 234
Rennfahrer m 249
Rennmaschine f 205
Rennpferd n 243
Rennrad n 206
Rennrodeln n 247
Rennsport m 249
renovieren 82
Reparaturkasten m 207
Reporterin f 179
Reptilien n 293
Restaurant n 101, 152
Rettich m 125
Rettungsboot n 214, 240
Rettungsring m 240
Rettungssanitäter m 94
Rettungsturm m 265
Return m 231
Revers n 32
Rezept n 45
R-Gespräch n 99
Rhabarber m 127
Rhombus m 164
Richter m 180
richtig 321
Richtungsangabe f 260
Riemen m 207
Riesenslalom m 247
Rinde f 136, 142, 296
Rindfleisch n 118
Ring m 36, 235
Ringbefestigungen f 89
Ringen n 236
Ringfinger m 15
Ringordner m 173
Rinnstein m 299
Rippchen n 155
Rippe f 17
Rippenstück n 119
Robbe f 290
Robe f 169
Rochen m 120, 294
Rochenflügel m 120
Rock m 30, 34
Rockbund m 35
Rockkonzert n 258
Rocky Mountains 312
Rodeo n 243
Roggenbrot n 138
Roggenmehl n 138
roh 124, 129
Rohr n 202
Rohrabschneider m 81
Rohrzange f 81
Rokoko n 301
Rolle f 244, 245, 311
Rollenheft n 254
Roller m 83, 205
Rollo n 63
Rollschuh m 249
Rollschuhfahren n 249
Rollstuhl m 48
Rollstuhlzugang m 197
Rolltreppe f 104
Röntgenaufnahme f 48, 50
Röntgenbild n 50
Röntgenschirm m 45
rosa 274
Röschen n 122
rosé 145
Rose f 110
Rosenkohl m 123
Rosine f 129
Rosinenbrot n 139
Rosmarin m 133
Rost m 67
rostfreie Stahl m 79
rot 39, 271, 274
rotbraun 39
Rote Bete f 125
rote Karte f 223
Rotes Meer n 313
Rotorblatt n 211
Rotzunge f 120
Rough n 232
Route f 260
Ruanda n 317
Rübe f 124
Rubin m 288
Rücken m 13
Rückenbürste f 73
Rückenflosse f 294
rückenfrei 35
Rückenlehne f 210
Rückenmuskel m 16
Rückenschwimmen n 239
Rückgabedatum n 168
Rückhand f 231
Rücklauf m 269
Rücklicht n 204, 207
Rucksack m 31, 37, 267
Rücksitz m 200
Rückspiegel m 198
Rückstrahler m 207
rückwärts 195
Rucola m 123
Ruder n 241
Ruderboot n 214
Ruderer m 241
Rudermaschine f 250
rudern 241
Rufknopf m 48
Rugby n 221
Rugbyball m 221
Rugbyspieler m 221
Rugbytrikot n 221
Ruhestand m 26
Rührei n 157
rühren 67
Rührschüssel f 69
Ruine f 261
Rum m 145, 151
Rumänien n 316
Rumpf m 210, 214, 240
Rumpfheben n 251
Rumpsteak n 119
runde Ausschnitt m 33
Runde f 237
Rundfunkstation f 179
Rundkorn n 130
Rüssel m 291
Russische Föderation f 318
Rutsche f 263
rutschen 229

S

Säbel m 236
Sackgasse f 323
säen 90, 183
Safaripark m 262
Safran m 132
Saft m 109, 127, 149, 159
saftig 127
Sägeblatt n 78
sägen 79
Sahara f 313
Sahne f 137, 140, 157
Sahnetorte f 141
Saint Kitts und Nevis n 314
Saint Lucia n 314
Saint Vincent und die Grenadinen n 314
saisonal 129
Saite f 230, 258
Saiteninstrumente n 256
Salamander m 294
Salami f 142
Salat m 123, 149, 158
Salatsoße f 158
Salbe f 47, 109
Salbei m 133
Salomonen 319
Salto m 235
Salz n 64, 152
salzig 155
Sambia n 317
Samen m 122, 130
Samen m 88
Samenausführungsgang m 21
Samenbläschen n 21
Samenleiter m 21
Sämling m 91
Samstag m 306
San Marino n 316
Sand m 85, 264
Sandale f 31, 37
Sandburg f 265
Sandkasten m 263
Sandsack m 237
Sandstein m 288
Sandwich n 149, 155
Sandwichtheke f 143
Sängerin f 191
Sanitärtechnik f 61
São Tomé und Príncipe n 317
Saphir m 288
Sardine f 120
Sardinien n 316
Satellit m 281
Satellitenschüssel f 269
Satsuma f 126
satt 64
Sattel m 206, 242
Sattelgurt m 242
Sattelstütze f 206
Saturn m 280
Satz m 230
sauber 76, 321
Saubohnen f 131
Saudi-Arabien n 318
sauer 127, 137
Sauerteigbrot n 139
Sauger m 75
Säugetiere n 290
Saugglocke f 53, 81
Säuglingspflege f 74
Saugschlauch m 77
Säule f 301
Saum m 34
Sauna f 250
Saxofon n 257
Scanner m 106, 176
Schabe f 295
Schablone f 83
Schach n 272
Schachbrett n 272
Schädel m 17
Schaf n 185
Schaffarm f 183
Schaffner m 209
Schafmilch f 137
Schal m 31
Schale f 126, 127, 128, 129
schälen 67
Schäler m 68
Schalotte f 125
schalten 207
Schalter m 60, 96, 98, 100
Schalthebel m 201, 207
Schamlippen f 20
scharf 124
Schaschlik n 158
Schattenpflanze f 87
Schauer m 286
Schaufel f 187, 265
Schaukel f 263
Schaum m 148
Schaumbad n 73
Schaumlöffel m 68
Schauspieler m 179, 191, 254
Schauspielerin f 254
Scheck m 96
Scheckheft n 96
Scheibe f 119, 121, 139
Scheibenbrot n 138
Scheibenputzmittelbehälter m 202
Scheibenschießen n 249
Scheibenwaschanlage f 199
Scheibenwischer m 198
Scheide f 20
Scheidenmuschel f 121
Scheidung f 26
Schein m 97
Scheinwerfer m 198, 205, 259
Schellfisch m 120
Schenkel m 119
Schere f 38, 47, 88, 188, 276
Scheune f 182
Schiebedach n 202
Schiedsrichter m 222, 225, 226, 227, 229, 230
Schiefer m 288
Schienbein n 12, 17
Schienbeinschutz m 225
Schiene f 47, 208, 209
schießen 223
Schiff n 214, 215
Schiffsschraube f 214
Schild n 104, 172
Schilddrüse f 18
Schildkröte f 293
Schinken m 119, 143, 156
Schirm m 233
Schlafabteil n 209
Schlafanzug m 30, 33
Schläfe f 14
schlafen 74
Schlaflosigkeit f 71
Schlafmatte f 267
Schlafsack m 267
Schlaftablette f 109
Schlafzimmer n 70
Schlag (elektrisch) m 46
Schlag m 228, 233
Schlaganfall m 44
Schläge f 231
schlagen 67, 224, 225, 229
Schläger m 224
Schlägerspiele n 231
Schlagfehler m 228

Schlagholz *n* 225
Schlaginstrumente *n* 257
Schlagmal *n* 228
Schlagmann *m* 225, 228
Schlagsahne *f* 137
Schlagzeug *n* 258
Schlagzeuger *m* 258
Schlange *f* 293
Schlauch *m* 95, 207
Schlauchboot *n* 215
Schlauchwagen *m* 89
schlecht 321
schlechter 321
Schlegel *m* 275
Schleier *m* 35
Schleierkraut *n* 110
Schleifmaschine *f* 78
Schleppdampfer *m* 215
Schleppe *f* 35
schleudern 76
Schleudertrauma *n* 46
Schließfächer *n* 239
Schlinge *f* 46
Schlittenfahren *n* 247
Schlittschuh *m* 224
Schlittschuh *m* 224, 247
Schloss *n* 59
Schlot *m* 283
Schlucht *f* 284
Schluff *m* 85
Schlüssel *m* 59, 80, 207
Schlüsselbein *n* 17
Schlüsselblume *f* 297
schmal 321
Schmerzmittel *n* 109
Schmerztabletten *f* 47
Schmetterball *m* 231
Schmetterling *m* 239, 295
schmirgeln 82
Schmirgelpapier *n* 81, 83
Schmortopf *m* 69
Schmuck *m* 36
Schmuckkasten *m* 36
Schmucksteine *m* 288
schmutzig 76, 321
Schnabel *m* 293
Schnabelbecher *m* 75
schnarchen 71
Schnauze *f* 293
Schnecke *f* 295
Schnee *m* 287
Schneeanzug *m* 30
Schneebesen *m* 68
Schneemobil *n* 247
Schneeregen *m* 286
Schneidebrett *n* 68
schneiden 38, 67, 79, 277
Schneider *m* 191
Schneiderei *f* 115
Schneiderkreide *f* 276
Schneiderpuppe *f* 276
Schneidezahn *m* 50
schnell 321
Schnellimbiss *m* 154
Schnellstraße *f* 195
Schnitt *m* 46
Schnittlauch *m* 133
Schnittmuster *n* 276
Schnitz *m* 126
schnitzen 79
Schnorchel *m* 239
Schnur *f* 244
schnurlose Telefon *n* 99
Schnurrhaare *n* 290
Schnürschuh *m* 37
Schnürsenkel *m* 37
Schock *m* 47
schockiert 25
Schokolade *f* 113, 144, 156
Schokoladenaufstrich *m* 135
Schokoladenmilchshake *m* 149
Schokoladenstückchen *n* 141
Schokoladentorte *f* 140
schön 321
Schönheit *f* 40
Schönheitsbehandlungen *f* 41
Schönheitspflege *f* 105
Schöpflöffel *m* 68
Schornstein *m* 58, 214
Schot *f* 241
Schote *f* 122
Schraube *f* 80
Schraubenschlüssel *m* 80
Schraubenzieher *m* 80
Schraubenziehereinsätze *m* 80
Schraubstock *m* 78
schreiben 162
Schreibtisch *m* 172
Schreibtischschränkchen *n* 172
Schreibwaren *f* 105
schreien 25
Schreiner *m* 188
Schriftart *f* 177
Schritt *m* 243
schrubben 77
Schubkarre *f* 88
Schublade *f* 66, 70, 172
schüchtern 25
Schuhabteilung *f* 104
Schuhe *f* 34, 37
Schuhgeschäft *n* 114
Schulbuch *n* 163
Schulbus *m* 196
schuldig 181
Schule *f* 162, 299
Schüler *m* 162
Schuljunge *m* 162
Schulleiter *m* 163
Schulmädchen *n* 162
Schultasche *f* 162
Schulter *f* 13
Schulterblatt *n* 17
Schulterpolster *n* 35
Schulterriemen *m* 37
Schuluniform *f* 162
Schuppe *f* 294
Schuppe *f* 121
Schuppen *f* 39, 293
Schuppen *m* 85
Schürze *f* 30, 69
Schuss *m* 151
Schüssel *f* 65
Schutz *m* 88
Schutzanstrich *m* 83
Schutzblech *n* 205
Schutzbrille *f* 81, 167
Schutzhelm *m* 95, 186
Schutzkappe *f* 270
Schutzmaske *f* 228
Schutzpolster *n* 220
schwach 321
Schwager *m* 23
Schwägerin *f* 23
Schwalbe *f* 292
Schwamm *m* 73, 74, 83
Schwan *m* 293
schwanger 52
Schwangerschaft *f* 52
Schwangerschaftstest *m* 52
Schwanz *m* 121, 290, 292, 294
Schwarte *f* 119
schwarz 39, 272, 274, 321
Schwarzbier *n* 145
Schwarzes Loch *n* 280
Schwarzes Meer *n* 313
Schwarztee *m* 149
Schwebebalken *m* 235
Schweden *n* 316
Schwefel *m* 289
Schweif *m* 242, 280
Schwein *n* 185
Schweinefarm *f* 183
Schweinefleisch *n* 118
Schweinestall *m* 185
Schweißband *n* 230
Schweiz *f* 316
schwer 321
Schwerkraft *f* 280
Schwert *n* 241
Schwertfisch *m* 120, 294
Schwester *f* 22
Schwiegermutter *f* 23
Schwiegersohn *m* 22
Schwiegertochter *f* 22
Schwiegervater *m* 23
schwierig 321
Schwimmbad *n* 101
Schwimmbecken *n* 238, 250
Schwimmbrett *n* 238
Schwimmbrille *f* 238
schwimmen 238
Schwimmer *m* 61, 238
Schwimmflosse *f* 239
Schwimmflügel *m* 238
Schwimmreifen *m* 265
Schwimmsport *m* 238
Schwimmstile *f* 239
Schwimmweste *f* 240
schwingen 232
Science-Fiction-Film *m* 255
Scotch *m* 151
Scrabble *n* 272
Scrollbalken *m* 177
sechs 308
Sechseck *n* 164
sechster 309
sechzehn 308
sechzehnter 309
sechzig 308
sedimentär 288
See *m* 285
Seebarsch *m* 120
Seefischerei *f* 245
Seelöwe *m* 290
Seemann *m* 189
Seepferd *n* 294
Seestern *m* 295
Seeteufel *m* 120
Seezunge *f* 120
Segel *n* 241
Segelboot *n* 215
Segelfliegen *n* 248
Segelflugzeug *n* 211, 248
Segeljacht *f* 240
Segelsport *m* 240
Sehenswürdigkeiten *f* 261
Sehkraft *f* 51
Sehne *f* 17
Sehnerv *m* 51
Sehtest *m* 51
Seide *f* 277
Seife *f* 73
Seifenoper *f* 178
Seifenschale *f* 73
Seil *n* 248
Seilspringen *n* 251
Seite *f* 164
Seitendeck *n* 240
Seitenleitwerk *n* 210
Seitenlinie *f* 220, 221, 226, 230
Seitenruder *n* 210
Seitenschneider *m* 81
Seitenspiegel *m* 198
Seitenstraße *f* 299
Seitenstreifen *m* 194
Seitfußstoß *m* 237
Seitpferd *n* 235
Sekretariat *n* 168
Sekunde *f* 304
Sekundenzeiger *m* 304
Selbstbräunungscreme *f* 41
selbstsicher 25
Selbstverteidigung *f* 237
Sellerie *m* 124
selten 320
senden 177, 178
Sendung *f* 179
Senegal *m* 317
Senf *m* 135, 155
Senfkorn *n* 131
Senkblei *n* 82
senkrecht 165
Sepie *f* 121
September *m* 306
Serbien *n* 316
Server *m* 176
Serviceprovider *m* 177
servieren 64
Servierlöffel *m* 68
Serviette *f* 65, 152
Serviettenring *m* 65
Sesamkorn *n* 131
Sesamöl *n* 134
Sessel *m* 63
Sessellift *m* 246
Set *n* 64, 179
Setzkasten *m* 89
Setzkescher *m* 244
seufzen 25
Shampoo *n* 38
Sherry *m* 145
Shiatsu *n* 54
Shorts *f* 30, 33
Sibirien *n* 313
Sicherheit *f* 75, 240
Sicherheitsbohrer *m* 80
Sicherheitsgurt *m* 198, 211
Sicherheitsnadel *f* 47
Sicherheitssperre *f* 246
Sicherheitsventil *n* 61
Sicherheitsvorkehrung *f* 212
sichern 177
Sicherung *f* 60
Sicherungskasten *m* 60, 203
Sieb *n* 68, 89
sieben 91, 138, 308
siebter 309
siebzehn 308
siebzehnter 309
siebzig 308
Siegerpodium *n* 235
Sierra Leone *n* 317
Signal *n* 209
Silber *n* 235, 289
Silo *n* 183
Simbabwe *n* 317
Singapur *n* 319
Sirene *f* 94
Sitz *m* 204, 209, 210, 242
Sitzfläche *f* 64
Sitzplatz *m* 254
Sitzung *f* 174
Sitzungsraum *m* 174
Sizilien *n* 316

Skalpell *n* 81, 167
Skateboard *n* 249
Skateboardfahren *n* 249, 263
Skelett *n* 17
Ski *m* 246
Skianzug *m* 246
Skibrille *f* 247
Skihang *m* 246
Skiläuferin *f* 246
Skipiste *f* 246
Skisport *m* 246
Skisprung *m* 247
Skistiefel *m* 246
Skistock *m* 246
Skizze *f* 275
Skizzenblock *m* 275
Skorpion *m* 295
Slalom *m* 247
Slice *m* 230
Slip *m* 33, 35
Slipeinlage *f* 108
Slipper *m* 37
Slowakei *f* 316
Slowenien *n* 316
Smaragd *m* 288
SMS *f* 99
Snackbar *f* 148
Snooker *n* 249
Snowboarding *n* 247
Socken *f* 33
Sodabrot *n* 139
Sodawasser *n* 144
Sofa *n* 62
Sofakissen *n* 62
Sofortbildkamera *f* 270
Software *f* 176
Sohle *f* 37
Sohn *m* 22
Sojabohnen *f* 131
Sojabohnensprosse *f* 122
Soldat *m* 189
Somalia *n* 317
Sommer *m* 31, 307
Sommersprosse *f* 15
Sonate *f* 256
Sonde *f* 50
Sonderangebot *n* 322
Sonne *f* 280
Sonnenaufgang *m* 305
sonnenbaden 264
Sonnenbank *f* 41
Sonnenblocker *m* 108, 265
Sonnenblume *f* 184, 297
Sonnenblumenkern *m* 131
Sonnenblumenöl *n* 134
Sonnenbrand *m* 46
Sonnenbräune *f* 41
Sonnenbrille *f* 51, 265
Sonnenhut *m* 30, 265
Sonnenmilch *f* 265
Sonnenschein *m* 286
Sonnenschirm *m* 148, 264
Sonnenschutzcreme *f* 108
Sonnensystem *n* 280
Sonnenuhr *f* 262
Sonnenuntergang *m* 305
sonnig 286
Sonntag *m* 306
Sorbet *n* 141
Soße *f* 135, 143, 155, 159
Soufflé *n* 158
Souffléform *f* 69
Soundtrack *m* 255
Soziussitz *m* 204
Spachtel *m* 82
Spachtelmasse *f* 83
spachteln 82
Spalier *n* 84
Spanholz *n* 79
Spanien *n* 316
Spann *m* 15
Spannung *f* 60
Spareinlagen *f* 96
Spargel *m* 124
Sparkonto *n* 96
Sparring *n* 237
spät 305, 320
Spatel *m* 167
Spaten *m* 88
später 304, 320
Spatz *m* 292
spazierengehen 75
Specht *m* 292
Speck *m* 118
Speckscheibe *f* 119
Speerfischen *n* 245
Speerwerfen *n* 234
Speiche *f* 17, 207
Speicher *m* 176
Speisekarte *f* 148, 153, 154
Speiseröhre *f* 19
Speisewagen *m* 209
Spermium *n* 20
Sperrholz *n* 79
Spezialitäten *f* 152
Spiegel *m* 40, 63, 71, 167
Spiegelei *n* 157
Spiegelreflexkamera *f* 270
Spiel *n* 230, 273
Spielanzug *m* 30
Spielbahn *f* 225, 233
Spiele *f* 272
spielen 75, 229, 273
Spieler *m* 273
Spielerbank *f* 229
Spielergebnis *n* 273
Spielernummer *f* 226
Spielfeld *n* 220, 221, 226, 227, 228
Spielfeldgrenze *f* 225
Spielfilm *m* 269
Spielhaus *n* 75
Spielkonsole *f* 269
Spielmarke *f* 272
Spielplatz *m* 263
Spielshow *f* 178
Spielstand *m* 220
Spielwaren *f* 105
Spielzeug *n* 75
Spielzeugkorb *m* 75
Spieß *m* 68
Spikes *m* 233
Spin *m* 230
Spinat *m* 123
Spinne *f* 295
Spinnerkasten *m* 244
Spirale *f* 21
Spitze *f* 35, 36, 122, 164, 246
Spitzenklöppelei *f* 277
Spitzhacke *f* 187
Splitter *m* 46
Sport *m* 162, 219
Sportangeln *n* 245
Sportart *f* 248
Sportartikel *m* 105
Sport-BH *m* 35
Sportjackett *n* 33
Sportler *m* 191
Sportplatz *m* 168
Sportschuh *m* 31, 37
Sportschuhe *m* 251
Sportwagen *m* 75, 199
Sprachen *f* 162
Sprachmitteilung *f* 99
Spray *n* 109
Sprechanlage *f* 59
Sprecher *m* 174
Sprechzimmer *n* 45
Springbrunnen *m* 85
springen 227, 238
Springer *m* 238, 272
Springreiten *n* 243
Sprinter *m* 234
Spritzbeutel *m* 69
Spritze *f* 48, 109, 167
Spritzflasche *f* 89
Spritzschutz *m* 66
Sprühbehälter *m* 311
Sprühdose *f* 311
sprühen 91
Sprung *m* 235, 237, 239, 243
Sprungball *m* 226
Sprungbrett *n* 235, 238
Sprungfeder *f* 71
Spuckbecken *n* 50
Spülbecken *n* 66
Spule *f* 276
Spüle *f* 61
spülen 76, 77
Spuler *m* 276
Spülkasten *m* 61
Spülmaschine *f* 66
Spur *f* 194
Squash *n* 231
Sri Lanka *n* 318
Staat *m* 315
Staatsanwaltschaft *f* 180
Stab *m* 225, 235
Stabhochsprung *m* 234
Stachel *m* 295
Stachelbeere *f* 127
Stadion *n* 223
Stadium *n* 23
Stadt *f* 298
Stadtplan *m* 261
Stadtrundfahrtbus *m* 260
Staffelei *f* 274
Staffellauf *m* 235
Stahlwolle *f* 81
Stake *f* 245
Stall *m* 185
Stallbursche *m* 243
Stamm *m* 296
Stammabschnitt *m* 96
Ständer *m* 88, 268
Stange *f* 90, 133, 207, 250
Stängel *m* 111, 297
Stangenbohne *f* 122
Stangensellerie *m* 122
Stangenweißbrot *n* 139
stark 321
Startbahn *f* 212
Startblock *m* 234, 238
starten 211
Startlinie *f* 234
Startsprung *m* 239
Stativ *n* 166, 270, 281
Staub *m* 77
Staubgefäß *n* 297
Staubsauger *m* 77, 188
Staubtuch *n* 77
Staudamm *m* 300
Staudenrabatte *f* 85
Stechbeitel *m* 81, 275
stechen 90
Stechmücke *f* 295
Stechpalme *f* 296
Steckdose *f* 60
Stecker *m* 60
Stecknadel *f* 276
Steckschlüssel *m* 80
Steckschlüsseleinsatz *m* 80
Steg *m* 258
Steigbügel *m* 242
Stein *m* 272, 275
Steingarten *m* 84
Steinobst *n* 126
Steißbein *n* 17
Steißgeburt *f* 52
Stempel *m* 173
Stempelkissen *n* 173
Steppdecke *f* 71
Stepper *m* 250
sterben 26
stereo 269
steril 20, 47
Stern *m* 280
Sternanis *m* 133
Sternbild *n* 281
Sternfrucht *f* 128
Sternhyazinthe *f* 297
Stethoskop *n* 45
Steuer *f* 96
Steuerrakete *f* 281
Steuerung *f* 204, 269
Stich *m* 46, 277
Stichplatte *f* 276
Stichsäge *f* 78
Stichwahltaste *f* 276
Stickerei *f* 277
Stiefel *m* 220
Stiefmutter *f* 23
Stiefsohn *m* 23
Stieftochter *f* 23
Stiefvater *m* 23
Stiel *m* 187, 297
Stier *m* 185
Stifthalter *m* 172
Stillbüstenhalter *m* 53
stillen 53
Stimmbänder *n* 19
Stipendium *n* 169
Stirn *f* 14
Stirnmuskel *m* 16
Stirnriemen *m* 242
Stirnrunzeln *n* 25
Stock *m* 91
Stockwerk *n* 58
Stoff *m* 276, 277
Stoffwindel *f* 30
stolz 25
Stop *m* 269
stopfen 277
Stoppball *m* 230
Stoppuhr *f* 234
Stöpsel *m* 72, 166
Storch *m* 292
Stoß *m* 237, 239
Stößel *m* 68, 167
Stoßstange *f* 198
Stoßzahn *m* 291
Stoßzeit *f* 209
Strafmaß *n* 181
Strafraum *m* 223
Strafregister *n* 181
Straftäter *m* 181
Strähnchen *n* 39
Strampelanzug *m* 30
Strand *m* 264
Strandhäuschen *n* 264
Strandsandale *f* 37
Strandtasche *f* 264
Strandtuch *n* 265
Strang *m* 277
Straße *f* 194, 298
Straßenanzug *m* 32
Straßenarbeiten *f* 187
Straßenbahn *f* 196, 208
Straßenbaustelle *f* 195
Straßencafé *n* 148
Straßenecke *f* 298
Straßenlaterne *f* 298

deutsch

Straßenmarkierungen *f* 194
Straßenrad *n* 206
Straßenschild *n* 298
Stratosphäre *f* 286
Strauß *m* 111, 292
Strebepfeiler *m* 301
Strecken *n* 251
Streichbürste *f* 83
Streichhölzer *n* 112
Stress *m* 55
Stretchlimousine *f* 199
Strichkode *m* 106
Stricken *n* 277
Strickjacke *f* 32
Stricknadel *f* 277
Strohhalm *m* 144, 154
Strom *m* 60
Stromanschluss *m* 266
Stromausfall *m* 60
stromführend 209
Stromkabel *n* 176
Stromnetz *n* 60
Stromschnellen *f* 284
Stromzähler *m* 60
Struktur *f* 300
Strumpfband *n* 35
Strümpfe *m* 35
Strumpfhalter *m* 35
Strumpfhose *f* 34, 35
Strunk *m* 122
Stück *n* 140, 311
Stuckrahmen *m* 63
Student *m* 169
Studentenheim *n* 168
Studioeinrichtung *f* 178
Stufenbarren *m* 235
Stuhl *m* 64
Stunde *f* 163, 304
Stundenzeiger *m* 304
Sturm *m* 286
Sturz *m* 186
Stütze *f* 187
stutzen 90
stützen 91
Stützräder *n* 207
subtrahieren 165
suchen 177
Südafrika *n* 317
Südamerika *n* 315
Sudan *m* 317
Süden *m* 312
Südfrüchte *f* 129
Südkorea *n* 318
südlich 283
Südpolarmeer *n* 313
Sukkulente *f* 87
Sultanine *f* 129
Sumo *n* 237
Sumpf *m* 285
Supermarkt *m* 106
Suppe *f* 153, 158
Suppenlöffel *m* 65
Suppenteller *m* 65
Surfbrett *n* 241
Surfer *m* 241
Suriname *n* 315
süß 124, 127, 137, 155
Süßkartoffel *f* 125
Süßwaren *f* 107, 113
Süßwarengeschäft *n* 113
Süßwasserangeln *n* 245
Swasiland *n* 317
Sweatshirt *n* 33
Symbol *n* 177
Symphonie *f* 256
Synagoge *f* 300
Synchronschwimmen *n* 239
synthetisch 31
Syrien *n* 318
System *n* 176

T

Tabak *m* 112, 184
Tablett *n* 152, 154
Tablette *f* 109
Tachometer *m* 201, 204
Taco *m* 155
Tadschikistan *n* 318
Taekwondo *n* 236
Tafel *f* 113, 162
Tag *m* 305, 306
Tagesdecke *f* 70
Tagesordnung *f* 174
taggen 229
Tai Chi *n* 237
Taille *f* 12
Taiwan *n* 319
Takelung *f* 215, 240
Taktstock *m* 256
Taktstrich *m* 256
Tal *n* 284
Tamburin *n* 257
Tampon *m* 108
Tandem *n* 206
Tangelo *f* 126
Tankstelle *f* 199
Tankstellenplatz *m* 199
Tansania *n* 317
Tante *f* 22
Tanzakademie *f* 169
Tänzerin *f* 191
Tanzmusik *f* 259
Tapete *f* 82
Tapetenkleister *m* 82
Tapezierbürste *f* 82
tapezieren 82
Tapeziermesser *n* 82
Tapezierschere *f* 82
Tapeziertisch *m* 82
Tapisserie *f* 277
Tarowurzel *f* 124
Tasche *f* 32, 37
Taschenlampe *f* 267
Taschenrechner *m* 165
Taschentuch *n* 36
Tasmanien *n* 319
Tastatur *f* 172, 176
Taste *f* 176
Tastenfeld *n* 97, 99
Tätigkeiten *f* 77, 183
Tätowierung *f* 41
Taube *f* 292
Tauchen *n* 239
Taucheranzug *m* 239
Tauchermaske *f* 239
Taufe *f* 26
tausend 309
Tausendfüßer *m* 295
Taxifahrer *m* 190
Taxistand *m* 213
Team *n* 229
Techniken *f* 79, 237
Teddy *m* 75
Tee *m* 144, 149, 149, 156, 184
Tee *n* 233
Teebeutel *m* 144
Teeblätter *n* 144
Teekanne *f* 65
Teelöffel *m* 65
Teetasse *f* 65
Teich *m* 85
Teig *m* 138, 140
Teigschaber *m* 68
Teilchen *n* 140
Teiler *m* 173
teilnehmen 174
Teint *m* 41
Telefon *n* 99, 172
Telefonzelle *f* 99
Telegramm *n* 98
Teleprompter *m* 179
Teleskop *n* 281
Teller *m* 65
Tempel *m* 300
Temperatur *f* 286
Temperaturanzeige *f* 201
Tennis *n* 230
Tennisball *m* 230
Tennisplatz *m* 230
Tennisschläger *m* 230
Tennisschuhe *m* 231
Tennisspieler *m* 231
Teppich *m* 63, 71
Tequila *m* 145
Termin *m* 45, 175
Terminal *m* 212
Terminkalender *m* 173, 175
Termite *f* 295
Terpentin *n* 83
Terrasse *f* 85
Terrassencafé *n* 148
Territorium *n* 315
Tesafilm *m* 173
Tesafilmhalter *m* 173
Testament *n* 26
teuer 321
Text *m* 259
Thailand *n* 318
Theater *n* 254, 299
Theaterkostüm *n* 255
Theaterstück *n* 254
Theke *f* 142, 150
Therapeutin *f* 55
Thermometer *n* 45, 167
Thermosflasche *f* 267
Thermosphäre *f* 286
Thermostat *m* 61
Thermowäsche *f* 267
Thriller *m* 255
Thymian *m* 133
Tiebreak *m* 230
tief 239
Tiefe *f* 165
tiefgefroren 121, 124
Tiefkühlkost *f* 107
Tiegel *m* 166
Tierärztin *f* 189
Tiere *n* 290, 292, 294
Tierfutter *n* 107
Tierhandlung *f* 115
Tiger *m* 291
Timor-Leste *n* 319
Tintenfisch *m* 121, 295
Tisch *m* 64, 148, 167
Tischdecke *f* 64
Tischtennis *n* 231
Tischtennisschläger *m* 231
Titel *m* 168
Toast *m* 157
Toaster *m* 66
Tochter *f* 22
Toffee *n* 113
Togo *n* 317
Toilette *f* 72, 104, 266
Toilettenartikel *m* 41, 107
Toilettenbürste *f* 72
Toilettenpapier *n* 72
Toilettensitz *m* 61, 72
Tomate *f* 125, 157
Tomatenketschup *m* 154
Tomatensaft *m* 144, 149
Ton *m* 275
Tonabnehmer *m* 258
Tonhöhe *f* 256
Tonicwater *n* 144
Tonleiter *f* 256
Tonmeister *m* 179
Tonne *f* 310
Tonstudio *n* 179
Topas *m* 288
Töpfchen *n* 74
Töpferei *f* 275
Töpferscheibe *f* 275
Topfhandschuh *m* 69
Topfpflanze *f* 87, 110
Topinambur *m* 125
Tor *n* 85, 182, 221, 222, 223, 224, 247
Torlinie *f* 220, 223, 224
Tornado *m* 287
Tornetz *n* 222
Torpfosten *m* 220, 222
Torraum *m* 221, 223
Torwart *m* 222, 224, 225
Touchdown *m* 220
Tourenfahrrad *n* 206
Tourer *m* 205
Tourist *m* 260
Touristenattraktion *f* 260
Touristenbus *m* 197
Touristeninformation *f* 261
Trab *m* 243
Trabrennen *n* 243
Tragbahre *f* 94
Tragebettchen *n* 75
Träger *m* 35, 186
trägerlos 34
Tragfläche *f* 210
Tragflügelboot *n* 215
trainieren 251
Trainingsanzug *m* 31, 32
Trainingshose *f* 33
Trainingsrad *n* 250
Traktor *m* 182
Tranchiergabel *f* 68
Träne *f* 51
Transformator *m* 60
Transmission *f* 202
Trapez *n* 164
Traubenkernöl *n* 134
Traubensaft *m* 144
traurig 25
Treppe *f* 59
Treppenabsatz *m* 59
Treppengeländer *n* 59
Treppengitter *n* 75
treten 207
Trethebel *m* 61
Triangel *m* 257
Trichter *m* 166
Triebwerk *n* 210
Trifle *n* 141
Trimester *n* 52
Trinidad und Tobago *n* 314
Trinkgeld *n* 152
Trittleiter *f* 82
Trizeps *m* 16
trocken 39, 41, 130, 145, 286, 321
Trockenblumen *f* 111
Trockendock *n* 217
trocknen 76
Trockner *m* 76
Trog *m* 183
Trolleybus *m* 196
Trommel *f* 257, 258
Trompete *f* 257
Tropen 283
Tropf *m* 53
Tropfen *m* 109
Tropfer *m* 109, 167
Troposphäre *f* 286
Trüffel *f* 125

deutsch

Trüffel *m* 113
Truthahn *m* 185, 293
Tschad *m* 317
Tschechische Republik *f* 316
T-Shirt *n* 30, 33
Tuba *f* 257
Tube *f* 311
Tulpe *f* 111
Tunesien *n* 317
Tunfisch *m* 120
Tür *f* 196, 209
Turbolader *m* 203
Türgriff *m* 200
Türkei *f* 318
Türkette *f* 59
Türkis *m* 289
Türklingel *f* 59
Türklopfer *m* 59
Turkmenistan *n* 318
Turm *m* 272, 300
Turmalin *m* 288
Turmspitze *f* 300
Turmsprung *m* 239
Turnen *n* 235
Turnerin *f* 235
Turnierplatz *m* 243
Türriegel *m* 59
Türverriegelung *f* 200
Tüte *f* 311
Typ *m* 205

U

U-Bahn *f* 208
U-Bahnplan *m* 209
Übelkeit *f* 44
über 320
über Par 233
überbelichtet 271
Überdach *n* 266
Überführung *f* 194
übergeben (sich) 44
Übergepäck *n* 212
überholen 195
Überholspur *f* 194
Überlauf *m* 61
übermorgen 307
Übernachtung *f* 101
überrascht 25
Überschallflugzeug *n* 211
Überschwemmung *f* 287
Überweisung *f* 49, 96
U-Boot *n* 215
Übungen *f* 251
Übungsschwung *m* 233
Ufer *n* 284
Uganda *n* 317
Uhr *f* 62, 304
Uhrzeit *f* 304
Ukraine *f* 316
Ulme *f* 296
Ultraleichtflugzeug *n* 211
Ultraschall *m* 52
Ultraschallaufnahme *f* 52
Ultraviolettstrahlen *m* 286
um 320
Umfang *m* 164
Umhängetasche *f* 37
Umlaufbahn *f* 280
Umleitung *f* 195, 323
umpflanzen 91
Umschlag *m* 98
umsteigen 209
Umwelt *f* 279
Umzug *m* 27
Unentschieden *n* 223
Unfall *m* 46
Ungarn *n* 316
ungesalzen 137
Uniform *f* 94, 189
Universität *f* 299
Universum *n* 280
Unkraut *n* 86
Unkrautvernichter *m* 91
unpasteurisiert 137
unscharf 271
unschuldig 181
unter 233
unter Par 320
Unterarm *m* 12
unterbelichtet 271
unterbrochen 99
Unterführung *f* 194
Untergrund *m* 91
Unterhaltungselektronik *f* 268
Unterhemd *n* 33, 35
Unterkiefer *m* 14
Unterlegscheibe *f* 80
Unterrock *m* 35
Unterschrift *f* 96, 98
Untersetzer *m* 150
Untersuchung *f* 45, 49
Unterwäsche *f* 32, 35
Unze *f* 310
Uranus *m* 280
Urlaub *m* 212
Urlaubsprospekt *m* 212
Urologie *f* 49
Urteil *n* 181
Uruguay *n* 315
Usbekistan *n* 318

V

Vanille *f* 132
Vanillepudding *m* 140
Vanuatu *n* 319
Vase *f* 63
Vater *m* 22
Vatikanstadt *f* 316
V-Ausschnitt *m* 33
vegetarisch 155
Vene *f* 19
Venezuela *n* 315
Ventil *n* 207
Ventilator *m* 60, 202
Venus *f* 280
Venusmuschel *f* 121
Verankerung *f* 217
Veranstaltung *f* 243
verärgert 25
Verband *m* 47
verbinden 177
verbleit 199
Verbrechen *n* 94
Verdächtige *m* 94, 181
Verdauungssystem *n* 19
Verdeck *n* 75
Verdünner *m* 83
Vereinigte Arabische Emirate 318
Vereinigte Staaten 314
Verfallsdatum *n* 109
Verfügung *f* 180
Vergiftung *f* 46
Vergnügungspark *m* 262
vergrößern 172
Vergrößerung *f* 271
Verkäufer *m* 104
Verkäuferin *f* 188
Verkaufsabteilung *f* 175
Verkehr *m* 193, 194
Verkehrsampel *f* 194
Verkehrsflugzeug *n* 210, 212
Verkehrsinsel *f* 194
Verkehrspolizist *m* 195
Verkehrsschild *n* 195
Verkehrsstau *m* 195
verkleinern 172
Verkühlung *f* 44
verlängern 168
Verlängerung *f* 223
Verlängerungskabel *n* 78
verlegen 25
Verletzung *f* 46
verlieben 26
verlieren 273
Verlierer *m* 273
Verlobte 24
vermehren 91
Vermieter *m* 58
Vermittlung *f* 99
Verordnung *f* 109
verputzen 82
verrühren 67, 138
Verschluss *m* 36, 37
Versicherung *f* 203
Versiegelungsmittel *n* 83
Versorgungsfahrzeug *n* 212
Verspätung *f* 209
Verstärker *m* 268
Verstauchung *f* 46
Versuch *m* 166, 221
Verteidiger *m* 223
Verteidigung *f* 181, 220
Verteidigungszone *f* 224
Verwandte 23
verwirrt 25
Vibrafon *n* 257
Videokassette *f* 269
Videorekorder *m* 269
Videospiel *n* 269
Vieh *n* 182, 185
viel 320
Vielleicht 322
vier 308
Viertelstunde *f* 304
vierter 309
viertürig 200
vierzehn 308
vierzehnter 309
vierzig 308
Vietnam *n* 318
Violinschlüssel *m* 256
Virus *m* 44
Visier *n* 205
Visum *n* 213
Vitamintabletten *f* 108
Vitrine *f* 62
Vögel *f* 292
Vogelbeobachtung *f* 263
Vogelscheuche *f* 184
Volant *m* 71
voll 266, 321
Volley *m* 231
Volleyball *m* 227
Vollkorn *n* 130
Vollkornbrot *n* 139
Vollkornmehl *n* 138
Vollmilch *f* 136
Vollmond *m* 280
Vollpension *f* 101
Volumen *n* 165, 311
von 320
von Bord gehen 217
vor 320
vorbestellen 168
Vordach *n* 58
Vorderrad *n* 196
Vorderzwiesel *m* 242
Vorfahrt gewähren 323
Vorfeld *n* 212
vorgeburtlich 52
vorgestern 307
Vorhand *f* 231
Vorhang *m* 63, 254
Vorhaut *f* 21
Vorladung *f* 180
Vorlauf *m* 269
Vorschlaghammer *m* 187
Vorsitz *m* 174
Vorspeise *f* 153
Vorstadt *f* 299
Vorteil *m* 230
vorzeitig 52
Vulkan *m* 283

W

Waage *f* 53, 98, 118, 310
Waagschale *f* 310
Wabenhonig *m* 134
Wachtel *f* 119
Wachtelei *n* 137
Wächter *m* 189
Wade *f* 13
Wadenbein *n* 17
Wadenmuskel *m* 16
Waffeln *f* 157
Wagen *m* 208
Wagenheber *m* 203
Wagentypen *m* 199
wählen 99
Währung *f* 97
Wal *m* 290
Wald *m* 285
Walnuss *f* 129
Walnussöl *n* 134
Walross *n* 290
Walze *f* 187
Wandern *n* 263
Wanderritt *m* 243
Wanderschuh *m* 37
Wanderschuhe *m* 267
Wandlampe *f* 62
Wange *f* 14
Wanne *f* 83
Warenlager *n* 216
Warenregal *n* 106
warm 286
Wärmflasche *f* 70
Warnlichter *n* 201
Wartehäuschen *n* 197
Wartezimmer *n* 45
Waschbär *m* 290
Waschbecken *n* 38, 72
Wäsche *f* 76
Wäschedienst *m* 101
Wäscheklammer *f* 76
Wäschekorb *m* 76
Wäscheleine *f* 76
waschen 38
Wäscheschleuder *f* 76
Waschmaschine *f* 76
Waschmittel *n* 77
Waschpulver *n* 77
Waschsalon *m* 115
Waschtrockner *m* 76
Wasser *n* 144, 151, 238
Wasser treten 239
Wasserball *m* 239, 265
Wasserbehandlung *f* 55
Wasserfall *m* 285
Wasserflasche *f* 206, 267
Wasserflugzeug *n* 211
Wassergarten *m* 84
Wasserglas *n* 65
Wasserhahn *m* 66
Wasserhindernis *n* 232
Wasserkastanie *f* 124
Wasserkocher *m* 66
Wassermelone *f* 127
Wasserpflanze *f* 86
Wasserraum *m* 61
Wasserschildkröte *f* 293

deutsch

Wasserski *m* 241
Wasserski *n* 241
Wasserskifahrer *m* 241
Wassersport *m* 241
Wasserstrahl *m* 95
Wasserwaage *f* 80, 187
Watstiefel *f* 244
Wattebällchen *n* 41
Wattieren *n* 277
WC *n* 61
Weberei *f* 277
Website *f* 177
Webstuhl *m* 277
Wechselkurs *m* 97
wechseln 203, 269
Wechselstrom *m* 60
Wechselstube *f* 97
Wecker *m* 70, 71
Wedge *n* 233
Weg *m* 58, 85
Wegwerfwindel *f* 30
Wehe *f* 52
weiblich 20
weich 129, 321
Weichholz *n* 79
Weichkäse *m* 136
Weichspüler *m* 76
Weide *f* 182, 296
Weihnachten *n* 27
Wein *m* 145, 151
Weinberg *m* 183
Weinbrand *m* 145
weinen 25
Weinessig *m* 135
Weinglas *n* 65
Weinhandlung *f* 115
Weinkarte *f* 152
Weinstock *m* 183
Weintraube *f* 127
weiß 39, 145, 272, 274, 321
Weißbrot *n* 138, 139
weißer Reis *m* 130
Weißrussland *n* 316
weit 320
Weitsichtigkeit *f* 51
Weitsprung *m* 235
Weizen *m* 130, 184
Weizenmehl *n* 138
Weizenschrot *n* 130
Welle *f* 241, 264
Wellenlänge *f* 179
Wellenreiten *n* 241
Welpe *m* 290
Weltkarte *f* 312
Weltraum *m* 280
Wende *f* 238
Wendekreis *m* 283
Werbung *f* 269
werfen 221, 225, 227, 229, 229
Werfer *m* 225
Werferplatte *f* 228
Werft *f* 217
Werkbank *f* 78
Werkstatt *f* 199
Werktag *m* 306
Werkzeug *n* 187
Werkzeuggestell *n* 78
Werkzeuggürtel *m* 186
Werkzeugkasten *m* 80
Werkzeugleiste *f* 177
Wertpapier *n* 97
Wespe *f* 295
Weste *f* 33
Westen *m* 312
Western *m* 255
Westsahara *f* 317
Wette *f* 273
Wetter *n* 286
Wetzstahl *m* 81
Whisky *m* 145
Wickelmatte *f* 74
Wickelraum *m* 104
Widerhaken *m* 244
Wiederbelebung *f* 47
wiegen 310
Wiese *f* 285
Wild *n* 118
Wildbret *n* 119
Wildreis *m* 130
Wildwasser *n* 241
Wimper *f* 14, 51
Wimperntusche *f* 40
Wind *m* 241, 286
Windel *f* 75
windig 286
Windjacke *f* 33
Windpocken 44
Windschutz *m* 265
Windschutzscheibe *f* 198, 205
Windsurfer *m* 241
Windsurfing *n* 241
Winkel *m* 164
Winkelmesser *m* 165
Winter *m* 31, 307
Wintersport *m* 247
Wippe *f* 263
Wirbel *m* 258
Wirbellose 295
Wirbelsäule *f* 17
Wirtschaftsprüfer *m* 190
Wirtschaftswissenschaft *f* 169
wischen 77
Wissenschaftler *m* 190
Woche *f* 306, 307
Wochenende *n* 306
wöchentlich 307
Wodka *m* 145, 151
wohl 321
Wohnblock *m* 59, 298
Wohnmobil *n* 266
Wohnung *f* 59
Wohnwagen *m* 266
Wohnzimmer *n* 62
Wok *m* 69
Wolf *m* 290
Wolke *f* 287
Wolkenkratzer *m* 299, 300
Wolle *f* 277
Wörterbuch *n* 163
Wunde *f* 46
Wundsalbe *f* 74
Wurf *m* 237
Würfel *m* 164, 272
Wurflinie *f* 225
Wurm *m* 295
Wurst *f* 142, 155
Würstchen *n* 118, 157
Wurzel *f* 39, 124, 296
Würzmittel *f* 135
Wüste *f* 285

Y

Yard *n* 310
Yoga *n* 54

Z

Zahl *f* 308
zählen 165
Zähler *m* 165, 270
Zahlung *f* 96
Zahn *m* 50
Zahnarzt *m* 50
Zahnärztin *f* 189
Zahnbelag *m* 50
Zahnbürste *f* 72
Zahnfleisch *n* 50
Zahnfüllung *f* 50
Zahnpasta *f* 72
Zahnpflege *f* 72, 108
Zahnprothese *f* 50
Zahnrad *n* 206
Zahnschmelz *m* 50
Zahnschmerzen 50
Zahnseide *f* 50, 72
Zahnspange *f* 50
Zahnwurzel *f* 50
Zange *f* 167
Zäpfchen *n* 109
Zapfhahn *m* 150
Zapfsäule *f* 199
Zartbitterschokolade *f* 113
Zaumzeug *n* 242
Zaun *m* 182
Zaun *m* 85
Zebra *n* 291
Zeder *f* 296
Zeh *m* 15
Zehe *f* 125
Zehennagel *m* 15
zehn 308
zehnter 309
Zeichendreieck *n* 165
Zeichentrickfilm *m* 178, 255
zeichnen 162
Zeichnen *n* 275
Zeigefinger *m* 15
Zeit *f* 234, 261
Zeiteinstellscheibe *f* 270
Zeitmesser *m* 166
Zeitschrift *f* 107, 112, 168
Zeitung *f* 112
Zeitungshändler *m* 112
Zelle *f* 94
Zelt *n* 266, 267
Zeltboden *m* 267
zelten 266
Zeltspannleine *f* 266
Zeltstange *f* 266
Zement *m* 186
Zentimeter *m* 310
Zentimetermaß *n* 276
Zentralafrikanische Republik *f* 317
Zentrale *f* 175
Zentraleinheit *f* 176
zerbrechlich 98
zerstoßen 132
Zeuge *m* 180
Zicklein *n* 185
Ziege *f* 185
Ziegelstein *m* 187
Ziegenkäse *m* 142
Ziegenmilch *f* 136
zielen 227
Ziellinie *f* 234
Zielscheibe *f* 249
Zierstrauch *m* 87
Zigarette *f* 112
Zigarre *f* 112
Zimmer *n* 58, 100
Zimmernummer *f* 100
Zimmerreinigung *f* 101
Zimmerschlüssel *m* 100
Zimmerservice *m* 101
Zimt *m* 133
Zink *n* 289
Zinn *n* 289
Zinssatz *m* 96
Zirkel *m* 165
Zirkeltraining *n* 251
Zitrone *f* 126, 149, 151
Zitronenaufstrich *m* 134
Zitronengras *n* 133
Zitrusfrüchte *f* 126
Zoll *m* 212, 310
Zollamt *n* 216
Zone *f* 315
Zoo *m* 262
Zoologie *f* 169
Zoom *n* 270
Zopf *m* 39
zu 320
Zubereitung *f* 159
Zubringer *m* 194, 197
Zucchini *f* 125
züchten 91
Zuckerguss *m* 141
Zuckerkrankheit *f* 44
Zuckerrohr *n* 184
Zufahrtsstraße *f* 194, 216
Zug *m* 208, 239, 273
Zugabe *f* 255
Zügel *f* 242
Zugfenster *n* 209
Zugtypen *m* 208
Zuleitung *f* 61
Zündkerze *f* 203
Zündung *f* 200
Zunge *f* 19, 37, 118
Zuschauer *m* 233
Zustellung *f* 98
zwanzig 308
zwanzigster 309
zwei 308
Zweibettzimmer *n* 100
Zweig *m* 296
Zweigstelle *f* 175
zweijährig 86
Zweispännerrennen *n* 243
zweiter 309
zweitürig 200
Zwerchfell *n* 19
Zwiebel *f* 86, 124
Zwillinge 23
Zwinge *f* 78
Zwirn *m* 89
zwischen 320
Zwischenrippenmuskel *m* 16
zwölf 308
Zwölffingerdarm *m* 18
zwölfter 309
Zylinder *m* 164
Zylinderkopf *m* 202
Zypern *n* 318

deutsch

zahvala • Dank

DORLING KINDERSLEY dankt Tracey Miles und Christine Lacey für die Design-Assistenz, Georgina Garner für ihre redaktionelle und administrative Unterstützung, Sonia Gavira, Polly Boyd und Cathy Meeus für die redaktionelle Hilfe und Claire Bowers für die Erstellung des Bildnachweises.

Der Verlag dankt den folgenden Personen und Institutionen für die freundliche Genehmigung zum Abdruck ihrer Bilder:
Abkürzungen: t=oben, b=unten, r=rechts, l=links, c=Mitte

Abode: 62; **Action Plus:** 224bc; **alamy.com:** 154t; A.T. Willett 287bcl; Michael Foyle 184bl; Stock Connection 287bcr; **Allsport/Getty Images:** 238cl; **Alvey and Towers:** 209 acr, 215bcl, 215bcr, 241cr; **Peter Anderson:** 188cbr, 271br. **Anthony Blake Photo Library:** Charlie Stebbings 114cl; John Sims 114tcl; **Andyalte:** 98tl; **apple mac computers:** 268tcr; **Arcaid:** John Edward Linden 301bl; Martine Hamilton Knight, Architects: Chapman Taylor Partners, 213cl; Richard Bryant 301br; **Argos:** 41tcl, 66cbl, 66cl, 66br, 66bcl, 69cl, 70bcl, 71t, 77tl, 269tc, 270tl; **Axiom:** Eitan Simanor 105bcr; Ian Cumming 104; Vicki Couchman 148cr; **Beken Of Cowes Ltd:** 215cbc; **Bosch:** 76tcr, 76tc, 76tcl; **Camera Press:** 27c, 38tr, 256t, 257cr; Barry J. Holmes 148tr; Jane Hanger 159cr; Mary Germanou 259bc; **Corbis:** 78b; Anna Clopet 247tr; Bettmann 181tl, 181tr; Bo Zauders 156t; Bob Rowan 152bl; Bob Winsett 247cbl; Brian Bailey 247br; Carl and Ann Purcell 162l; Chris Rainer 247ctl; ChromoSohm Inc. 179tr; Craig Aurness 215bl; David H.Wells 249cbr; Dennis Marsico 274bl; Dimitri Lundt 236bc; Duomo 211tl; Gail Mooney 277ctcr; George Lepp 248c; Gunter Marx 248cr; Jack Fields 210b; Jack Hollingsworth 231bl; Jacqui Hurst 277cbr; James L. Amos 247bl, 191ctr, 220bcr; Jan Butchofsky 277cbc; Johnathan Blair 243cr; Jon Feingersh 153tr; Jose F. Poblete 191br; Jose Luis Pelaez.Inc 153tc, 175tl; Karl Weatherly 220bl, 247tcr; Kelly Mooney Photography 259tl; Kevin Fleming 249bc; Kevin R. Morris 105tr, 243tl, 243tc; Kim Sayer 249tcr; Lynn Goldsmith 258t; Macduff Everton 231bcl; Mark Gibson 249bl; Mark L. Stephenson 249tcl; Michael Pole 115tr; Michael S. Yamashita 247ctcl; Mike King 247cbl; Neil Rabinowitz 214br; Owen Franken 112t; Pablo Corral 115bc; Paul A. Sounders 169br, 249ctcl; Paul J. Sutton 224c, 224br; Peter Turnley 105tcr; Phil Schermeister 227b, 248tr; R. W Jones 309; R.W. Jones 175tr; Richard Hutchings 168b; Rick Doyle 241ctr; Robert Holmes 97br, 277ctc; Roger Ressmeyer 169tr; Russ Schleipman 229; Steve Raymer 168cr; The Purcell Team 211ctr; Tim Wright 178; Vince Streano 194t; Wally McNamee 220br, 220bcl, 224bl; Yann Arhus-Bertrand 249tl; **Demetrio Carrasco / Dorling Kindersley (c) Herge / Les Editions Casterman:** 112ccl; **Dixons:** 270cl, 270cr, 270bl, 270bcl, 270bcr, 270ccr; **Education Photos:** John Walmsley 26tl; **Empics Ltd:** Adam Day 236br; Andy Heading 243c; Steve White 249cbc; **Getty Images:** 48bcl, 100t, 114bcr, 154bl, 287tr; 94tr; **Dennis Gilbert:** 106tc; **Hulsta:** 70t; **Ideal Standard Ltd:** 72r; **The Image Bank/Getty Images:** 58; **Impact Photos:** Eliza Armstrong 115cr; John Arthur 190tl; Philip Achache 246t; **The Interior Archive:** Henry Wilson, Alfie's Market 114bl; Luke White, Architect: David Mikhail, 59tl; Simon Upton, Architect: Phillippe Starck, St Martins Lane Hotel 100bcr, 100br; **Jason Hawkes Aerial Photography:** 216t; **Dan Johnson:** 26cbl, 35r; **Kos Pictures Source:** 215cbl, 240tc, 240tr; David Williams 216b; **Lebrecht Collection:** Kate Mount 169bc; **MP Visual.com:** Mark Swallow 202t; **NASA:** 280cr, 280ccl, 281tl; **P&O Princess Cruises:** 214bl; **P A Photos:** 181br; **The Photographers' Library:** 186bl, 186bc, 186t; **Plain and Simple Kitchens:** 66t; **Powerstock Photolibrary:** 169tl, 256t, 287tc; **Rail Images:** 208c, 208 cbl, 209br; **Red Consultancy:** Odeon cinemas 257br; **Redferns:** 259br; Nigel Crane 259c; **Rex Features:** 106br, 259tc, 259tr, 259bl, 280b; Charles Ommaney 114tcr; J.F.F Whitehead 243cl; Patrick Barth 101tl; Patrick Frilet 189cbl; Scott Wiseman 287bl; **Royalty Free Images:** Getty Images/Eyewire 154bl; **Science & Society Picture Library:** Science Museum 202b; **Skyscan:** 168t, 182c, 298; Quick UK Ltd 212; **Sony:** 268bc; **Robert Streeter:** 154br; **Neil Sutherland:** 82tr, 83tl, 90t, 118, 188ctr, 196tl, 196tr, 299cl, 299bl; **The Travel Library:** Stuart Black 264t; **Travelex:** 97cl; **Vauxhall:** Technik 198t, 199tl, 199tr, 199cl, 199cr, 199ctcl, 199ctcr, 199tcl, 199tcr, 200; **View Pictures:** Dennis Gilbert, Architects: ACDP Consulting, 106t; Dennis Gilbert, Chris Wilkinson Architects, 209tr; Peter Cook, Architects: Nicholas Crimshaw and partners, 208t; **Betty Walton:** 185br; **Colin Walton:** 2, 4, 7, 9, 10, 28, 42, 56, 92, 95c, 99tl, 99tcl, 102, 116, 120t, 138t, 146, 150t, 160, 170, 191ctcl, 192, 218, 252, 260br, 260l, 261tr, 261c, 261cr, 271cbl, 271cbr, 271ctl, 278, 287br, 302, 401.

COVER VORN: © Dallas und John Heaton, Corbis
COVER HINTEN: © Dorling Kindersley

DK PICTURE LIBRARY:
Akhil Bahkshi; Patrick Baldwin; Geoff Brightling; British Museum; John Bulmer; Andrew Butler; Joe Cornish; Brian Cosgrove; Andy Crawford and Kit Hougton; Philip Dowell; Alistair Duncan; Gables; Bob Gathany; Norman Hollands; Kew Gardens; Peter James Kindersley; Vladimir Kozlik; Sam Lloyd; London Northern Bus Company Ltd; Tracy Morgan; David Murray and Jules Selmes; Musée Vivant du Cheval, France; Museum of Broadcast Communications; Museum of Natural History; NASA; National History Museum; Norfolk Rural Life Museum; Stephen Oliver; RNLI; Royal Ballet School; Guy Ryecart; Science Museum; Neil Setchfield; Ross Simms and the Winchcombe Folk Police Museum; Singapore Symphony Orchestra; Smart Museum of Art; Tony Souter; Erik Svensson and Jeppe Wikstrom; Sam Tree of Keygrove Marketing Ltd; Barrie Watts; Alan Williams; Jerry Young.

Weitere Fotografien von Colin Walton.

Colin Walton dankt:
A&A News, Uckfield; Abbey Music, Tunbridge Wells; Arena Mens Clothing, Tunbridge Wells; Burrells of Tunbridge Wells; Gary at Di Marco's; Jeremy's Home Store, Tunbridge Wells; Noakes of Tunbridge Wells; Ottakar's, Tunbridge Wells; Selby's of Uckfield; Sevenoaks Sound and Vision; Westfield, Royal Victoria Place, Tunbridge Wells.